英语民族史

卷四

伟大的民主

[英] 温斯顿·丘吉尔◎著
吴昊 张嵓榕◎译

新华出版社

图书在版编目（CIP）数据

英语民族史.伟大的民主 / (英) 温斯顿·丘吉尔著；吴昊，张峿榆译.
北京：新华出版社，2016.12
ISBN 978-7-5166-3035-8

Ⅰ.①英… Ⅱ.①温… ②吴… ③张… Ⅲ.①世界史
Ⅳ.①K1

中国版本图书馆CIP数据核字（2016）第303745号

英语民族史.伟大的民主

作　　者：［英］温斯顿·丘吉尔　　**译　　者：**吴　昊　张峿榆

责任编辑：张　程　雒　悦　　**责任印制：**廖成华
特约编辑：陈卫倩　林致君　何江鸿　　**封面设计：**臻美书装

出版发行：新华出版社
地　　址：北京石景山区京原路8号　　**邮　　编：**100040
网　　址：http：//www.xinhuapub.com
经　　销：新华书店、新华出版社天猫旗舰店、京东旗舰店及各大网店
购书热线：010－63077122　　**中国新闻书店购书热线：**010－63072012

照　　排：臻美书装
印　　刷：北京凯达印务有限公司
成品尺寸：170mm×240mm
印　　张：16.75　　**字　　数：**300千字
版　　次：2017年3月第一版　　**印　　次：**2017年3月第一次印刷
书　　号：ISBN　978-7-5166-3035-8
定　　价：52.00元

前 言

1815年拿破仑垮台之后，英国稳稳地坐上了世界霸主的宝座。此际，法国乃至整个欧陆都已筋疲力尽，统一的德国尚未形成，俄国力量正从西欧收缩，西班牙和葡萄牙人也忙于本国事务或争夺海外财产。在接下来的几十年里，革命和内乱横扫了许多欧洲强国，一些新国家相继诞生。在经年的动荡和混乱局势中，唯有英国几乎毫发无伤。同时，由于人口增长和移民活动，英语民族空前壮大了。

美国独立战争的爆发并未使英美两国彻底反目，跨越大西洋的交往与合作日益增长。当美国全神贯注地开拓北美西部大陆之时，英国已开始抢占并填补世界的权力空间。皇家海军统御着海洋，公正地维护海上秩序，极力防止欧陆势力对英美的干扰和侵害。

英国在澳大利亚和新西兰建立了殖民地，从衰落的荷兰手中获得了南非，创建了一个以海权为根基的广阔新帝国。维多利亚女王是英国历史上在位时间最长的君主，在她的统治下，大英帝国走向了世界之巅，统治世界人口近五分之一的人口。在这一时期，宗教伦理引发了激烈的道德争论。英国曾经通过奴隶贸易谋利，而今这种可耻行径已被皇家海军彻底铲除。美国爆发了残酷的内战，以近一百万人的生命为代价消灭了奴隶制度，更重要的是，合众国仍然岿然而立。

十九世纪是坚强、宽容、进步和文明的时代。法国大革命的爆发震撼了世界，蒸汽机和许多关键技术引发了工业革命，在时代浪潮的推动下，世界不可避免地跨进了民主时代。公民权利在所有西欧国家稳步扩展，直至像美国那样普及全国。几世纪以来引领英国发展的贵族阶层，逐渐融入了民主发展的洪流之中。在美国，没有阶级差别的政党制度和金融力量，在美洲经济发展的大潮中维护了国家结构的稳定。

与此同时，新的大英帝国，或者说英联邦，是王权之下各个自治国家基于共同理念和自愿原则联合起来的。维多利亚女王逝世时，几个世纪的遗留问题正在稳步解决之中。这一时期，欧洲的德意志民族雄起了，在此之前，德意志一直处于四分五裂的状态，或在中世纪的夹缝中艰难求存，而今，它却若火山喷发一般爆发出强大的力量。在接踵而至的斗争中，英美两国第一次为了共同的目标携手而战。

温斯顿·丘吉尔

1957 年 2 月 10 日 于肯特

目 录

CONTENTS

第十部

复苏与改革

第一章 胜利后的和平

经历了二三十年的战乱，欧洲于 1815 年夏迎来了和平。这次和平来得相对持久，虽然受到内乱和局部战事的干扰，但在德意志崛起取代法国优势地位之前，欧洲总体保持着相对稳定的局面。在法国大革命和拿破仑战争中，英国都扮演了至关重要的角色。为了民族大业，英国人团结一心，协力奋斗，而今，这项使命终于完成，他们从此可以致力开发工业资源，发挥商业技能。在过去五十年中，英国的工商业已经崭露头角，经过二十二年的战争磨砺，显得更加光彩照人。然而在滑铁卢战役之后，繁荣的世界贸易和制造业，及各阶层民众的需求和愿望却使英国的政治家们力不从心，英国政治一度陷入停滞。英国的托利党—虽然此名并未得到公认，但我们权且这样称呼—牢牢掌握着国家大权，托利党人在同僚主导的战争内阁支持下打赢了拿破仑战争，他们代表着反对法国革命及拿破仑帝国的传统力量。托利党在全国拥有众多支持者，这些人大多较为现实且具有独立的思想，他们轻视党派但又倾向于托利党的主张。托利党人不但将自己视为不列颠的卫士，还自称是 1688 年光荣革命果实的捍卫者。在法国革命恐怖统治的冲击之下，英国统治阶层力图维护社会秩序，防止民众思想和社会结构发生变化。长期的艰苦努力使英国精疲力竭，直到 1830 年它才终于恢复了元气。

国家政要包括利物浦勋爵和卡斯尔雷子爵，1818 年后，又加上了威灵顿公爵。在政府官员中，卡斯尔雷子爵和威灵顿都是出类拔萃的人物。欧洲人能在拿破仑倒台后享受普遍的和平，很大程度上要归功于威灵顿远见卓识和卡斯尔雷的公正无私。尽管遭遇了许多的挫折和失败，但这些人却最终引导英国走向了胜利。利物浦是查尔斯·詹金森的儿子，是乔治三世时期政府的组织者，也是小皮特的亲密同事。他脾气温和，容易相处。自对法战争开始以来，他一直身兼数职，忙于公务。利物浦于1812年出任国家首相，他安邦治国、张弛有道，十五年来，始终老练、耐心地处理国家事务。

卡斯尔雷步入政坛之后，先是担任爱尔兰事务大臣。在与爱尔兰就合并问题进行谈判的艰苦岁月，卡斯尔雷目睹了十八世纪最严重的渎职和徇私舞弊，神圣的皇家任命权被滥用无忌。他曾任战时内阁的战争大臣，但因与同事坎宁发生激烈争执而被迫辞职，这场纷争致使政府瘫痪，甚至导致两人在帕特尼希斯进行决斗。1812年，卡斯尔雷重回政坛，被派往外交部任职。在此期间，卡斯尔雷缔造了反法联盟，为最终胜利奠定了基础，同时他也是合约的主要起草人之一。他很少关注国内事务，由于不善辞令，他很难用流利的口才向人们阐述其在外交政策上的远见卓识。反法联盟正是卡斯尔雷一手缔造的。他高傲的性格加深了其冷酷、内敛的气质，在他看来，向公众坦陈政府的计划和措施是有失身份之举。然而无论如何，他是英国下议院的领袖，能获得这个职位的人，必定是才华横溢、能力出众的。

威灵顿是举世公认的杰出将领。正是他率军迎击并最终击败了拿破仑。他的政治理念十分简单，即团结各方力量，使之承担起维护当前秩序的各项职责。内阁其他阁僚都是态度坚定的托利党人，如上院大法官埃尔顿，前任首相现任内政部大臣西德茅斯子爵阿丁顿，殖民大臣巴瑟斯特伯爵，他曾被罗斯伯里勋爵形容为“政治圈中的怪才，位居最显要之职，却又最为默默无闻”。这些人都是在世界革命的威胁之下步入政坛，他们的唯一政治目标就是不屈不挠地捍卫其所熟知的国家体制。他们的思想僵化，很少能够把握和适应英国社会的发展变化。他们在政府捍卫地主利益，在爱尔兰维护新教地位，在本土则支持国教发展。卡斯尔雷是国际事务专家，威灵顿则能在军事方面尽其所长。其余人多是普通的托利党政客，他们较少干预事务，只是力所能及地工作。

英国拥有诸多优势，包括制海权、金融力量及击败拿破仑的顽强精神。

1815 年夏，卡斯尔雷代表着英国主宰着欧洲的命运。停战条约关乎欧洲的和平和后代的利益。它需要消除大国间的纠葛或矛盾，建立一个有序的国际体系，同时杜绝法国的威胁隐患。新建立的国际组织必须能在解决国家争斗、理论冲突和种族对立方面发挥关键作用。条约重建了欧洲秩序，英国也须承担起前所未有的重任。它参与重划法国边界，最终条约使复辟的波旁王朝丧失了萨尔区和萨伏伊的部分土地。法国恢复了 1789 年时的疆域，而普鲁士则成为了莱茵河地区的强大力量。

威灵顿公爵指挥下的反法联军占据着法国东北部土地，联军约有十五万人，其中包括三万名英国士兵。托利党人在胜利之后仍不愿承担欧陆义务，但卡斯尔雷却极力维护英国通过战争赢得的主导地位。他没有受到公众情绪和种族仇恨的干扰，也不想大肆践踏倒下的敌人。他预见到，法国将会成为平衡欧洲力量的重要砝码，像普鲁士、奥地利、俄罗斯那样影响英国的利益大局。他和威灵顿公爵站在法国和它的仇敌之间两方斡旋。他们认为，如果不对普鲁士、奥地利和俄罗斯加以限制，他们就会瓜分中间的德意志土地，对法国提出严苛的合约条款，在分割波兰的问题上打成一团。从这点上说，英国的调解奠定了欧洲和平的基础。

在十八世纪，欧洲强国间没有常设的协调机制，也缺乏利益认同的理念。在法国革命战争中，他们联合起来应对共同的威胁，现在仍然决定携手行动，防止局势进一步恶化。四国联盟已经建立起来，他们发誓要通过会议协商来解决欧洲问题。作为补充，俄国沙皇、奥地利君主和普鲁士国王又结成了神圣同盟，主要目的是防止欧洲任何地区燃起革命的火种，一旦出现革命或暴动，就立刻以合法的名义加以镇压。

卡斯尔雷对这些同盟无甚兴趣，他向来反对干涉主权国家事务，无论这个国家多么弱小，无论国家制度多么自由，都不应受到外来的压迫。虽然英国的漫画将卡斯尔雷塑造成一个反动的角色，但他仍坚持抵制欧陆强国的独裁专制。在他看来，四国同盟和维也纳会议仅仅是商讨欧洲问题的外交机器零件，而奥地利首相梅特涅及其同僚却将此视为维护现存秩序的有效工具。两方分歧的部分原因应归结于英国议会制度，无论它多不完善，毕竟代表着民族利益，而卡斯尔雷的欧陆同行则是站在绝对君主制的大旗之下。英国是一个世界强国，海外贸易和掌控海权是其力量之源。它的商业贸易可以不受欧陆的桎梏而自由发展，更重要的是，它的统治阶级有公开辩论的传统，并不像欧陆那般盛行专制制度。

尽管存在诸多分歧，但维也纳会议在外交史上无疑具有里程碑的意义。在 1815 年上半年，除最终条约外，各国间还单独达成了二十七项协议，同期，在其他会场也有二十多项条约签署。法国外交官塔列朗曾对法皇阳奉阴违，但在会场之上却以坚定的意志和灵活的手腕竭力维护法国的地位。然而以现代的眼光来看，维也纳会议的核心人物却是卡斯尔雷。他调和对立双方的矛盾，温和地期望欧洲至少能维持七年的和平。事实上，条约带来的和平时间甚至超过了卡斯尔雷预期的五倍。他对大陆事务采取中庸、均衡的策略，从正反两方面看待问题。卡斯尔雷的这种理念构成了近一个世纪的英国外交政策传统。会议导致的隔阂在所难免，但卡斯尔雷在欧洲力量分裂之前至少取得了伟大的成就。合约签订不到三年，英国军队便撤离了法国领土，法国在支付战争赔款后重回欧洲社会，成为了一个受人尊敬的国家。威灵顿卸去了联军统帅之职，回国担任内阁军械署总管的职务， 他是这项工作的合适人选。

在国内，政府面临着重振经济的棘手任务。官员们能力不足，无法承担大任。对战后国家的混乱局面以及工业进步带来的种种问题，他们束手无策，疲于应对。英国比邻国更早地享受到了工业革命的成果，获得了力量和繁荣的新源泉，但与此同时，越来越多的群众在环境恶劣的城镇中常常陷入凄凉和痛苦境地，抱怨之声扑面而来，批评怨愤之声不绝于耳。英国科技上的领先成就得自于十八世纪发明家和商人的天分和努力，得自于它的煤铁资源优势、地理优越和交通便利，而海上霸权、殖民地资源及贸易带来的充裕资本也为工业发展提供了充沛给养。蒸汽机逐渐利用整个产业领域。日益完善的精密工具促使工业产量猛增。纺纱实现了机械化，工业体系逐渐扩大。熟练劳动者的个体生产活动被社会大生产所取代，机械化、人口增长与就业领域的广泛变革都引发了严重的社会问题。拥有良好背景和出身的政府官员对亟须治理的社会弊病视而不见，他们所关注的，仅仅是要保护个人财产。在社会迅速步入工业化的时代，他们中的大部分人仍固执地捍卫地主阶级的利益。由于惧怕引发血腥的革命，他们甚至不敢进行适度的改革。

拿破仑在位时阻断了英国与欧洲大陆间的贸易，而英国的反封锁制裁使国内的工业形势变得更糟。在北部和中部地区，工业人口的失业率飙升。1812 年到 1813 年间，勒德分子发动了破坏机器的暴乱，这充分暴露了政府根本无力维护公共秩序。伦敦内政部的官员与那些“太平绅士”缺乏沟通协调，最后在军队的武力镇压之下，暴乱才得以真正平息。在十八世纪，低工资和失业通常会引发社会的不安，如果再遇上荒年的粮价高涨，物资紧缺，便很容易导致大范围的暴乱。此际，正是农业灾荒又遇上了萧条之年。总体而言，几次绞刑和流放很快能将十八世纪的骚乱彻底扑灭，那些叫苦不迭的国内民众，也多将他们的困境归咎于天灾而非国家的经济或政治体制。但滑铁卢战争之后，公众情绪出现了极大转变。激进派领袖公然走上前台，持续不断地煽动民众的愤怒情绪。那些思想极端的组织在法国大革命期间曾被镇压下去，而今再度死灰复燃。尽管在下院没有代理人，但他们的所作所为已带上了浓厚的政治运动色彩。

在激进分子眼中，给英国人民带来不幸的，不是不可抗的天灾，而是不作为的政府。托利党内阁面对这样的指控竟无言以对。托利党人不喜欢用自由市场讨价还价的方式来解决问题，他们既不相信好运降临，也不会愿对厄运漠然置之。当代的托利党人承认对统治阶级对整个国家的人民福祉负有重任，他们有时也因此倍感自豪。政府的职责正如伯克所定义的那样—维护“公共治安、公共安全、公共秩序、公共繁荣”。其中最后一点在当前时代尤为重要。麻烦的是，当今的情况前所未有，政府在保证公共繁荣方面不知所措。即使他们想出了一个计划，也没有经验丰富的公务人员将其贯彻执行。结果，唯一的补救措施就是依靠私人慈善机构或《济贫法》缓解民众疾苦。

另一个不幸之处是议会反对党在这些年中萎靡不振。1783 年以来，辉格党便再未掌握过国家权柄，二三十年的在野党窘境使它的士气降到了最低点。此时，辉格党内部四分五裂， 政治家们根本无法拿出优于托利党的战后重建计划。事实上，两党的根本利益殊途同归，与托利党相同，辉格党是地主阶级和金融家利益的代表。二者的政见分歧仅在于天主教解放和中产阶级选举权的问题。在十八世纪九十年代，辉格党人极力推进议会改革，试图以此为大棒一举击败小皮特政府。但是，法国的激进势头令他们惊惧不已，党内领导开始对改革谨小慎微。正如黑兹利特所言："两党的竞争，如同两辆奔驰的马车相互甩起泥浆，最后还是沿着相同的道路驶向了相同的地方。激进分子找到了进入议会的途径，但由于人数太少，无法形成有力的反对派。一位资历丰富的激进派领导人约翰·卡特赖特四十年间发表了许多小册子，呼吁一年制议会和普选制。他是一位开明的地主，受到许多议员的爱戴。但是，他却从未进入过议会下院。如果不对选举权加以改革，他就无法被任何选区所接受。激进派往往言辞粗暴，无论是托利党人还是辉格党人都对其惧怕不已，在这种情况下，英国中上层的地主和工业阶级对一切社会改革建议都坚决予以抵制。

议会集中体现了英国的政治传统，人们仍盼望议会能够消除时弊。如果议会无动于衷，那么其本身就需要进行改革。因此，对社会体制不满的人们转而要求改革议会。他们举行集会，抗议之声不绝。但是，激进派的策略与当初的法国革命者太过相似，因而难以得到中产阶级的支持。中产阶级虽然没有在议会中获得足够影响力，但出于对革命的恐惧，他们无奈之中还是站在了地主阶级的一方。内阁完全是一片混乱，人身保护法中止了，禁止煽动性集会的法案获得通过。全国爆发了新一轮示威活动，大量民众从曼彻斯特出发，步行至伦敦请愿，反对政府的限制措施，他们每个人都带着毯子准备夜宿之用。这些"裹毛毯者"深深激怒了英国当局。于是，示威领导人被捕，余下的人很快四散而逃。另一场运动在德比郡爆发，但被轻易地被镇压了下去。

社会的动荡反映出事态的严重性。不仅劳动人口极度贫困，工业阶级与农业阶级间还存在根深蒂固的矛盾和冲突。国家经济极度失衡，战争债务高到了惊人的地步。公债持有人也因国家财政不稳而时刻惴惴不安。1797年国家放弃了金本位制，纸币严重贬值。1812年，一个议会委员会建议恢复金本位，但遭到英国央行的强烈抵制，因此没能实现。皮特为支持战争而收取所得税的做法不得人心，工业中产阶级对此尤为反感。但凡年收入一百五十英镑以上者，需缴纳百分之十的所得税，低收入者税率略低。1815 年，税收总额达到了一千五百万英镑，在预算中占据很大比例。

在战争结束时，农业也出现了严重问题。不少人为追求高额利润，将巨额资本投在了土地之上。和平的到来使得农作物的价格暴跌，土地所有者呼吁限制从外国进口廉价玉米。1815 年的《谷物法》正是地主利益的体现。法令禁止进口外国小麦，除非国内每夸脱小麦价格超过八十先令。面包的成本上升，工业资本家不得不提高工资来使他的工人免于饥饿。在工业资本家的要求下，国家废除了所得税，但是，此举又对国家预算带来了不利影响。财政大臣尼古拉斯·范希塔特对不断增加的财政赤字和流通体系的混乱无计可施。在艰难经济形势的背后，民众的苦难日益加剧。

1819 年的一个意外事件更是加剧了公众的不满和政府的担忧。事情经过是这样的：人们在曼彻斯特城外的圣彼得广场举行的抗议示威，参与者超过了五万人，其中还有许多妇女和儿童。当地官员丧失了理智，在公开宣读《暴乱取缔法》后，便下令骑兵队冲向人群。结果导致十一人死亡，其中还包括两名妇女，四百多人受伤。人们将该事件与“滑铁卢战斗”相提并论，讽刺其为“彼铁卢大屠杀”。官员们的暴行引发了普遍的愤怒情绪，为防止事态扩大，政府随即采取了严厉的措施，但这反而进一步激化了矛盾。政府出台了六项法案来限制公众聚会，允许治安官员查禁煽动性的印刷品，禁止军事性演练，对报刊征收重税以此限制激进派报纸的发行量，规范逮捕令签发及审判制度。不久之后，一个反对整个内阁的阴谋被揭发，一小群策划者在埃奇韦尔路拐弯处的卡托街被捕。他们密谋杀害来此参加晚宴的所有部长，继而夺占英格兰银行。

政府的行径违背了英国的自由传统，同时也唤起了辉格党人的良心。他们认为“彼铁卢”毫无疑问侵害了民众的权利，因此要求进行调查。自由制度面临威胁，对这场斗争的意义，他们心知肚明。在选举中，辉格党再次落败，面对遍及欧洲的社会动荡，他们与托利党人一样对当前的局势心存忧惧，在这种情况下，他们平静地接受了失败的结果。与大多数欧陆国家相比，英国局面相对稳定。但是，国外的混乱也同样加剧了本国的困难。到 1819 年底，贸易和农业情况都有所改善。贵金属委员会主席罗伯特·皮尔是一位年轻的托利党政治家，二十四岁时曾担任爱尔兰事务大臣。他建议英国恢复金本位制度。皮尔提交了一项法案，向议会阐述委员会报告中的具体精神，该法案获得了通过。在一位普通议员的努力之下，通货稳定也最终得以实现。尽管地主阶级的利益遭受了一些损失，但却没有发出强烈的抱怨之声。英国似乎已闯过了难关。

英国王室再度成为世人瞩目的焦点。拿破仑战败标志着君权和君主政体的胜利。但法国大革命也为大多数欧洲国家的公众舆论打上了共和的烙印。无能和昏庸的君主很容易成为公众批评和泄愤的目标。在英国，国王乔治三世长期受到间歇性精神病的折磨，这使政客们不得不着手应对王位时常空缺的问题。1788 年国王首次发病，首相皮特面临着严重的政治危机。在是否由威尔士亲王代行王权的问题上，皮特与福克斯及辉格党人进行了激烈的争论，此事因乔治三世的突然复苏而不了了之。1810 年，老国王的精神状况陷入了不可救药的境地，他终日徘徊在温莎城堡的走廊上，拖着长长的白胡子，穿着紫色的晨衣，十年之后才溘然长逝。由于国王病情恶化，威尔士王子成为摄政王，可以无限制地行使王权。他沿用了托利党顾问，一心一意对法作战，摄政王的所作所为令他的辉格党老友惊愕不已。无论乔治四世有何缺点，他在摄政时期曾坚定地支持威灵顿和卡斯尔雷子爵，同时勇敢地面对拿破仑的挑战。他因此赢得了荣誉和威望，在英国历史上写下了光辉的一页。

汉诺威皇室已经牢牢地扎根于英国的土壤之中。乔治三世在光辉的中年时代颇受欢迎，被人们称为“庄稼汉乔治”。一位名叫戈登的贵族，曾领导一群疯狂新教徒发动叛乱，当朝野内外一片惶恐之时，乔治国王是唯一镇定自若的人。他经历过美国独立战争的灾难。尽管深得民心，却难以得到民权领袖的尊重。他娶了德国公主夏洛特为妻，生养了许多子女。其中有七位长大成人，但却没有一人给皇室赢得光彩。

英国宫廷中，一切都散发着僵化、狭隘和陈腐的气息，其氛围与德意志公国相类似。日后成为乔治五世的年轻人在压抑的气氛下痛苦不堪，他很快开始反抗守礼的母亲和吝啬的父亲。王子喜欢与人交往，往往与可疑人物关系密切，这就使他与皇室家族进一步疏远了。年幼时，他的兄弟们都离开家园，被送往德意志接受日耳曼式的教育，而作为王位继承人的乔治则必须拥有英国式的背景。他与查尔斯·詹姆士·福克斯、理查德·谢里丹和博·布鲁梅尔建立了亲密的友谊，并很快具备了十八世纪的绅士做派—四处举债，穿着得体以及口齿伶俐。他的天赋和品位与众不同，自我表现的欲望常常使其行为乖张，放纵任性影响了他的判断能力，轻浮的思想令其显得举止不端。每当享乐之事与国王职责发生冲突时，享乐思想总能占得上风。无论是摄政还是为君，他总有一种孤独之感，这充分显示了他性格上的脆弱一面。

1784 年，王子恋爱了。不幸的是，他所钟情的女子—玛利亚·菲茨赫伯特不仅来自一个无名无势的平民家庭，而且还是纯正的罗马天主教徒。菲茨赫伯特的品行无可挑剔，只有正式婚姻才能使她满意。英国是欧洲最坚定的新教国家，而它的王储竟然要迎娶一位两次丧偶的天主教寡妇，这令王子的辉格党朋友们十分惊慌。根据《皇室婚姻法》，这种婚姻是非法行为。乔治的做法既有损他的名誉，也不利于他的地位。两人的关系一开始秘密地发展，乔治性情反复无常，很快就将此事公之于众。菲茨赫伯特夫人性格拘谨安静，恐怕很难与他保持长久关系。二者的恋情公开后不久，又再度转入地下，最后还是无果而终。几年之后，乔治迎来了他的第二次姻缘，这是一段合法的、门当户对的王室联姻。

1796 年王子遵父母之命与德意志布伦瑞克的凯若琳公主结婚。凯若琳公主个性喧闹轻浮，缺乏魅力。乔治在第一眼看到她时，就大失所望。在婚后，乔治借酒消愁，一连二十四小时都在醉生梦死中度过。新婚数日，乔治给妻子写信，解除她的婚姻义务。此后，他又与一位名叫杰茜的女子暗通款曲。乔治对凯若琳的厌恶与日俱增，他们生育了一个女儿夏洛特，但这位公主对父母双方皆心存不满。1814 年，乔治将妻子赶出了宫廷。凯若琳大闹一场，愤愤地离开英格兰前往欧洲旅行。她诅咒发誓，等丈夫继位时再来闹个鸡犬不宁。

英国政府为乔治继位问题忧心忡忡。夏洛特公主嫁给了萨克森–科堡公国的利奥波德王子，他后来成为了比利时国王。凯若琳于 1817 年死于难产，她的婴儿也不幸夭折。乔治的弟弟们皆是性情怪僻之人，并不受人欢迎。正如威灵顿所言："他们是坠在各届政府脖子上的千斤重担……使英格兰三分之二的绅士蒙受羞辱。"他们不仅缺乏魅力，也无合法子女。虽然在外拈花惹草，招蜂引蝶，但每个人却对自己的地位了然于胸—他们深知自己的王族婚事对英国政府的重要价值。无论如何，克拉伦斯公爵和肯特公爵还是在 1818 年履行了王室的婚姻义务，他们因此获得了一大笔金钱。肯特公爵迎娶了一位德国女子，之后便前往直布罗陀施展他的军事才华。他们所生的女儿就是未来的维多利亚女王。

威尔士亲王一直考虑与漂泊在外的妻子离婚，利物浦领导的政府对此深感不安。亲王奢侈放纵，曾经一掷千金，在布莱顿和温莎进行建筑实验。他的做法使政府陷入窘境，议会中也有许多人发表了火药味十足的演说。坚定的托利党掌玺大臣激烈地反对国王离婚，基督教界人士也同样不予支持。然而乔治却一意孤行，他专门组建了一个委员会，对凯若琳的行为进行调查。委员会成员特地奔赴意大利，从凯若琳令人讨厌的随从那里搜集证据。1819 年 7 月，政府接到了关于王后的一份报告，报告中详尽罗列了对其不利的种种证据。乔治国王兴高采烈，而利物浦和内阁则叹息不已。自 1714 年以来，王室间的纷争每每成为党派争斗的导火线。在此事上，反对派也必然会拿王后的伤痛作为政治武器。

凯若琳公主的首席法律顾问是年轻的辉格党精英亨利·布鲁厄姆。这位诙谐幽默、聪明伶俐、野心勃勃的律师虽然并不相信公主无辜，但却看到了此事对辉格党的价值所在。布鲁厄姆秘密同政府建立了联系，希望通过双方的妥协使自己加官晋爵。1820 年 1 月，精神错乱的老国王逝世，新任国王的配偶问题又被提上了日程。乔治四世此时身染重疾，但对凯若琳的愤恨却有增无减。国王在怒火之中迅速康复，随后又突发奇想，坚持要把凯若琳的名字从教堂的祷文中去掉。内阁诚惶诚恐地上书国王，坦陈此事实难照办。但是乔治现在已是君临天下了。他发出威胁要解散内阁，同时还扬言到汉诺威退隐。国王的坚决使辉格党人和保守人都惊讶不已，他们担心此事将对外界舆论造成不利影响。无论其结果如何，丑闻终会使这个君主制王朝声名扫地。

凯若琳亮出了她的底牌。1820 年 4 月，伦敦的报纸上刊登了王后署名的公开信，对敌人反唇相讥。她很容易赢得了伦敦激进势力的同情之心，市议员伍德积极地与其保持联络，同时许诺将热情欢迎她的到来。在激进派看来，羞辱传统党派的时机已经成熟。政府做了最后的努力，派遣布鲁厄姆前去阻止王后返回英国。王后在圣奥梅尔匆匆接见了他，但却并没有回心转意，激进派先前的煽风点火取得了成效，现在已没有什么能够阻止这位暴怒女人的脚步了。同年 7 月，她抵达英格兰。从多佛到伦敦的路上，王后受到了民众的热烈欢迎，在绝大多数时间，她所乘坐的马车都是被热心的支持者们拖拽着前进。凯若琳的到来引发了一场空前的热潮。

政府极不情愿地接手了这个难题，一个秘密委员会在上院成立。利物浦在接受委员会报告后同意，如果确有证据表明王后淫乱，就可引用处罚法案。公众对英国现状的不满之情此刻都转移到对王室的全面调查中来，每一位王室成员都受到无情的审查。城市中的极端派通过一场周密策划的社会运动对王后给予支持。布鲁厄姆无路可退，也只好站在王后一边。在伦敦，每天都有大量人群聚集在凯若琳住宅之外，向其欢呼致敬。当王后出现在公共场合时，周围人更是呼声雷动。不仅如此，反对王后的政客们频频在马车中遭到石块袭击。7 月，威斯敏斯特宫召开听证会。在冗长的会议上，与政府沆瀣一气的总检察长提出了从凯若琳流浪宫廷中找到的一名不十分可靠的意大利证人。凯若琳的掌礼官伯加米在她身边安插了许多亲信，授予各种伪职。这班乌合之众已在地中海国家游历多年，曾饱受当地政府的嘲笑和羞辱。这些男仆和侍女的证词相互矛盾，漏洞百出，卑鄙肮脏，在威斯敏斯特大厅的观众面前上演了一场闹剧。而在场之人，也兴致勃勃地倾听了有关下流服饰和猥亵行为等内情故事。伦敦的报纸公开抨击那些操着意大利式英语的丑陋证人，认为他们的证言根本不能采信。利·亨特还专为此事写了一首讽刺诗：

“你发誓——你发誓——”

“是的，先生。”

“隔着两扇门——你看见她被邪念所困扰吗？”

“正是，先生——是的，先生。”

当时的一位历史学家写道：“十五天的会议，令所有民众变得猥亵可憎。”布鲁厄姆为凯若琳辩护，他以1796年乔治解除妻子婚姻义务的信件作为证据，收到了良好效果。可以相信，仅凭那些相互冲突的证据，法庭很难依照处罚法案判定离婚。布鲁厄姆大胆地抨击隐藏在幕后的主使者—乔治国王本人，同时还引用了《失乐园》1 中的诗句恶意影射乔治的肥胖：

“另一影像似幻非幻，
若说人形却肢体不清，
虽似实体，影影绰绰，
形影相替，扑朔迷离。
头上一物若光圈环绕，
原来是戴着王冠模样的东西。”

上院议员们认为王后有罪，但对是否判定离婚迟疑不决。处罚法案仅以九票的多数在上议院获得通过。辉格党人看到已无可能和解，便投出反对票。辉格党领袖格雷伯爵宣称他坚信凯若琳无罪。内阁看到处罚案很难在下议院通过，于是主动将其撤回，而此事也就暂且搁置了。伦敦大批市民涌向街头庆祝胜利，全城一片灯火辉煌。上院议员的宅邸窗户被暴民砸得粉碎。 西德茅斯勋爵小心谨慎，他曾禁止女儿们接触有关此案的报纸，到头来却成为第一个受害者。但是，民众的热情很快平息下去。凯若琳获得政府给予的五万英镑年金—她还尚未高傲到拒绝这笔巨款的程度。危机引发的第一个政治后果就是与王后关系融洽的坎宁辞职。但在1816年，这个皮特的得意门生重返内阁，担任印度政府的监管委员会主席。坎宁在各个方面拥有广泛的影响力，他的辞职无疑是内阁的严重损失。

接连发生的两个重大事件为这场闹剧画上了句号。1821年，乔治五世在威斯敏斯特宫的盛典上加冕为王，凯若琳试图闯入教堂，但却因没有入场券

1《失乐园》是弥尔顿撰写的一部神话史诗。

被拒之门外。一个月后，她含恨离世。官方试图将她的棺木悄悄送出国境，然而却未能得逞。于是，灵柩便在情绪激昂、喧嚣纷乱的人群护送下穿过了伦敦城。这是激进派从此事中收获的最后一个胜利。

王室纷争引发的怒火实质上是一种不满情绪的表达。它代表反法战争后的激进派运动达到了最高点。到 1820 年年末，工业和贸易开始复兴，公众骚乱也逐渐平息。国王的个人缺点并未对根深蒂固的英国传统造成影响，人们又本能地站在了国王一边。自 1688 年光荣革命以来，君主制就一直未有中断。坎宁低估了国民的保守主义思想，贝德福德公爵也一度在危机中乱了阵脚，惊慌失措地宣布“王朝即将终结”。相比之下，埃尔顿的判断相对准确，他说：“站在王后一方的多是下层民众，除了那些放荡不羁、借机牟利之人，中、上层人士大都倒向了国王……下层社会显然出现了动荡倾向，但在当局的严密监视下并未酿成祸乱。”

事件的余波在坎宁辞职后仍未平息，顽固派老者居多的托利党被严重削弱了。它得不到公众的支持，且继续补充新的血液。辉格党人也同样意识到他们缺乏群众基础，部分少壮派认为“辉格党与民众间传统的天然联盟”正处于危险之中。议会改革不久就成为了社会的一大焦点问题，以此为契机，辉格党人开始重新定位自己的利益。

第二章 坎宁与威灵顿公爵

乔治四世统治的十年间，在政治风浪中成长起来的老牌政党很快趋于瓦解。在一百多年的时间，辉格党和托利党因政见不同在议会上吵得不可开交。同时，辉格党内部也斗争激烈。现代学者对亲缘关系和商业利益进行深入研究之后宣称，在十八世纪英国根本不存在两党制。如果客观严谨是历史学的第一要义，那么只能说，此时当政者与在野之人争斗不休。介于二者之间的，是人数众多的中立绅士，他们不偏不倚，随时准备支持当政的任何一方。然而在议会激斗的伟大时代，此种结论还是略显不足。即便是朝野两派，也不妨有个称号。那么人们为其冠以“辉格党”和“托利党”之名又何尝不可呢？无论如何，从十九世纪二十年代起，托利党已连续执政近三十年。

托利党政府成功地领导英国度过了漫长艰险的战争岁月，虽然名誉受损，但也经受住了五年经济衰退和社会动荡的考验。工业革命为行政工作带来了诸多技术难题，无论是辉格党托利党，还是贵族派或重农团体，均对此茫然失措。新世纪对政府职能提出了新的要求，传统的政党格局被新形成的政治原则和定义打乱，又在维多利亚时代重新组合起来。虽然这一过程耗时漫长，但小皮特组建的政党已经感到了混乱和压力。此刻，皮特成功地将日渐强大的商业集团拉到了自己的阵营，他的自由贸易政策和行政管理成效也赢得了一些工业界领袖，诸如罗伯特·皮尔及威廉·格莱斯顿父辈们的支持。遗憾的是，皮特的政策传统在战争年间没有得到贯彻执行。皮特的年轻信徒们也曾竭力捍卫他的主张，但继任者却缺乏皮特那样的威望和远见。如果缺乏有效的政策管理，地主阶级同新兴商人阶级结成的联盟很快将趋于瓦解。农场主和工业家没有共同利益可言，皮特在世时，他们就开始相互争斗。到皮尔执政时期，双方最终分道扬镳。战争的结束导致农产品价格下跌，双方围绕《谷物法》再次展开了激辩，二者矛盾也一度激化。凯若琳的离婚使政府威望扫地，各个政党也未能拿出一份宏大的全国战略计划。甚至对利物浦抱有同情的人士也感到，除了维持现存制度外，政府几乎毫无作为。

以乔治·坎宁为首的托利党少壮派得到了商业阶层代言人威廉·赫斯奇森的支持。商人们主张恢复皮特的自由贸易政策和英明的商贸法案，但他们之间矛盾重重。天主教徒的解放问题很快开始困扰托利党，致使其内部出现了分裂，甚至连同辈的党徒也相互争斗。在罗伯特·皮尔统治爱尔兰的六年间，政府成功抑制了不满的情绪和酝酿中的内乱。在皮尔看来，“眼下，一个可靠的专制政府对于爱尔兰最合适不过。”他运用软硬兼施的手段恢复了社会秩序，实现了爱尔兰的相对稳定。但是，他的手段和政绩皆未赢得当地民众的好感。回国之后，皮尔对天主教解放忧心忡忡，他认定宗教运动不仅会危害爱尔兰的新教，也会对整个政治体系产生负面影响。十九世纪尚未结束，皮尔的担忧就变成了现实。此时，皮尔为争夺托利党的领导权与坎宁打得不可开交，两人甚至相互诽谤或进行人身攻击。坎宁在策划和实施伊比利亚半岛战争方面功不可没，外交事务是他的主要关注点。然而，在他与卡斯尔雷进行辩论时，外交领域似乎又成为了他的一块禁区。坎宁在老辈托利党人中口碑不佳，他才华出众，机智诙谐，思维活跃，但却常常挖苦和讽刺别人，因而树敌众多。在这种情况下，关于坎宁不可信赖的谣言不胫而走，他的上司也将其视作阴谋家。1820 年的王室离婚案之后，坎宁辞职。一位托利党贵族意味深长地声称：“现在我们终于甩掉了这个麻烦的包袱。”1822 年 8 月，坎宁被任命为印度总督，他顺从地接受了这次体面的流放。至此，坎宁的政治生涯似乎已告一段落。但是天意难测，当坎宁乘坐的船只正沿泰晤士河东行时，卡斯尔雷因不堪工作重负精神失常，在家中更衣室内割喉自杀。卡斯尔雷之死使坎宁在政府眼中身价倍增：他立即被任命为外交大臣。坎宁在这个位置上主宰着英国政务，直至五年后去世。

政府部门进行了重组。皮尔负责掌管内政部，赫斯奇森主管贸易部。现在，政府中已经有了三位重量级的下院议员。而在1815年，四分之三的内阁成员都是来自上议院。在随后的几年中，托利党的统治更加开明。坎宁、皮尔和赫斯奇森大胆施政，他们的政策在许多方面比辉格党人的主张更为先进。皮尔改革了刑法，在伦敦组建起警察队伍。赫斯奇森详细审查了关税制度，同时推行皮特的经济政策，包括取消不合理税收，改革关税制度等。坎宁呼吁在国内谷物价格上涨时按比例下调其进口关税。但这一举措必将引发托利党内部的冲突。坎宁意识到了国内即将爆发的政治危机，他曾说道："财产和人口的尖锐冲突将我们推向了危险的边缘，只有通过开明和自由的立法才能力挽狂澜。"然而，在危机真正来临时，坎宁却知难而退，倒是皮尔挺身而出应对挑战。

一份关于天主教解放的年度推进计划提上了日程，这令支持政府的保守派人士倍感担忧。坎宁的态度十分坚决，他是现行公民权的坚定捍卫者，相信通过有远见的商业措施和受欢迎的对外政策，能够消除议会改革面临的多方问题。但是，坎宁已没有足够的时间来发现自己的错误了。

坎宁就任外交大臣后，他的第一个难题是如何应对西班牙的危机。在那里，曾经举兵反抗拿破仑的群众组织成了如今的革命派，将矛头指向了专制的波旁政府，同时还以1815年法国宪法为蓝本颁布了宪法。坎宁曾经对1808的西班牙起义给予支持，因此自然抱有同情之心。但梅特涅及神圣同盟则将其视为暴民作乱，他们认为，这场迅速蔓延至波旁那不勒斯王国的暴乱，将对君主制原则及整个欧洲体系造成冲击。1822年秋，列强在意大利维罗那召开了一次会议，商议协助西班牙波旁政府镇压内乱。威灵顿公爵代表英国出席，他遵从卡斯尔雷的建议，提出英国在此次冲突中保持中立。坎宁坚决支持中立立场，他通过舆论将此种论调广为传布，而英国的外交政策传统也是一向反对干涉别国内政的。但是，奥地利与俄罗斯主张出手干预，他们都有一个堂而皇之的理由，那就是故敌法国革命政权死灰复燃。复辟的法国波旁政府惧怕革命，也同意派遣远征军开赴西班牙，恢复费迪南德国王的专制权力。

维罗那会议最终做出干涉西班牙的决定，坎宁对此不予理睬。伦敦一片兴奋，许多英国志愿者远涉重洋，协助“西班牙自由派”抵御“保守派”法军。“自由派”和“保守派”的说法由此进入了英国政界。但是，坎宁同样反对公开支持“西班牙自由事业”，他因此遭到了辉格党的攻击。英国国内的意见分歧没有对西班牙战事的结果构成影响，法国干涉军没有遇到有力的抵抗，西班牙自由派撤退到加的斯，而后便放弃了斗争。

在欧洲舞台之外，一个更重大的问题浮出了水面。英国对西班牙的政体不甚关心，但两个世纪以来，却一直与西班牙争夺南美殖民地的贸易市场，因此这些殖民地的自由对其甚为重要。拿破仑战争时期，南美殖民地尝到自治的甜头，因此当波旁王朝在马德里复辟，殖民统治恢复以后，殖民地居民愤愤不平。在整个安第斯山脉沿线，争取南美解放的斗争此起彼伏。坎宁担任外交大臣期间，南美地图上的大多数共和国虽依然动荡不安，但已确立了独立地位。自 1814 年以来，英国在这些地区的贸易额增加了两倍，而一旦法国或神圣同盟干预新大陆事务，或是欧洲军队横跨大西洋镇压叛乱，那么这一切就将付诸东流，其损失不可估量。坎宁对此焦虑不安。在这紧要关头，英国商人阶层敏感地察觉到了危机的临近，他们雪中送炭，向坎宁提供了必要的支持。坎宁果断采取了行动，呼吁美国加入英国一方来反对欧洲列强干涉美洲事务。在美国踌躇不定之时，坎宁也同法国方面进行了接触。法国不愿与英国进行海外冲突，因此立刻否认会在南美动武或拥有殖民野心，而神圣同盟也就失去了出兵的理由。后来，坎宁以胜利者的姿态宣称：“新大陆的存在维护了旧大陆的均势。”

此时，新大陆一方也有自己的算盘。美国不愿欧洲的祸乱殃及大西洋彼岸。拉美多数共和国都已得到美方承认，它根本不想让欧洲王室的野心家们来民主大陆称王称霸。此外，美国也更不希望欧洲人重返美洲，进行殖民掠夺。坎宁的英美联合建议产生了吸引力，美国两任前总统—杰弗逊和麦迪逊都支持门罗总统的看法，认为坎宁的主张颇受欢迎且具有里程碑的意义。除欧洲的威胁外，他们还对俄国的太平洋计划极其关注。俄国人占领了阿拉斯加，沙皇的领土要求甚至包括了美洲西海岸到加利福尼亚的广大地区，在这些地方，沙皇的情报人员神出鬼没。门罗政府的国务卿约翰·昆西·亚当斯固执谨慎，他对英方的设想心存疑虑。亚当斯不信任坎宁，认为其“诡计多端，不值得信赖”。他希望美国能够撇开英国，独自采取行动。或许在未来，古巴或加拿大会渴求加入这个伟大的合众国，那么英美关于美洲不可侵犯的联合声明是否会削弱这种可能性呢？美国最明智的做法就是保持独立的态度。亚当斯在日记中写道：“与其像运输船般尾随英国战舰而行，倒不如名正言顺地向俄法阐明我国原则。” 亚当斯的主张在 1823 年 12 月 2 日总统的国会年度咨文中得到了实现。咨文提出了纯粹的美国政策，即日后人们在谈及美洲事务时所经常提到的门罗主义。

门罗强调：“自由独立的美洲国家现状应该予以保持，其不应被视为任何欧洲强国的殖民场所……任何试图将自身(政治)制度扩展至美洲某地的行为，都将被视为对美洲和平和安全的威胁。”这真是一个掷地有声的表态。门罗宣言之所以能被其他国家所接受，是因为英国的海上力量正友好地担负着警戒任务—虽然此事极少得到公开承认。在十九世纪的大部分时间里，皇家海军始终是美洲自由的最坚强捍卫者。正因为有了英国壁垒的保护，美洲才得以从容地走上自己的发展之路。

著名的门罗宣言同样是给英国的一个警告。坎宁深知，美国人申明了其在美洲的主导地位，他也同样了解与美国发生矛盾争斗的危险。坎宁决定避免与美国冲突，因为这样可能会使英国陷入尴尬境地并损害它的利益。无论如何，对远不可及的危险进行争论毫无意义，于是，坎宁就此事发表了简短而中肯的声明：“美国发表言论，公然以美洲国家的领导人自居，并试图借美洲联盟反对欧洲国家（包括英国在内）。其主张违背了我们的利益，我们不会支持或默许。然而，抽象地驳斥该国言论无所助益，而我们也不应说出任何赞同的言语。”

不久之后，英国正式承认了美洲国家的独立地位。英王乔治四世对共和制国家抱有敌意，而坎宁在政府中的众多同僚也竭力反对他的做法。乔治甚至拒绝宣读承认南美独立的演说以示抗议—这篇演说最终还是由一位极不情愿的法官代行宣读了。坎宁的主张再次胜出。他当机立断解决南美问题可以说是外交政策上的一大胜利，当然，英国还有更多的事务等待着他的决断。

在拿破仑战争最艰难的岁月里，不列颠的大批军队都被派去防御葡萄牙。而今，这个英国的最古老盟友再次请求援手。南美卷入欧洲事务后，葡萄牙的巴西殖民地宣布独立，同时还出人意料地将驻扎在此的葡萄牙亲王拥立为统治者。坎宁立刻承认了这个新政权，并力劝葡萄牙政府也如此作为。然而就在此时，形势突然出现了转变。葡萄牙老国王驾崩，一场王位争夺战随即展开。王位的合法继承人是巴西皇帝年仅八岁的女儿，自由派和立宪派势力都对其表示拥护。女孩的叔叔同样要求继承王位，他是一个专制主义者，得到神圣同盟和西班牙的积极支持。英国秉持一贯的政策，那就是里斯本不能落入敌对势力手中，而此刻，葡萄牙几乎要被独裁主义干涉势力所压垮。依照古老的盟约，英国于1826年12月派军前往古斯塔河。坎宁在议会陈述了自己的主张，他说，军队调动并不是“刻意将政体强加某人，而是为维护盟国的独立”。英国驻里斯本的大使描述了皇家海军舰队出现在古斯塔河的时候，人们欢欣鼓舞的景象：“现在，谁也不再害怕成为立宪主义者了……英格兰已经发话，皇家军队业已抵达。觉醒的雄狮气度不凡。”虽然如此，葡萄牙问题只是暂时得到解决，数年之后，坎宁的继任者们将再次面对这一棘手难题。

此时东地中海也爆发了一场危机。希腊已被土耳其占领了四百余年，如今也萌生了自由独立的思想。希腊人发动起义，于1822年宣布独立。英国人普遍同情希腊革命，尤其是了解古希腊塞莫皮莱和萨拉米斯荣光的英国知识分子，更是觉得热血沸腾。伦敦的开明人士渴望为革命者尽一份力，他们发起募捐活动，诗人拜伦和一些志愿者甚至直接奔赴了希腊战场。然而，拜伦在梅索朗吉昂牺牲之前，却感到了深深的失望。希腊获得的荣光几乎被内讧毁灭殆尽，在希腊历史上，这不是第一次，也不是最后一次。如果没有欧洲强国施以援手，希腊革命将被彻底扑灭。可怕的埃及统治者穆罕默德·阿里率领一支大军援助土耳其苏丹，在强大的压力之下，革命军队节节败退。更加不幸的是，欧洲列强对希腊革命态度不一。神圣同盟陷入分裂，奥地利和俄国站在了土耳其一边，坎宁遵循卡斯尔雷在世时的政策，试图调解双方矛盾。此外，坎宁害怕俄国出兵干预，在希腊建立起仆从国，并从土耳其那里捞得好处。如果俄国势力取代了土耳其，那么就将危及英国在中东和印度的利益。

这就是所谓“东方问题”的起源。随着时间的推移，它对欧洲列强的烦扰有增无减，直至第一次世界大战才暂告终结。经过一系列复杂的交涉，英法俄三国于 1827 年达成协议，向土耳其提出条件。英法联合舰队前往希腊水域向土方施压。这是坎宁在外交事务中的最后成就，他不久便与世长辞，未能亲眼看到希腊舞台上的下一出剧目。

英国政界对外交大臣坎宁的举措变得愈加挑剔起来。威灵顿十分不安，认为坎宁行事轻率。在利物浦首相的调解之下，各持己见的两派人士才没有决裂。1827 年 2 月，利物浦突然中风，一场严重的政治危机接踵而至。赫斯奇森的内政和坎宁的外策使他们与那些老牌托利党徒日渐疏远。那么如今谁来领导政府呢？托利党的前景一片茫然。应该采取威灵顿的政策，还是听从坎宁的主张？首相人选仍然仰赖国王抉择，为此，乔治四世犹豫了一个月之久。辉格党人无力组阁，该党目前已是四分五裂，根本无法赢得多数选民的支持。因此，还是应由托利党的某一派出面来担当大任。

利物浦内阁中的许多成员，包括威灵顿和埃尔顿在内，都拒绝在坎宁的领导下任职。但另一方面，坎宁却有望获得一些辉格党领袖的支持。那么是否应建立托利党和辉格党的联合政府呢？这就打破了传统的政府组织惯例。是否由托利党单独执政呢？这不但会遭到下院反对，国内民众也不会认同。如果找来一些态度中立的名流建立温和的政府，化解党派之争呢？在温莎城堡内，一连几个星期，人们围坐在餐桌前争论不休。他们最终发现，没有坎宁和他的同僚，组阁之事便难以实现。但坎宁却要国王首先答应他的全部条件。他最终说服了国王：“陛下，先王曾打破辉格党的主导地位，我希望您不要以同样的方式对待托利党。”乔治四世答曰：“如果那样做，我必受天谴。”1927 年 4 月，坎宁出任首相，但仅仅掌权数百日。

坎宁组阁标志着十八世纪的政治体系即将瓦解。他能够获得首相职位，有赖部分辉格党人的殷切支持。然而，坎宁失去了下院唯一的托利党能人罗伯特·皮尔。皮尔辞职部分是出于个人原因，同时他也深知坎宁钟情于天主教的解放。但托利党中的反对派与辉格党中的顽固派对新政府十分厌恶。如果坎宁能多活一段时间，他和下属们或许能够组建起一个新的政治联盟。不幸的是，在短暂的病痛之后，坎宁于8月8日离开了人世。他与卡斯尔雷一样死于过度劳累。

在新世纪政治转型的关键时期，坎宁扮演了一个关键性的角色。无论在战争年代还是和平时期，他的深谋远虑和当机立断都给人留下了深刻的印象。坎宁头脑灵敏、性情急躁，在同僚中口碑不佳。正如他的朋友沃尔特·斯科特所言：他缺乏审慎态度。坎宁继承了皮特政策的优势一面，并将其传递后世。他对英国社会生活的各类新兴潮流兴趣浓厚，同时也与新闻界保持着密切联系，更重要的是，他懂得如何运用舆论宣传为政府服务。与查塔姆相似，坎宁的政权主要得益于公众支持及受欢迎的外交政策。对天主教解放的支持体现了他胜于旁人的独到眼光，而其反对议会改革的态度也使接触过法国革命的英国政治家们怨声载道。后来他对议会改革的看法可能有所改变，至少可以说，在坎宁死后，面对濒临崩溃的托利党，他的追随者们最终改变了态度。迪斯雷利曾有幸与这个杰出人士见面："我只见过坎宁一次，但当时情景历历在目，他因激动而扬起的眉毛，萦绕耳际的美妙话语，至今令人难以忘怀。"

坎宁在紧要关头撒手人寰，这对国内外的政局产生了重要影响。他的追随者和辉格党盟友拼凑了一个临时政府，勉强支撑着局面。政府领导人是性情忧郁的戈德里克爵士，他是前任的财政大臣。以皮尔和威灵顿为首的大多数托利党人对戈德里克政府持反对态度。辉格党与托利党间爆发了争吵，破坏了政府的团结，而在推行坎宁不干涉希腊的政策上，也出现了一场意外。塔列朗曾恶毒地讽刺英国的不干涉政策，他说："这个抽象的政治字眼与'干涉'似乎意义相同。"但该项政策对英国人而言却是很有意义的。科德林顿曾是纳尔逊的下属，参加过特拉法加海战1，此刻，他正统率英法联合舰队泊于希腊的海面。科德林顿擅做主张，在纳瓦里诺湾一举歼灭了整支土耳其舰队。英国国内对此颇为震惊，他们担心俄国人会借机渔利，但是海战之胜却是帮

1 特拉法加海战是1805年英法两国海军在西班牙特拉法加角外的一次决战，英国海军大胜，其海上霸主的地位由此得以巩固。

了希腊人的大忙。英王发表演说，将其称之为“不幸的事件”，胜利者科德林顿差点受到军事法庭的审判。由于辉格党人的阴谋，临时政府突然分崩离析，但辉格党也无法单独组织政府，它太过孱弱且缺乏有力的领导。威灵顿和皮尔受命组阁，威灵顿担任首相，皮尔成为内政大臣和下议院议长。这些老牌托利党人还将进行一场顽强的垫后战争。

新政府的政治观点仅仅是要维护现存制度和律法，认为它们是社会秩序的中流砥柱。只有在迫不得已之时，才能决定后退。皮尔是当今英国最富才干的能臣之一，可他只精于行政管理，只有舆论沸腾引发全国关注并成为无从回避的政治现实时，皮尔才对其给予重视。皮尔政府的第一个让步是应反对派要求废除了《宣誓条例》，该条例将非国教徒挡在了公职之外。这些人经过长期的斗争，而今终于获得了平等的政治权利和地位。天主教徒没有获得这项权利，他们的解放不仅关乎原则，也不只是迈向全面宗教平等的一个步骤，而且是与大英帝国的利益息息相关。爱尔兰问题是英国政府的最大败笔，在拿破仑战争期间，爱尔兰人的不满和抵制严重削弱了英国的战略地位。从克伦威尔时代起，爱尔兰的大政方针就掌握在少数新教徒手中，爱尔兰人受到压迫，社会愤怒情绪也在不断酝酿升腾。爱尔兰的革命威胁使英国政府终日惴惴不安。1815 年天主教徒解放问题出现以后，英国政界重新分为了两个派别，坎宁与部分辉格党人站在了一起，同威灵顿和皮尔一派相互对立。英国的政治家们达成了“君子协定”，将爱尔兰问题年复一年地拖延下去。但爱尔兰人的忍耐已到了极限，他们在丹尼尔·奥康内尔的领导下组织起来，掀起了猛烈的反英浪潮。奥康内尔是个地主，同时也是一名律师，他希望爱尔兰在英王统治下实行自治。虽然他并不是一名真正的革命者，但却是一位激情四射的演说家，他的讲演能够鼓动人们进行暴力抗争。

一个不起眼的政治事件掀起了波澜。政府中支持坎宁的托利党领袖威康·赫斯奇森和他的追随者们被迫辞职，一位爱尔兰新教地主维齐·菲茨杰拉德通过晋升弥补了职位的空缺。在当时，官员任命需要选民进行补缺选举，因此便在克莱尔郡举行了一场投票活动。奥康内尔是天主教协会成员，他之所以成为候选人，是因为得到背后天主教协会的大力支持。他当选为议会议员显然与现行法律相违背。尽管当地新教人士极力抵制，但他仍然胜利当选。这无疑是一次大胆的尝试。如果英国政府拒绝给予天主教徒选举权，爱尔兰很可能会爆发革命，继而在国内引发政治灾难。

皮尔是从爱尔兰起家的政治家，他始终坚持保守立场，反对向天主教徒做出任何让步，而他的政治威望也由此确立起来。他是牛津大学选区选出的议员，也是最坚定的国教捍卫者。但随着危机的日益严峻，他的态度也不可避免地发生了动摇。威灵顿的处境要略好些，他的态度倾向中立，因而能够不偏不倚地酌情定策。爱尔兰的局势现在一目了然，当地人组成的爱尔兰独立协会妨害了政府的管理，留给英国的只有两种选择，一是解放天主教徒，二是 再次出兵征服爱尔兰。1828年8月，威灵顿就爱尔兰局势向国王进行汇报，他说："政府官员已不再拥有影响力或掌握政权，他们的权力被罗马天主教协会的阴谋家们剥夺了。天主教协会利用神职人员来施加影响，以自认为恰当的方式统治者国家……爱尔兰正酝酿着一场暴乱……而我们又无法解散议会，大多数人的观点是……通过解放天主教徒加以补救。如果不能采取相应措施平复社会情绪，人们就将被迫陷入争斗之中。"

恐慌情绪在爱尔兰的新教徒中间蔓延开来。爱尔兰暴乱不能带给他们一丝好处，天主教徒政治平等对他们来说是难以下咽的苦果，但是如果寸步不让，他们的地产就将处于危险之中。政治权利或地产，二者只能选择其一。12月，爱尔兰事务大臣向皮尔明确指出了内乱的危险："毫无疑问，在奥康内尔被赶出议会之时，南方的农民将乘机起事。在此期间，任何反对天主教徒的举动都可能迫其提前采取行动。"一名英格兰反对派的成员在信中阐述了爱尔兰新教徒的观点："根据权威消息，绝大多数的奥兰治派新教徒对自己的处境深感忧虑，他们明确表达了不惜任何来代价化解双方冲突的急切愿望。"

威灵顿将军曾目睹了西班牙内战的过程，他深知，英国很难凭一己之力镇压一场全国性的暴动。威灵顿出生在一个爱尔兰家庭，对那个动荡不安的海岛十分了解。他用朴实的语言向上院议员直抒胸臆："我一生的大部分时间都在战火中度过，历经的戎马岁月比大多数人更长。这些战争大部分是内战。我要申明的是，如果能使祖国避免哪怕是一个月的内战，我可以付出任何努力，就算付出生命也在所不惜。”

现在反对天主教徒解放的只有英国主教、保守派托利党人和国王。主教和托利党人可以通过投票将其否决，而国王却是难以对付的障碍。威灵顿和皮尔曾在温莎与国王进行过一次不愉快的会谈，而且他们也未能同全体内阁成员达成共识。皮尔越来越忐忑不安，而国王却依然固执己见。皮尔认为，这个政府将要采取的，正是其政治生涯中一直抵制的政策。如果不是形势需要，推行法案非他莫属，他没有理由留在政府之内。事实上，反对派可以迫使议会通过解放法案，但这却对皮尔无所助益。他们无法获得国王支持，缺乏法案通过所必不可少的条件。如果得不到皮尔的认同，威灵顿无法批准法案，如果国王不予支持，辉格党人也就无能为力。因此，皮尔只能勉为其难，继续承担重任。他辞去了牛津大学选区的托利党职务，转而成为韦斯特伯里的代表议员。他站在了威灵顿一边，最终说服了惧怕辉格党执政的乔治四世。皮尔亲自将解放议案提交下院，1829 年，该议案以明显的优势获得议会通过。爱尔兰免除了革命的危险，但英国托利党的团结再次遭到了重创。在法案通过之时，托利党的“元老派”仍然十分强大，他们始终难以容忍皮尔和威灵顿对英国国教垄断的破坏。在托利党的追随者看来，该党的纲领和原则有许多前后不一甚至相互冲突的地方，但保持新教的至高无上却是托利党人始终遵循的政治原则。

威灵顿以军事眼光看待政治事务，他提出与批评者们决斗，以此来进行威慑。温奇尔西爵士无礼地在上议院指责首相，说威灵顿不够诚实，结果一纸正式的战书随之而来。决斗地点选在巴特西公园。陆军元帅威灵顿此时已过花甲之年，但举手投足间依然流露着淡定和从容。对他来说，决斗之事要比抚慰政客容易得多。他曾面对政客大发牢骚，要求“绅士们赶快冷静下来”。而现在，他转向自己的决斗助手，战争时的部下说道：“现在开始，哈丁，看仔细，离开战场。我可不想浪费时间。该死，不要离沟渠那么近，一旦我射中他，他就会跌进去的。”所幸，决斗双方均安然无恙，随后，温奇尔西写下了一份声明，收回对威灵顿的人身攻击。当日晚些时候，威灵顿觐见国王，他说：“另有一件私事禀告陛下，我上午刚刚进行了一场决斗。乔治和蔼地回答，他对此十分欣慰。他历来支持并赞赏绅士维护荣誉的做法。但是，政治矛盾的处理并不总是这么简单。

威灵顿公爵政府并没有推行开明政策的迹象，在坎宁派官员辞职后，内阁空出的两个职位由威灵顿的两个部下接手。这个军事化、副官化的政府越来越背离政治的轨道，反对派的呼声也日益高涨。但是，从表面上看，一切都是波澜不惊。1830 年 6 月，乔治四世国王溘然长逝，脖子上还挂着菲茨赫伯特夫人的小画像。人们并未对这位“欧洲第一绅士”念念不忘，丧君之痛很快就消失了。在国王弥留之际，他的情妇科宁厄姆夫人忙着清点她的额外津贴。这位曾经英俊潇洒的青年后来变得相貌粗俗、身材肥硕，甚至连国王自己也不愿在公开场合抛头露面。他穷奢极欲，由于长期的放荡不羁，其所具有的天赋才能也逐渐衰退。乔治不是天生的暴君，但却总爱以独裁者自居。当欧陆的专制统治摇摇欲坠之时，他才意识到应尽量回避独裁专制之类的主题。在维多利亚时代，国王的口碑颇为不佳，然而，他的所作所为与同时代的大多数上流人士相差无几。

继承乔治四世王位的是他的弟弟克拉伦斯公爵，在乔治三世的子嗣中，克拉伦斯最为古怪，但也最是招人喜爱。他在海军里成长起来，除 1827 年曾被坎宁任命为海军上将，度过了短暂的荒唐时光外，一直过着低调晦暗的生活。许多年来，克拉伦斯与一名女演员在布希公园同居。但最终还是被迫承担王室义务，与德意志萨克森－迈宁根公国的阿德莱德公主结婚。事实证明，阿德莱德公主热情慷慨、心地善良，是极好的王后人选，而威廉四世性情温和，头脑简单，倒与公主十分相配。但是，国王的饶舌毛病总是令臣属们极为难堪，国王在公共场合常常蠢话连篇，而大臣们对此束手无策。在一次招待内阁大臣和外国使节的盛会上，国王站起身来，带着海员般的粗俗，建议大家举杯痛饮，最后还甩出一句：“居心不良者可耻。”国王的言语让在场之人十分尴尬，待他坐下后，一位宾客转向法国大使塔列朗，悄然问道：“您感觉如何？”“很好！”塔列朗面无表情，不动声色地回答道。

陪同国王的枢密院文书，传记作者查尔斯·格伦维尔对国王忧心忡忡，他很难保证国王能够在召集议会前一直保持理智。然而在民间，国王夫妇的确很受欢迎。王后并非相貌出众，但相比乔治五世的奢侈放荡，她的朴实和恬淡无疑为王室生活中带来了可喜的变化。一次，国王从御辇的窗户中吐了一口痰，围观的人群一片骚动，其中有人高声责备道："如果是乔治四世国王，他是绝不会这样做的。"虽然如此，国王的粗鲁直率却深受下层民众的喜爱，毕竟伦敦社会的生活和礼仪并不是以宫廷为样板的。

由于克拉伦斯公爵曾被威灵顿撤去海军上将职务，因此人们猜测，新国王可能会让辉格党组织政府。但是，克拉伦斯成为威廉四世国王后，却对威灵顿既往不咎，依然保留了他的职权。国王公正无私的名望颇具政治价值，这在威灵顿身上得到了极好证实。威灵顿曾言："国王从登基到崩殂，对我始终恩宠有加，甚至古今内外无人享此殊荣。而我先前将他赶下海军上将之位，论手段已是严苛至极，以至古往今来无人能比。但是国王没有丝毫怨恨之意。""水手威廉"需要在各个方面保持公正之心，前方的狂涛巨浪已经渐渐逼近。法国再度爆发革命，波旁王朝气数将尽。当消息跨过英吉利海峡传到英国人耳中的时候，英格兰人心动荡，波澜骤起。

第三章 改革与自由贸易

1830年，欧洲革命风云再起。7月，革命者在法国奥尔良建立了君主立宪政体，新国王路易·菲利普是革命派菲利普·厄加利代之子。厄加利代是法王路易十六的堂弟，曾投票赞成处死国王表兄，但后来自己也被送上了断头台。相比父亲，路易·菲利普要更加明智，也更得人心，因此不仅保住了性命，还战战兢兢地当了十八年的法国国王。受到巴黎革命鼓舞的比利时人开始反抗尼德兰王国，1815年的一纸条约曾迫使比利时与该国合并，引起人们的普遍不满。英国在该条约的签订上扮演了重要角色，支持低地国家独立，防止任何一省落入列强之手是其一以贯之的政策，同时也是二十世纪多场战争所追求的目标。1815年，低地国家合并为统一的尼德兰王国，这似乎是一次建设性的尝试，伊丽莎白时代奥兰治亲王威廉姆的梦想也得以最终实现。但是，荷兰人与比利时人在语言、宗教和商业利益方面皆不相同，这便在双方之间形成了难以逾越的鸿沟。比利时人呼吁自治，并进一步提出独立要求。在一系列紧张的外交斡旋后，终于达成了和平的解决方案。然而此时此刻，一股革命的洪流又在德意志到波兰的欧洲广阔腹地奔涌开来。梅特涅和神圣同盟的领域遭到严重冲击，但仍可勉强支撑。

欧洲大陆上涌动的革命乱流，大都指向了自由和民主的目标。英国人对此热情欢呼，并怀着激动的心情密切注视事态的发展。然而，托利党政府和威灵顿公爵却似乎对此抱有怀疑和敌视的态度。部分原因是政府担心法议会吞并比利时，或扶植一个由法国王族统治的傀儡政权。甚至有传言说威灵顿意图通过武力恢复尼德兰王国。这个消息并不属实，因为威灵顿历来将维护欧洲和平视为政府的主要目标。反对派舆论乐于将莫须有的事件强加在他的身上，让这些谣传在社会掀起波澜。在英格兰东南部，乡村的贫穷引发了暴动，而在不断扩大的城镇中，对工业化不满的商人和工人们也开展了政治行动。骚动、暴乱甚至革命呼之欲出。但实际上，英国人迎来的却是一次大选。

辉格党人在此次大选中有所斩获，但并未取得决定性的成果。该党领袖是格雷伯爵，他是福克斯的朋友和门徒。在连续四十年选举失利的情况下，格雷倾尽一生之力改革现状，终于在晚年取得了一定成就。辉格党在大选中的优异成绩确应归功于格雷的努力。格雷在 1806 年短暂供职于福克斯内阁，自小皮特上台开始，他不仅经常性地卸任归田，甚至还期盼着远离官场。现在，他终于可以一展才华了。格雷是个地主，他将参与政治视为一种社会义务，与威斯敏斯特大厅相比，他更愿意待在乡间田园之内。不管怎样，他还是对大陆的混乱局势做了详细的分析，继而得出结论，认为其并不若威灵顿想象的那样可怕。格雷与辉格党同僚们认为，滑铁卢之战后的英国内部动荡源自于两个方面：一是家境殷实，受人尊敬的中产阶级，他们在议会中没有特定代表，同时也深受法国革命思想影响。他们迫切希望通过合法手段来获得政治权利。另一方面是饥寒交迫，具有革命倾向的劳动者。战争带来的经济混乱使他们饱受艰辛，他们乐于发表暴力言论，甚至准备使用武力解决问题。如果辉格党能与中产阶级结成同盟，并适当地给予其政治权利，那么就可以应付局面，至少能解决一时问题。为此，格雷还特意制定了计划。格雷的设想得到了贝德福德公爵的儿子约翰·拉塞尔的支持，拉塞尔性格火暴，但对理论上的自由事业赤胆忠心，无所顾忌。此外，格雷的阵营中还有候补官员亨利·布鲁厄姆，他是一位出色的政治家，因支持凯若琳王后而声名鹊起。布鲁厄姆思想前卫，与一些激进派领袖和报刊编辑私交甚密。

议会在 11 月召开。一些人希望托利党将先前的解放天主教徒事业继续下去，并对公民权利进行改革。不少托利党人相信，选举权的扩大会进一步加强新教徒的力量。还有人则联系了一些组织协会为改革助兴。但威灵顿并不支持改革。他在上议院发表演说：“从未见过或听说过任何措施……能够给我带来丝毫的满足，能够改进国家的现状……我完全相信，当今国家的立法机构能够满足所有正当立法工作的需要，更重要的是，它比任何时期、任何国家的立法机构更具优越性……目前，它代表着包括有产者在内的广大民众的利益，其中地主阶级拥有广泛的影响力。在这种形势下，我不准备采纳人们提出的任何改革举措。”当威灵顿坐下之后，他便转向外交部长阿伯丁伯爵：“我没有说得太多吧？”阿伯丁没有正面回答。但不久他就改革一事进行评论时，简单地对威灵顿的讲演作了表态。“我们要出局了”，他说。

威灵顿希望辉格党会因组织混乱而无力组阁，但他所在的托利党更是四分五裂。坎宁的追随者不愿与那些托利党“元老派”共赴危难，转而开始与辉格党人通力协作。两周后，托利党败局已定。威廉四世国王要求格雷组织政府。除一次短暂掌权之外，辉格党人已近五十年未能把持朝政。现在，他们一鼓作气登上了权力的顶峰。

辉格党人面临着险恶的局势。由于法国威胁要干预比利时事务，因此英国必须增加军事预算。虽然不受欢迎，然也是迫不得已之举。但是，财政大臣却未能给出一个全面合理的预算计划。英国东南部地区社会动荡，法律和秩序再度遭到破坏。新任内政大臣墨尔本爵士果断地采取了行动，超过四百名农场工人被判刑流放。激进分子深感愤怒和失望。在这种情况下，只有议会改革可以挽救政府，现在，辉格党人已开始着手推动革新大计。

一个秘密的内阁委员会受命起草计划方案。1831 年 3 月，约翰·罗素勋爵向下院提交了第一个改革行动法案，并在一阵嘲骂声中向在场的人们进行宣读。根据法案，超过一百个“有名无实”和“家族操纵”的选区遭到废除，取而代之的是在大都市、北方工业区及中部地区设立的新选区。在托利党人看来，这种做法违背了他们的所有理念，侮辱了他们最深的政治信念，同时也严重侵害了人们的财产权。选区就像房屋或地产，能够进行买卖交易，过于均衡的政治权利则带有了一种呆板、危险的政治色彩，与法国的民主制度颇为类似。许多辉格党人本以为改革方案会温和适度，但听完罗素大刀阔斧的方案后一个个皆呆若木鸡。然而，在听闻国内民众的热情呼声之后，他们很快清醒过来，一致表示支持政府的立场。辉格党人坚信，通过改革可以避免爆发革命。而在另一方面，托利党人却认为改革将会引发一场政治灾难，他们对此忧惧万分。对托利党及许多辉格党人而言，英国政府代表地主阶级实施统治，为整个社会谋取利益。政治权利的扩大势必意味着以权势和地位为基础的旧统治秩序的衰落。如果这两大权力支柱分崩离析，国王的统治还能够维系下去吗？这个问题非同儿戏。1832 年后，英国政府多次更迭，政局动荡不安。直到组织完备、纪律严明的规范政党接掌行政大权之后，这种状况才得以转变。

激进派领袖感到失望，在他们看来，改革法案依然太过温和。但是，他们仍以各自不同的方式表示支持。激进派之间并没有太多的共同之处。詹姆斯·穆勒和杰里米·边沁运用哲理来鼓吹民主和中产阶级教育；威廉·科贝特是一个精力充沛、行不苟合的记者；弗朗西斯·普莱斯是查令十字地区的裁缝；而托马斯·阿特伍德则是伯明翰的银行家，一个是活跃的政治活动家。但是，这些激进派一致认为，该法案不应被修正案和妥协方案删减或取代。支持改革法案的风潮蔓延到整个国家。人们普遍认为，选举权的扩大和与工业革命相适应的选区重划能够化解国家的所有弊病—在当时，经济危机尚未出现，没有什么能够转移公众注意或是动摇他们的信念。众多报刊和杂志纷纷刊载文章，支持改革法案。为了躲避 1819 年立法征收的严苛报刊税，每周一期的新闻快报都是通过邮局发送。

在下院，托利党人极力反对法案实施，他们针锋相对，寸步不让。尽管支持格雷的天主教领袖奥康内尔控制着爱尔兰的部分选票，但政府仍不确定其能否获得大多数的投票支持。遗憾的是，法案最终未获通过，全国陷入了怨恨和失望之中。格雷要求国王解散议会，威廉四世敏锐地意识到，如果拒绝可能意味着引发革命。解散议会的消息在上院引起轩然大波，议员们向国王请愿，要求国王收回成命。但是，正当这些议员在议会长椅上跳脚咒骂、拍案高呼时，突然传来了一声雷鸣般的炮响，原来是国王从圣詹姆斯起驾而来，亲自宣布解散。托利党人怒气冲天，他们中的一人一跃而起，冲着欢欣鼓舞的辉格党人高声呼喊：“下次炮响之时，炮膛里射出的将是你们被砍下的脑袋。”格伦维尔在他的回忆录中写道：“那些在场人士告诉我说，当时的情景与《网球场宣誓》[1]中的描述十分相似。可以想象，整个场面如同一场革命的预演和前奏。”

英国国内展开了选举。英国民众第一次在改革问题上获得了选举权。他们的态度十分明确。托利党人在地方选举中纷纷落败，辉格党及其盟友则获得了下议院一百三十六个议席的多数。在下院选出之后，激烈的斗争继而转移到了上院。威灵顿一次又一次地发表声明，反对改革。他说：“民主从没有在世界任何地区真正实现。民主制度一旦建立，就会立刻侵犯私有财产，反对支付公共债务，破坏所有英国宪法保护之下的，事实上也是当今宪法根本宗旨的传统原则。富人及有产者将会成为全民公敌。” 威灵顿的大部分政治经验是在西班牙时积累起来的，他对当时的军阀革命政府依然记忆犹新。威灵顿坚信，改革将打破“国王陛下维护海外秩序，慑服四方臣民的必要统治力量。我们将丧失海外的殖民地和财产，我国的威望与影响力也会随之受损”。1831 年 10 月 7 日晚上，一场事关重大的激斗拉开了帷幕，议员分为了两派，唇枪舌剑，势如水火。上议院的二十一名主教议员起了决定性作用，他们反对改革，因此托利党人获得胜利。法案遭到否决之后，一场关于宪法的新争论又随之展开—这些议员抗拒民意。”

第二天早上的报纸刊载了这一消息，新闻所在的版面还被特意地加上了黑色边框。一场骚乱随即在中部爆发，房屋和财产遭到焚烧，布里斯托尔也陷入了一片混乱。一个被称为政治联盟的改革派组织极力安抚公众情绪，平息人们的怒气，而与此同时，政府也在努力周旋。罗素于 12 月第三次提交了改革法案，在下议院以二比一的多数获得通过。但是次年 5 月又在上议院遭到四十四票反对而被再次否决。格雷无法再度解散议会，于是只好采取极端的补救措施。他驱车前往温莎，向国王提出通过增补议员数量来强制通过法案。国王拒绝了他的要求。格雷内阁因此宣布辞职。威廉四世要求威灵顿和

---

1 法国大革命前夕，为迫使法王制定宪法，第三等级代表在凡尔赛宫的室内网球场集会，同时立下誓约，史称《网球场宣誓》。

皮尔组织政府，命他们拿出解放天主教徒时的魄力继续推进改革，同时也要争取上院的支持。但是皮尔却不愿奉命，他尚未做好准备去承担一项违背己愿的大任。国内的局势日渐险恶，政府不得不采取种种措施以应对普遍的罢工和抗税运动。伦敦街头出现了横幅和布告，上面写有“阻止公爵夺走黄金”的字样，英格兰的各个银行便随之出现了挤兑行为。激进派领袖宣称，他们决意使任何掌权的托利党政府陷入瘫痪。一个星期之后，威灵顿公爵无可奈何地宣布辞职。5 月 18 日下午，格雷与布鲁厄姆觐见国王。国王授权他们列出支持辉格党的增补议员名单。同时，还委派私人秘书向托利党领导人传达了自己的决定，并建议其可以选择弃权来避免此种尴尬。在这种情况下，当 1832 年 6 月 7 日法案再度提交议会之时，反对席上几乎空无一人。因此法案最终以压倒性的多数获得通过，成为正式有效的法律文件。

新选民和激进分子并不满足于既得的政治权利。在未来五年里，年轻的政客们又强制推行了广泛的公共管理改革。辉格党人的胃口越来越大。格雷认为他所做的已经够多，遂于 1834 年告老还乡。墨尔本和约翰·罗素爵士接过了辉格党的领导大任。罗素是一名辉格党的元老，对任何侵犯政治自由和政治权利之事十分敏感。他主张在政府领域开展更加深入的改革，但对扩大民主途径不甚关心。墨尔本在青年时代思想激进，但却缺乏行动目标和动力，意志也不够坚定。他谨小慎微且生性多疑，因此他的党派也难有创建或灵感。对墨尔本而言，个人的友谊和愉快的社交要比政治问题更为重要。他极不情愿地接受了首相一职，并由衷地怀疑这种荣誉是否值得一顾。掌权之后，他与众不同的温和气质发挥了重要的凝聚作用。但是在十九世纪的艰难时局中，他的政府仍披着一件十八世纪的外衣。

墨尔本政府中最有才干的人是帕默斯顿勋爵，他担任外交大臣近十一年。他曾在格雷勋爵的英明领导下出色地解决了比利时问题，其影响至今犹存。他成功地劝服荷兰和法国撤出比利时，比利时则撤回对荷兰领土的要求。他扶植萨克森—科堡公国的利奥波德王子在布鲁塞尔即位，比利时也因此成为一个独立的主权国家，而该国的中立也获得了国际条约的保证—这种保证让各国在 1914 年付出了血的代价。在墨尔本政府，帕默斯顿在外交事务方面拥有极大的自由。他所尊奉的信条有二：一、必须坚决维护英国利益。如果必要的话，即使诉诸武力也在所不惜；二、应该鼓励欧洲国家的自由运动，在力所能及的范围内给予其同情和援助。帕默斯顿对所做的一切洋洋得意，踌躇满志，但却常因得罪老牌欧洲国家而令同事们紧张不已。但是，他沉着冷静的心态也逐渐赢得了同胞们的赞赏。这些年来，帕默斯顿逐渐树立起自己的声望，这使他在维多利亚时代中期成为了英国信念的化身。

辉格党的普通成员大都迷惘不定。他们拥护政治改革，但在激烈且事关重大的社会改革面前却常常踯躅不前。过去，他们与托利党人就限制皇室特权，英国国教地位及宗教宽容等宪法问题争得面红耳赤，但现在，这些都已是尘埃落定。工业革命引发的问题和危机瓦解了老旧的党派联盟，改革法案的通过便是辉格党人的一大胜利。辉格党领导人既不喜欢也不了解中产阶级，但却将激进主义作为一种时尚的信条，在自己羽翼未丰之时可加以利用，在大局定鼎之际便可弃如敝履。他们渐渐感到了惶恐和不安，觉得背后涌动的民众运动浪潮正将其推向一条陌生且危机四伏的道路。

此外，他们并非绝对掌控了国家政权。改革法案为英国新增了二十五万选民，目前其总人数已近七十万。这意味着，每六个成年男性就有一个拥有选举权。然而，这些选民却不一定是辉格党人的坚定支持者。英国选民有一个奇怪习惯，他们经常会对赋予其政治权利的政府投出反对票。辉格党也当然不能幸免。若不是握有爱尔兰选票的奥康内尔倾力协助，辉格党人几乎要败下阵来。现在，他们的唯一希望是与激进分子团结起来。激进派虽然在议会中人数不多，但却拥有中产阶级和新闻界的强大后台。因此可以说，它的实力不是真正反映在议席的数量上。然而，辉格党人却对此犹豫不决。绰号“激进杰克”的达拉谟伯爵约翰·兰布顿是支持联盟主张的少数派一员，此人是格雷的女婿，脾气颇为暴躁，因此同事们也往往对其敬而远之。他很快离开了政府，后来转而关注起殖民地政府事务来，在加拿大与帝国关系的问题上立下了汗马功劳。随着达拉谟伯爵英年早逝，辉格党人与激进派合作的一切希望皆化为了泡影。

无论如何，这些年来的立法和委员会工作也并非徒劳无益。西印度群岛的奴隶终于在 1833 年获得解放，宗教团体有史以来首次获得政府拨付教育经费，《济贫法》顺理成章得到了修正，尽管许多既得利益者并不支持改动法律，但行政和知识界人士却将此视作一大创举。第一个《工厂法案》获得通过，虽然该法所规定的工作时长对今人来说简直不堪设想，同时也未能得到当时人道主义者们的一致认同，但它的确是富有实效的。整个地方行政体系得到改革，旧有的寡头政治被彻底废除。英国国教地位和维护爱尔兰秩序是当时政治的中心问题，但在这些方面，辉格党人却办事不力。再加上未能采取良策来平衡预算，辉格党最终还是暗淡退场。尽管如此，在议会之外仍有无数暗流涌动。数量庞大的人口依然没有获得选举权，议会对劳资双方关系漠不关心，早期公会的各类活动常被惊恐的政府用武力镇压。一个著名案例是 1834 年托尔普德尔村的"殉道者"事件。在多塞特郡的这个名字古怪的村庄里，六名劳工因组织公会成员"违法宣誓"而被判处流放。此事几乎引发了众怒。六人最终获得了赦免，但这时他们已在新南威尔士服刑了整整两年。出于多种原因，社会的动荡局面持续蔓延，君主制政体也显示出衰落的迹象。面对政治集团与国内民众之间的难填之壑，辉格党人一筹莫展。

另一方面，罗伯特·皮尔爵士也加紧对托利党进行改革，他着手重组党内机构，使其更能适应新时代的需求。他在 1833 年时宣布："我想，托利党的主要任务是抵制激进主义，防止民主政治的进一步侵蚀。"他明确表示，托利党将支持行政改革，提高管理效率，但反对任何削弱传统国体的举措。一个有纪律井然、目标明确、团结一心的在野反对党在他的领导下逐渐成形。次年选举中，皮尔向选民们发表了热情洋溢的竞选演说，这令托利党人军心大振。

托利党人阐明了立场，要开明地保护国家现存制度的最好方面，皮尔也明智地表达了希望改变国教地位的想法。由于在未来的几年中，宗教依然与政治斗争紧密相连，因此那些非国教徒的选民没有忘记皮尔的宣言。重大改革法案的相继颁布，难以避免地触及更多人的利益，国内的保守情绪日益增长，越来越多的人站在了皮尔一边。在 1834 年的选举中，托利党赢得了一百个席位。皮尔主持的一个少数派政府维持了几个月的统治之后，辉格党人再次卷土重来，但与以往一样，政党内部矛盾重重，分歧严重，看起来他们可能会玩火自焚。辉格党人唤起了民众的希望，但没有任何政府会满足他们。中产阶级对该党的领导无方感到忧虑，他们愈加相信这种断断续续且不协调的改革是十分危险的。辉格党的马车正摇摇晃晃地行进在一条崎岖且未知的路上，许多支持者在中途就下了车。

1837 年，国王威廉四世去世。这位国王滑稽笨拙，和蔼可亲，不受尊重，但却尚能在君主制日益衰微的情况下勉力支撑局面。的确，早先时候，乔治三世子嗣们的恶习和怪癖几乎使王室形象尽毁。在英国历史上扮演重要角色的君主制度似乎马上就要招来致命的打击，而它的捍卫者却寥寥无几。新国君是一名十八岁的少女，她的母亲尽职尽责将其抚养成人。在女王幼年时，由于母后对皇叔们怪异的言谈举止深为不满，于是便将其送往肯辛顿宫，与朝野纷乱隔绝开来。她在一位德国女家庭教师的监管下接受教育，教会长老偶尔前来考察她的学业，而她的舅舅，比利时国王利奥波德也会通过书信教导她未来的职责。英国国民对她的性情或品质一无所知。帕默斯顿写道："很少人能有机会对公主进行客观的评判。但按照我的观点，她具有天赋的坚强意志，一定会成为一个了不起的人。"帕默斯顿没有说错。女王登基前夕，她在自己的日记中写道："既然置身此地是天意使然，那么我将竭尽所能，对我的国家履行职责。我尚年轻，或许在很多方面缺乏经验，但我坚信，我心怀的美好善意及追求真理正义的炽热情怀无人能比。"这是女王许下的慷慨承诺，她将以实际行动去兑现诺言。

维多利亚女王登上王位之时，辉格党已是强弩之末。皇室和政府不得人心，以致众叛亲离。中产阶级因害怕社会动荡转而投票支持托利党。同时，墨尔本勋爵对出台配套法律不甚了解，他举止优雅且和蔼可亲，但除此之外便无所作为。在这种状况没有维持多久，临近年底时，英国出现了经济大萧条的初步迹象。北方工业区迅速衰颓，再次回到了滑铁卢之后的经济乱局之中。1838 年 5 月，一群工人领袖发表了《人民宪章》，"宪章运动"由此得名。

此外，一些历史学家认为，宪章运动是贫困之人对机器时代的最后一次绝望控诉，它的兴起，标志着社会主义运动的开端。宪章派就像 1832 年之前的改革鼓吹者，相信政治权利的扩大能够解决所有的社会疾苦。他们要求一年制议会、男性普选权、各选区地位平等、取消以财产数量判定议员资格、无记名投票、议员缴纳税款等等。

宪章派成功的唯一希望，就是像激进分子那样获得议会中的一派或进步的中产阶级支持。但是，他们有意拒绝了中产阶级伸出的援手。他们的领导人相互争吵，其具有威胁性和不负责任的演讲冒犯了许多达官政要。他们没有资金，也没有像天主教协会在爱尔兰教区或工党在工会中建立的那种组织。有一段时间，英格兰虽然到处飞舞着请愿书和小册子，但各地的骚乱情况却都不尽相同，只要条件有所改善，人们的激情就会很快冷却下来，因此全国性的运动很少能发展为永久性的革命力量。在这种情况下，国内的一些工会很快陷于凋敝，生意兴隆的手工业者也对公会不冷不热。在接下来的几年里，骚乱仍时有发生，到 1848 年时，跌宕起伏的革命浪潮更是达到了一个顶峰。然而，这些怀着良好意愿、闹得天翻地覆的激进运动最后还是无果而终。

皮尔做出了正确的判断。他比辉格党人更清楚地知道动荡的根源所在。尽管皮尔坚定地反对激进主义，但他仍然认为补救的方式在于提高行政效率以及制定开明的商业政策。托利党的少壮派们支持他，这些人与皮尔一样，都在国家的贫富两极分化中困窘不堪。一位年轻的犹太议员本杰明·迪斯雷利写过一本小说，其中描述了当时的贫富分化情况。一小群保守派人士已经开始寻求与工人结盟，以共同反对中产阶级。

1839 年墨尔本提出辞职，但是在维多利亚的极力挽留下又继续执政两年。墨尔本魅力不凡，因此博得了女王的喜爱。他向女王传授待人接物的技巧，并尽量收起自己的猜忌之心。女王对其颇为倾心，于是拒绝与她心爱的首相分开。次年 2 月，一个新的角色开始登上英国的舞台。女王与她的表弟萨克森－科堡王子艾伯特结了婚。艾伯特王子正直无私，富有责任心，目光远大且胸怀崇高的理想。艾伯特与女王的幸福皇室家庭人人称羡，夫妻俩一起度过了二十一年的快乐时光，直到王子不幸早逝。乔治四世和他的兄弟们荒淫无度，留下的是一堆难以收拾的烂摊子，君主的尊严和名誉扫地，亟须恢复。维多利亚和艾伯特成功地完成了这一使命。起初，艾伯特王子发现，英格兰的一些政界要人对他十分不满。他们不让艾伯特在上议院就座，削减了他的年度津贴，甚至在 1857 年前，王子都没能获得亲王的头衔。然而，艾伯特对科学、工业、艺术及各项公益事业的热心支持逐渐赢得了人们的尊重。他是女王的终身顾问，帮其应对摆在面前的所有难题，一丝不苟且公正无私。他从先前的师长和他的叔叔利奥波德国王那里获得有益的劝诫，明晓了立宪制下君主的角色和职责。最终，英国的党魁们也开始时不时地重视艾伯特的建议，尤其是他在外交事务方面的忠告。维多利亚是一个坚毅的女人，在即位时就已是辉格党人的热烈拥护者。在艾伯特的影响下，她越来越深地认识到自己应该保持不偏不倚的态度，至少在公开场合必须如此。她也逐渐明白了要对获得多数议员支持的首相给予信赖。但是，女王对王公重臣的爱憎之情并未因此而减退，她个人的情绪和喜好，在私人信件中充分流露出来。自从被体面地观察到，女王和王子一起设置一个新的君主的行为标准。女王和艾伯特亲王用实际行动为君主制国家树立了新的典范，使皇室获得了前所未有的崇高声望。

皮尔与墨尔本不同，他给女王留下的印象是笨拙而冷漠，但是 1841 年的大选却将他推上了政治的宝座。没过多久，皮尔便用行动赢得了女王的尊重。他充分施展才能，掌握了内阁的绝对控制权。亲自制定重要的政府预算，并直接监督各个部门，包括威廉·格莱斯顿在贸易委员会的工作。关税政策再度改革，税率大幅降低，开始重新征收所得税。这些措施很快结出硕果。1843 年，贸易开始复苏，经济重现繁荣，政治改革的呼声也平息下去。威斯敏斯特又一次恢复了宁静。然而，在爱尔兰地区，一场暴风雨即将来临。

眼下最受关注的是面包价格问题。为了促进对外贸易，皮尔降低了除谷物外的所有物资进口关税。但是昂贵的面包价格意味着提高工资，否则低收入群体就要遭受饥饿之苦。皮尔逐渐意识到，廉价的进口食品对维持国家繁荣大有裨益，谷物的自由贸易似乎势在必行。但是，这无疑将遇到强大的政治障碍。托利党很大程度上依赖于地主阶级的选票支持，在拿破仑战争期间，这些地主们曾将大量资金投入土地。到了和平时期，国外的廉价玉米涌入国内，保护国内市场的呼声一度高涨。1815 年政府立法，除非国内粮价非常昂贵，否则禁止从外国进口谷物。废除或修改《谷物法》和现行政策已成当务之急，人们指责地主阶级把持议会，不惜以损害他人为代价来实现自己利益。除此，《谷物法》不仅给工人阶级带来了巨大痛苦，也激怒了许多雇主。工业资本家对地主阶级的敌意使社会矛盾冲突更加尖锐化了。在这些大工厂主看来，保护政策不仅使他们无法开辟新的海外市场，也干扰了市场的公平竞争。

在 1838 至 1842 年的大萧条期间，人们对《谷物法》的敌意再度爆发。曼彻斯特成立了一个反谷物法联盟，为废除该法而展开斗争。联盟很快就在公众舆论中产生了强大的影响，它的两位领袖和组织者脱颖而出，成为十九世纪英格兰自由贸易的先驱人物。其中一位名叫理查德·科布登，是一位棉布印染工人；另一位是约翰·布赖特，贵格会工厂主。运动得到了强烈支持，获得了社会各界的大量捐款。罗兰·希尔爵士于 1840 年推出了黑便士邮票[1]，这样就能以极少邮资将小册子和通告送往全国各地。宣传攻势新颖有效：精挑细选的演说家能够将简单的观念灌输到听众的脑海之中。这种巧妙操控政治风潮的方式前所未有。条目繁多的请愿书被送到议会。科布登说服富裕市民郡选区四十先令的不动产，以此获得了双倍选票。随着反谷物法的选民人数激增，联盟除在外面向议会请愿外，还开始从议会内部施加影响。

科布登和布赖特反对地主阶级的演讲如雷贯耳，在全国引发了热烈反响："让他们继续独行其是吧，不久他们便会发现，自己像大革命前的法国贵族那般孤立无助，无能为力。无论是内在品质，理智之心还是道德力量，他们都逊色于当下的其他阶级。他们不仅死守封建弊端，事实上还试图把持和约束人们的食品供应。他们逆时代的大潮而动，将封建制度视为其扎根的土壤。但是为什么他们赖以为生的封建制度已经在法兰西覆灭，已在德意志消亡，

---

1 英国"黑便士"开创了邮票发行的新纪元，邮票面值以便士计量，用黑色油墨印制，故称黑便士邮票。

在美利坚则从来没有存在过。”

与科布登和布赖特一样，皮尔出身于中产阶级。民众的呼声强烈而深刻地触动了他的内心。他深知，《谷物法》的废除关乎英国的贸易与繁荣。然而，法案的支持者中地主阶级占了半数以上，废除该法必然会破坏托利党的团结。但到 1843 年时，他还是决心采取行动。皮尔的处境十分艰难，他的部分追随者认为，其在天主教徒解放事务上就曾一意孤行，背叛了自己的托利党同伴。即使如此，皮尔依然十分自信。他或许认为，凭借个人威望，他能够赢得大多数人的支持。虽然他也需要时间来说服他的同伴，但现在已经来不及了。

1845 年 8 月，爱尔兰的马铃薯歉收，饥荒迫在眉睫。皮尔已没有时间继续拖延，于是直接向内阁递交了提案。不出所料，提案立刻招来了一些托利党人的反对。同年 12 月，皮尔被迫辞职。然而，由于辉格党领导人罗素拒绝出面组织政府，皮尔得以重新回到首相之位，与托利党的保守主义者继续抗争。名不见经传的本杰明·迪斯雷利是保守派的发言人，他谴责皮尔说，与其说是要废除《谷物法》，不如说是要背叛伟大政党领袖的原则。他同时宣称，托利党的大部分成员都秉持传统立场反对此事，如果皮尔知晓利害，他就应该辞职。迪斯雷利还说，英国政治的正常运转取决于党派间的平衡，领袖故意破坏自己政党的做法是一种政治犯罪。如果领袖不能取信于人，就该归隐田园。面对迪斯雷利的激烈言语，皮尔坚持辩称，他对国家的责任高于他对党派的职责，废除《谷物法》是他的神圣使命。他在私人信件中写下了与保守派相争的辛酸痛苦：“名副其实的保护主义者 !—对一切有利的商业尝试熟视无睹，四处寻找一些荒谬的借口。他们无视民意，将《谷物法》称为劳工问题，但多年来却对多塞特郡劳动者的悲惨境遇置若罔闻……他们宁愿面临两次歉收的巨大风险，宁愿看到 1841 年冬，佩斯利和斯托克波特的哀鸿遍野再度呈现。也不愿《谷物法》……在饥民的呼吁之下被不光彩地扫地出门……这就是保守主义者 ! 感谢上帝，我终于摆脱了这样一个政党的束缚。”

1846 年 6 月 25 日，在辉格党和爱尔兰人的帮助下，《谷物法》被正式废止。迪斯雷利立即采取了报复行动。爱尔兰爆发骚乱，摧毁了皮尔的政府。在当晚投票表决之后，本世纪最强力的政府之一，皮尔内阁寿终正寝了。自改革法案通过以来，皮尔一直是英国政界主导力量和关键人物。无论在朝在野，他都是备受瞩目。他不具有开阔的思维，但却比任何同时代人知晓国家的利益所在。他有十足的勇气去改变立场，以适应各种需要。的确，他最终与自己的政党分道扬镳，但却是为了追求更高的国家利益。皮尔执政时期正是工业化狂飙突进的年代，也是一个铁路时代。到 1848 年，英国建成了约五千英里的铁路，加速运输和提高产量成为当时全国流行的口号。煤和铁的产量翻了一倍，机器制造业虽然有时踟蹰不定，但也取得了跨越式的突破。

所有这些成就并非来自英国政府，而是归功于全国各行各业的企业家们，正是在他们的努力之下，英国成为了十九世纪世界头号工业强国。举世瞩目的工业大发展并未使皮尔丧失理性，他知道，社会转型时期的阵痛无法回避，自由贸易并非是包治百病的良药。然而此际，地主阶级的主导地位即将终结，自由贸易似已成为工业发展的必要条件，而只有工业化的英国才能走向霸权时代。对于英国的发展道路，皮尔首相洞若观火。皮尔政府的开创精神树立了良好典范，成为未来的托利党和自由党人争相学习的榜样。皮尔曾经谈及自己的执政方式，他说："事实上，人们喜欢有些固执和武断的首相，他们批评首相专横傲慢，但却情愿屈从于他的统治。"此言虽然有些偏激，却也符合当时时局。

1850 年初，皮尔沉着冷静地旁观了辉格党继任者步履蹒跚的执政状况。一日，他在格林公园骑马时不慎跌落马背，重伤致死。维多利亚时代英国伟大的政治塑造者就这样与世长辞。

第四章　克里米亚战争

十九世纪中期，英国政治生活仍然沿袭着过去的传统，只是在《改革法案》出台后才稍有变化。辉格党在罗素·拉塞尔爵士的领导下掌握着政权，他的家族自亨利七世时就开始为国效劳，三个半世纪以来一直得到命运的眷顾。他们的朋友亲信曾经断言，拉塞尔家族懂得从英国的真正利益出发来治理国政。工业城市的劳动者只握有少量选票，但无论他们发起怎样的激进活动，辉格党领袖总会持之以恒地推行合理、适度且非民主化的政策。约翰爵士执政六年，期间遭遇过几次暴乱，也没有取得什么令人瞩目的成果。但是，在欧陆革命硝烟四起、王权大厦倾覆之时，这个政府却引导英国安然度过了难关。

托利党人之间出现了不可调和的矛盾。皮尔及其自由贸易政策的忠诚追随者，包括阿伯丁和格莱斯顿两位未来首相在内，都乐于让辉格党人承担当今危局。这时，人们还没能料到自由党将会从辉格党、皮尔派及激进分子的联盟之中脱胎而出。反对皮尔派的老派托利党领袖是斯坦利爵士，也就是后来的德比勋爵。他的家族在王朝历史上同样扮演了重要角色，甚至比拉塞尔家族更为悠久。迪斯雷利是德比勋爵在下院的有力助手，对勋爵的作用日显重要。虽然迪斯雷利声望日隆，但说服人心的本事却未有增长。这些年来，他不断努力，试图说服托利党人放弃谷物关税，重新制定一个基础广泛的保守政策。

在威斯敏斯特的党派之争轻起波澜之际，欧陆国家又陷入了痛苦的痉挛之中。1848 年 2 月，法国君主制颓然崩塌。法王路易·菲力浦的统治为法兰西带来了繁荣，至少使中产阶级获益匪浅。即便如此，他却从未被波旁皇族的信众所接受。坚定的共和党人和波拿巴主义者同样对其嗤之以鼻，他们念念不忘的，依然是昔日拿破仑帝国的荣光。数日的骚乱之后，路易·菲力浦跌下了王座。一个颇具浪漫色彩，穿着社会主义外衣的革命政府进行了短暂的统治。不久，革命政府倾覆，同年年底，一位波拿巴家族成员以绝对优势当选法兰西总统。此人便是拿破仑皇帝的侄子—路易·拿破仑。他在流亡和默默无闻中度过了人生的一半光阴，而今终于走上了权力之巅。他能获此殊荣，部分是得益于祖上荣光，部分是由于对手无能，同时也是因为法国人喜欢尝试不同政体。这个友善神秘的人物统治法国二十余年，在欧洲舞台上扮演了颇受瞩目且相对重要的角色。

意大利人也纷纷揭竿而起，反抗本国统治者以及奥地利在伦巴第和威尼西亚的占领军。人们热情期盼一个统一的意大利国家能从这场乱局之中浴火重生。教皇庇护九世是一位富有爱国思想的开明人士，同时也是意大利中部地区的世俗统治者。他的意大利同胞纷纷期待教皇能够给予指引和启示。但是，身居神职的庇护九世，却不愿领导人民向信奉天主教的奥地利发动一场纯粹的世俗战争。虽然之前也曾有教皇为地方冲突舞刀弄剑，但庇护九世却心如明镜。他深知，自己的职责并不是统一某个国家，而是领导全世界的教会。意大利革命的领导之职必须另择他人。意大利各省的热情革命者们很快发现，仅凭一己之力，根本无法打败训练有素的奥地利军队及其支持者，意大利唯一独立的撒丁王国吸引了奥军主力，但最终还是不出意料地败下阵来。意大利革命以失败告终，但却在英国博得了广泛的同情。在接下来的统一运动中，意大利人得到了英国方面的大力支援。

阿尔卑斯山以北的德意志、奥地利和波兰地区也爆发了轰轰烈烈的民族革命。奥地利总理梅特涅统治中欧四十年，由于维也纳革命被迫下台。这位曾被誉为欧洲专制主义梁柱的年迈政治家远跨海洋前往辉格党统治下的英国避难，住在一家不起眼的酒店里。奥地利皇帝退位，将哈布斯堡王位传与年幼的弗朗西斯·约瑟夫大公。约瑟夫命中注定要历经千难万险，他活到了一战爆发之时。捷克、波兰、匈牙利人都拿起了武器，但是，由于俄罗斯沙皇积极协助平乱，轰轰烈烈的起义最终都被镇压下去。德意志各个小邦诸侯在起义到来之际乱作一团，有的迫于压力逃往海外。在法兰克福召开的议会上，各邦代表经过漫长的辩论，最终决定将统一的德意志王冠授予普鲁士国王。这位君主和他的谋臣们对起义者施加压力，希望迫使其接受所谓的优惠条件，结果遭到无情的拒绝。1848 年到 1849 年的德意志动乱造成的唯一结果是，德意志统一的思想蓬勃发展起来。人们愈加相信，只有依靠强大的普鲁士军队支持，才能最终实现德意志的统一大业。

英国人心怀同情，密切地关注着欧洲的风起云涌，但却并未像欧陆那样掀起大规模的暴乱。由于受到法国共和制的鼓舞以及国内经济危机的刺激，沉寂了一段时间的宪章运动又开始蠢蠢欲动。有些人提到发起革命，但又缺乏坚定的信心，最终还是决定向议会发起新的请愿，将先前的宪章派主张再次重申了一遍。1848 年 4 月，宪章派在威斯敏斯特桥以南一英里处的肯宁顿公地召开会议，其领导人提议向议会大厦浩荡开进。政府采取了预防措施，召来了军队和特种警察。然而，抗议者们并未做出极端举动，军队自然也没有派上什么用场。七十八岁高龄的军队司令威灵顿依然泰然自若，他说，英国人“非常和平温顺”。下雨时尤其如此。在一个阴雨蒙蒙的春日，肯宁顿聚集了大量宪章派人士和旁观者—相比之下，旁观者的数量要更多。当警察阻拦他们前进时，这些示威者便悄然散去。他们的请愿书由三辆马车带到下院，这就是 1848 年伦敦革命的全部内容。

同年，曾任内阁大臣及印度政府高级官员的托马斯·巴宾顿·麦考莱出版了数卷本的《英国史》。虽然此书也存在一些偏见和失实之处， 但这无疑是一部伟大的著作。它为我展示了维多利亚时代英国进取精神的历史背景，麦考莱意在说明，自 1688 年辉格党革命以来，英国前进的步伐始终未有中断。他在《英国史》的开篇写道：“一百六十年来，物质、精神、文化方面取得的光辉成就见证了我国历史的沧桑巨变。”这是激动人心的论断，当时的读者对此推崇有加，全国洋溢着一片乐观情绪。麦考莱暗示说，英国将拥有一个更加灿烂的未来。而事实也的确如此。不久之后，英国在万国博览会上的展出的工业成果首次验证了麦考莱的主张，同时也得到了公众的广泛赞誉。

艾伯特亲王是此次万国博览会的发起者。英国先前也曾举办过一些小型展览，引起了艾伯特亲王的兴趣。1849 年利物浦的艾伯特码头开放后，英国工业不断飙升的活力及海上事业发展成就给亲王留下了十分深刻的印象。他因此萌生了一个激动人心的念头，希望通过举办一个规模史无前例的博览会，来展示英国和其他国家在各个领域取得的突出进展。在另一方面，博览会也将跨越国界，向国际宣示国家间自由贸易的优越之处，进而揭示商品自由流通必将有利于世界的和平。当时，很少有人预见到与俄罗斯的战争即将爆发。

两年来，艾伯特亲王顶着巨大压力，带领一个委员会一步步实践着他的想法。1851 年，万国工业博览会在海德公园开幕。主展厅“水晶宫殿”占地十九英亩，由玻璃温室建筑家约瑟夫·帕克斯顿设计。这座玻璃和钢铁结构展厅能够容纳绝大部分的展品，甚至连树木也被围裹在内，堪称十九世纪中期的建筑奇迹。尽管许多人对展会并不看好，但它却取得了巨大的成功。在六个月的展期内，平均每月都有超过一百万人前来参观。近一万四千件的工业技术和工艺展品中，有一半是英国人杰作。亲王的正确主张得到了验证。举办方收获了丰厚回报，所有这些收入都被用于文教事业。维多利亚女王将展会开幕日描述为“我们生命中最伟大、最光荣的一天。”她为艾伯特亲王感到由衷的兴奋，那些批评者们时不时指责艾伯特干涉国家内政，如今亲王终于用实际行动羞辱了政敌，一雪前恨。除此之外，女王多次前往水晶宫殿参观，她的驾临唤起了成千上万臣民的民族自豪感和对王室的炽热之情。从来没有哪位国王能够受到如此的拥护和爱戴。虽然并非所有地区都能有此繁荣盛景，但是英国人却因此获得了信心，而这种自信似乎要比议会立法和社会改革来得更有价值。钢炉、矿山和工厂带来了川流不息的财富，使国民生活逐渐得到了改善。这是举国公认的事实。

十九世纪中叶，英国工业优势已经达到顶峰。二十年后，起步较晚的一些工业国家奋起直追，削弱了英国的世界领先地位。到 1870 年，英国的煤炭开采量超过了世界总产量的一半，生铁产量也相当于世界其他国家之和。英国海外贸易额接近七亿英镑，而美国为三亿英镑，法国为三亿四千万英镑，德意志为三亿英镑。而然，这种比例正在迅速改变。德、美地域相对广大，煤铁资源分布分散，相隔遥远，铁路的大规模修建弥补了距离上的软肋，对工业发展起到了巨大的推动作用。英国农业发展同样面临着挑战，现在，美国大型农场出产小麦可以便利地通过铁路运往港口，继而横渡大洋远销欧洲市场。即使如此，英国工业依旧保持着快速发展的步伐。纺织品是英国出口贸易的支柱，在亚洲市场上供不应求。冶铁业和制造业的优势地位在相当长的时间内似乎仍可稳若泰山。在工业迅速扩展的英格兰中部和北部地区，到处弥漫着工厂的黑烟和锻炉的粉尘。

批评家们对大生产时代的厌恶之情溢于言表。查尔斯·狄更斯在他的小说中揭露了贫困者的悲惨境遇，对这些饥寒交迫、家徒四壁之人抱以深切的同情。同时，也对残酷压迫他们的国家机构进行了尖刻的嘲讽。另一位是约翰·拉斯金，他在中年时放弃了本职的绘画和建筑事业，转而开始研究现代社会的问题。他缅怀中世纪的生活，想象着那个人才辈出、和谐友爱、工匠们携手创作、艺术品蓬勃涌现的美好时代。然而在维多利亚时期，这种场景却根本无从找寻。他满怀激愤，雄辩过人，对制造业中的不正之风及恶劣的劳资关系进行了无情的批判。拉斯金呼吁在艺术领域发起新的运动，在政治领域实现社会主义。

外交事务和战争威胁为欧洲笼上了一层阴云。困扰欧洲政界多年的土耳其问题再度浮出水面。土耳其苏丹专注于宫廷中的内斗，无暇过问国家的政事与防务。奥斯曼土耳其三个世纪以来统治着从波斯湾到布达佩斯，从里海到阿尔及尔的广大东方地区，现在似乎已经处于混乱和崩溃的边缘。那么它庞大的领土将面临怎样的命运呢？或者说谁来接管土耳其横跨欧亚的肥沃土地呢？有明显迹象显示，俄罗斯正对多瑙河地区、君士坦丁堡和黑海虎视眈眈，这就使土耳其问题变得更加紧迫了。英格兰对俄国威胁坐视不理：俄罗斯现已成为了令人畏惧的亚洲强国，他的阴影似乎要笼罩印度的土地。在这种情况下，英国政界出现了普遍焦虑和担忧，俄国沙皇是欧洲专制制度的主要支柱，而尼古拉一世更是被英国诗人坦尼森描述为“冷酷的莫斯科人”和“东方蛮夷”，英国政治家对其充满了厌恶之情。与帕默斯顿同时代的人将沙皇制视为“世界独裁政体的基石”，波兰人的压迫者，反动的奥地利人盟友，自由世界的致命障碍，严重压制着 1848 年自由革命的希望之火。

激进派英国观察家普遍认为，必须抵制俄罗斯的扩张野心，只有科布登之类的激进派分子强烈反对。英国外交家们试图寻找一条最佳途径解决问题，他们对此一筹莫展。同时，法兰西也在地中海东部地区积极扩展他们的影响力，英国人同样需要提防法国方面的野心。坎宁曾计划阻止俄罗斯在东南欧的扩张，该方案并非是与俄国直接对抗，而是要在土耳其帝国的废墟上扶植一些独立的小国，如果需要，这些立场坚定的小议会为了自己的生存而战。通过这样的民族解放策略，他不仅期待能与法国联手，也希望与俄罗斯保持和平。希腊王国就是坎宁开创的第一个也是唯一一个重要成果。现在，二十年过去了，英国政客们早已忘记了拜伦的事迹—他为希腊的自由战死沙场。他们改变了坎宁的政策，开始在东南欧帮扶腐朽的奥斯曼帝国以抵制俄国势力，政府的扶助计划得到了斯特拉特福德·坎宁的大力支持，此人是乔治·坎宁堂弟，四十年代时担任英国驻君士坦丁堡大使。他在 1808 年就曾出访土耳其，对土耳其的了解胜过同时代的任何政客。其人傲慢自负，顽固执拗，脾气暴躁，但却是享有盛誉的土耳其问题专家。他对奥斯曼帝国的本质有着清醒的认识，认为其正在“加速土崩瓦解之中”。然而，他依然试图劝导苏丹进行一些改革以“延缓灾难时刻的来临”。如果奥斯曼帝国能够苟延残喘，那么争夺该国领土全面战争也能相应推迟。多年以来，斯特拉特福德为怠惰、腐败、低效的土耳其政府呕心沥血，煞费心机。然其做法是否明智则尚存质疑。任何加强奥斯曼帝国中央权威的做法，可能也会同时加剧君士坦丁堡和各省之间的紧张关系。只有相对宽松的统治氛围，才能使受压迫的依附民族暂安一时。但是，斯特拉特福德并不认同此说，在 1852 年离开君士坦丁堡的时候，他还在失望地表示“灾难时刻”不会离得太远了。

引燃俄土冲突导火索的是耶路撒冷问题。希腊东正教和罗马天主教对耶路撒冷某些圣地的管辖权存有争议。但是，这种本不严重的宗教之争，却成了沙皇支持希腊的借口。而此时的法国皇帝路易·拿破仑，现在也就是拿破仑三世，也急忙呼吁法国天主教徒支持拉丁人。如此这般，矛盾就变得日益激烈且复杂起来。长期的谈判无果而终，沙皇派特使缅希科夫前往君士坦丁堡，再次要求获得土耳其境内所有基督徒的保护权。如果俄国人实现了目的，就能主宰奥斯曼帝国数百万罗马尼亚人、塞尔维亚人、保加利亚人、希腊人和亚美尼亚人的命运。与在其他地区一样，英国政府一直极力维护近东的力量均势，但这些努力都会因俄国势力的膨胀而付之东流。

缅希科夫的狂妄要求激怒了土耳其人。最近发明的电报最远只能到达贝尔格莱德，因此斯特拉特福德只好再一次承担起英国公使之职。他临危受命，责任重大，同时也被授予了部分不受内阁控制之自主权利。他坚决主张支持土耳其人，抵制俄国威胁。英国国内，德比勋爵曾短暂执政，不久即被阿伯丁勋爵所取代。阿伯丁主持的是一个辉格党和托利党皮尔派组成的联合政府，各派官员各执一词，分歧严重。首相本人和外交大臣克拉伦登勋爵犹豫不定，主张采取温和的绥靖政策。但斯特拉特福德也有望得到内阁最受欢迎的帕默斯顿子爵支持，同时，英格兰人对俄罗斯的普遍敌意也是斯特拉特福德的有力武器。斯特拉特福德向土耳其人建议继续谈判，不要与俄国人弄僵，甚至差点因此落下了擅用职权的罪名。然而土耳其方面也有自己的打算，他们知道英国公使对他们抱有同情，也明白在万不得已之时，英国舰队将会保护君士坦丁堡并使俄军止步海峡。因此，他们断然拒绝了俄罗斯的要求。1853 年 6 月 2 日，俄国大兵压境，形势骤然变得十分险恶。内阁下令英国舰队开赴达达尼尔海峡外的贝斯卡湾。希望得到英国赞许和支持的法王拿破仑三世，也应邀派出了一支法国舰队。

英法舰队于 6 月 13 日到达贝斯卡湾。7 月初，俄国军队越过普鲁特河进入土耳其的摩尔达维亚。英国内阁官员依然莫衷一是，既没对俄国做出警告，也未承诺帮助土耳其人。一个由多国使节组成的委员会提出了一个被称为“维也纳照会”的调解建议，遭到土耳其拒绝。斯特拉特福德同样不赞成这个建议，但也被迫依照政府指令建议土耳其人屈服。然而，由于君士坦丁堡民情激愤，做出让步已不大可能。苏丹别无选择，只能拒绝议和。

然而目前仍有回旋余地。土耳其人的反抗情绪高涨令沙皇惊愕不已，于是转而请求奥地利从中斡旋，以期寻找一个妥协方案。但同年 9 月，疑虑重重的阿伯丁和他的阁僚拒绝了俄国的建议。使战争变得不可避免。10月4日，苏丹向俄国宣战，随后便开始攻击多瑙河对岸的俄国军队。然而不久，俄军就在黑海沿岸的锡普诺全歼了土耳其舰队，这使得阿伯丁和斯特拉特福德的和平努力最终化为了泡影。英国舆论震怒不已，谴责俄国的行动是一场大屠杀。由于某些国内问题，帕默斯顿派于12月递交了辞呈，但人们普遍认为他辞职是为抗议政府在东方问题上的政策，阿伯丁也被批评为胆小怕事。就这样，英国也卷入了战争的漩涡。1854年2月，沙皇尼古拉从伦敦和巴黎召回大使。3月底，克里米亚战争正式爆发。英法两国帮助盟友土耳其对抗俄国。直到最后，阿伯丁依然摇摆不定，在2月底寄给克拉伦登的一封信中，他还徒劳无益地说道："在我看来，战争仍是可以避免的，除非我们决心进行战斗。据我所知，事实可能正是如此。"

双方皆在仓促之中投入战场，从而计划不周、指挥失当。除在波罗的海和白海发生过两次小规模战斗外，主要战事都在俄罗斯南部进行。联军的主攻目标是黑海沿岸的塞瓦斯托波尔海军要塞。此次战役的必要性值得怀疑：土耳其人已将俄军赶出了多瑙河谷，君士坦丁堡不太可能受到攻击。俄罗斯地大物博，如果想通过攻占塞瓦斯托波尔一地来重创对手，显然也是不切实际。然而，英国远征军已在土耳其领土安营扎寨，必须使他们有所作为。伦敦方面不顾指挥官拉格伦勋爵的反对，要求远征军开往克里米亚作战。联军舰队抵近塞瓦斯托波尔港口，与俄方按照交战礼仪相互致意。远征部队在西北方一个名为叶夫帕托里亚的小镇登陆。俄方官员宣称，按照规定，登陆军队必须立刻隔离检疫。对此说法，英国人根本不予理睬。

如果英法大军立刻从北方发起攻势，或许可以一鼓作气攻入塞瓦斯托波尔。但是，当1854年4月9日联军在阿尔玛地区首战告捷之后，身体孱弱的法军指挥官兼政客圣阿诺便执意要求大军绕到南侧，正式展开一场围攻战。英军统帅拉格伦的想法没有得到认同，只好极不情愿地同意这个计划。联军的迟滞为俄国人提供了喘息之机，不仅增援部队源源赶来，要塞工事也在著名工程师托德列本的指导下得到了加固。由于需要腾出兵力对付俄国内地开来的援军，英法军无法全身心地投入围攻战中。英国军队负责防守裸露的东侧战线，接连顶住了敌人的两次进攻。10月，巴拉克拉瓦战斗打响。英国骑兵大显身手，面对数量压倒性的敌军，接连发起了两次勇猛冲锋。在第二波的攻势中，卡迪根勋爵率领六百七十三名骑兵皆隶属于赫赫威名的英国“轻骑旅”。他们冒着密集的炮火冲上山坡，像演习一般从容镇定地突入俄军炮兵阵地。士兵们夺取了敌人的大炮，而在战后点名时，才发现已有三分之二的勇士战死沙场。卡迪根勋爵平静地回到他所居住的快艇，洗澡，用餐，痛饮一瓶香槟后，就上床睡觉了。他的骑兵旅勇敢无畏，功勋卓著。但这种功绩却是在错误的指令下误打误撞建立的。此类事件在克里米亚战争中层出不穷。拉格伦勋爵的命令含混不清，令部下造成误解。“轻骑旅”攻击的其实是一个错误的目标。

11月的一个黎明，因克尔曼之战在浓雾中打响。在这场殊死的陆上对决中，英国士兵再次显示了自己的勇气和耐力。俄军比联军多出一倍，但伤亡人数却是联军的五倍之多。但是，因克尔曼战斗并不是决定性的对局，想在1855年春季之前夺下塞瓦斯托波尔显然是不太现实的。英国军队暴露在狂风雨雪之中，没有帐篷、房舍、食物和暖和的衣服，连最基本的医疗服务都十分缺乏。霍乱、痢疾和疟疾使他们付出了惨重的代价。拉格伦的部下既没有运输工具也没有救护车，数千人因寒冷和饥饿失去了生命。英国是全世界最强大的工业国家，如果政府能从巴拉克拉瓦港铺设一条五英里的铁路直通营地，缓解给养运输的困难，就大可使他的士兵免受冻饿之灾。英国已享受了近半个世纪的和平岁月，当初战胜拿破仑的荣光早已变得黯然失色。伟大的统帅威灵顿已于1852年去世，当时英格兰举国哀悼。威灵顿公爵在滑铁卢一战成名，之后便调任战争部就任陆军总司令之职。在其担任统帅的漫长日子里，一切都没有发生改变。公爵的继任者也自然而然地认为这位统帅的军队没有任何改革的必要。实际上，英国军队的糟糕条件简直令人难以忍受：管理不善，物资缺乏，也没有什么能拿得出手的指挥官。在1854年克里米亚的可怕冬季里，英法联军仅有的五万六千人中，就有三分之一被送进了医院，许多人因缺医少药而不治身亡。伤亡者大都是英国人，法国的后勤服务要更好些。俄国士兵早已对官方的管理不善司空见惯，因此，当部队穿越茫茫雪原向南方的克里米亚挺近时，无数士兵倒在了漫长的行军路上。塞瓦斯托波尔的消耗战为沙皇政府造成了沉重负担。如果沙皇能够更明智些，就应该将军队撤回内地。他的兄长在抵御拿破仑入侵时就是这样做的。总而言之，战争双方都缺乏宏大的战略眼光。

甚至连英国战争部也对军队的无能和悲惨处境感到了不安。《泰晤士报》的总编辑，声名卓著的德莱恩向克里米亚派出了史上第一位战地记者威廉·罗素，并利用记者的报道在全国掀起了反对政府的狂潮。阿伯丁因此四面受敌。次年1月议会召开时，一位下院议员提出派出一个委员会前往塞瓦斯托波尔考察驻军状况。这项决议获得了压倒性多数赞成。当结果宣布之后，议员们并未像往常那样欢呼喝彩，而是陷入了意外的沉默之中，片刻之后，便发出了一片嘲弄的笑声。当时的一篇文章写道，政府受到了谴责，“那是近代以来，内阁落得的最可耻下场。”阿伯丁辞职，继任者帕默斯顿同意派出调查委员会。初出茅庐的帕默斯顿并没有赢得普遍的信任。迪斯雷利就曾私下评论他说：“此人是个骗子，已经黔驴技穷了。他顶多算是姜汁啤酒，根本比不上香槟。这个虚伪的老坏蛋。”但是，迪斯雷利失算了。帕默斯顿很快证明了自己的才能，成为当时叱咤风云的人物。在战争部，西德尼·赫伯特大刀阔斧地对军事管理进行改革，重大失误得到了纠正，军队面貌焕然一新。

1855年夏，联军获得增援，士气旺盛。6月，他们再次向塞瓦斯托波尔发起攻势，但以失败告终。拉格伦勋爵因不堪重负而挂印辞职，十天后便去世了。拉格伦没有得到政府的全力支持，下级军官也争吵不休，同时，此人意志不坚，很难坚持自己的正确判断。拉格伦是威灵顿的忠实追随者，勇敢且忠诚，曾在滑铁卢战争中失去了一只手臂，其实本应在军事史上享有更高的声望。拉格伦的不幸之处在于，他往往在别人做出错误决定之时得出正确的论断。

拉格伦唾手可得的胜利果实，却被他的继任者詹姆斯·辛普森爵士与法国元帅佩利西耶瓜分了。9月，塞瓦斯托波尔终被攻克。但是，原本失败的战略计划使这场胜利显得徒劳无益。联军不可能从克里米亚入侵俄罗斯。那么下一步应该怎样做呢？在此战中，法国投入的军队是英国的四倍，而现在，拿破仑三世威胁要退出战斗。巴黎的主和派开始施压，法国皇帝开始倾向对俄谈判，同时停止战争行动，只保留对敌港的消极封锁。拿破仑三世认为，如果要把战争继续下去，就应该动员其他大国参战，同时应唤起波兰人、瑞典人及沙皇其他宿敌的爱国热情，共同反对沙俄扩张。此项设计太过宏大，甚至连帕默斯顿也难以企及。帕默斯顿私下谴责法国和平党，称其是“操控股票般耍弄阴谋的政客”。但他同样意识到，对俄战争不能再进行下去。同时，俄国收到了奥地利的最后通牒，重压之下也同意开展和谈。就这样，在 1856 年 2 月，巴黎和会召开了。

3 月底，《巴黎条约》正式签署。虽然战争的直接诱因得到消除，但却并没有永久性地解决东方问题。俄罗斯归还了位于多瑙河入海口处的比萨拉比亚南部地区，对土耳其基督教徒的保护权也不再提起。达达尼尔海峡恢复战前定例，在和平时期禁止外国战舰通行。土耳其的独立地位得到各国保障，它也因此同意进行改革—事实证明，这种承诺只不过是一纸空文而已。俄罗斯同意黑海非军事化，但在 1870 年普法战争搅动欧洲之时，它又违背了自己当初的诺言。目前，俄国的扩张只是暂时得到遏制，但是它依然野心未泯，蠢蠢欲动。不到二十年，俄罗斯就再次把手伸向了近东地区，差点引发了欧洲战争。近东的基本态势没有改变：只要土耳其依然疲弱不堪，对俄国人就是一个难以抵御的诱惑。近东问题也因此成为了西欧各国的心腹之患。

在克里米亚战争中立下卓越功勋的人可谓凤毛麟角，但弗洛伦斯·南丁格尔小姐却是其中之一。她受战争大臣西德尼·赫伯特的派遣奔赴战场，在因克尔曼之战打响的前一天抵达斯库台湖，并在那里建起了一座近代战地医院。医院中只有极少的护士，设备也十分稀缺。但是，凭借着简陋的医疗资源，南丁格尔却将斯库台的伤员死亡率由百分之四十二降低到了千分之二十二。南丁格尔的表率作用影响重大、意义深远。1864 年日内瓦公约发起的红十字会运动就是她努力的成果。此外，她还推动了民间医院的全面行政改革。在十九世纪这个纯粹的男权时代，南丁格尔赋予了女性新的地位。这种新地位使国家社会生活发生了翻天覆地的变化，妇女们甚至要求拥有投票权利。南丁格尔小姐认为“社会的种种弊害压制着女性，这比选举权问题更为严重”。缺乏教育便是弊端之一。她希望改进女子中学，设立女子大学，并为实现这一目的而不懈努力。在她的影响之下，女王的半数臣民都拥有了接受更高级教育的机会。

第五章 帕默斯顿

帕默斯顿虽已到了古稀之年，但却仍然把持着英国大政。除了一次短暂下野，自 1855 年至 1865 年间一直担任政府首相。英国与俄罗斯签订和平协议后不久，帕默斯顿很快就将面对来自东方的另一个危机。与之前不同的是，这一次是在亚洲。印度属地一直处在东印度公司的管理之下，伦敦方面只是给予一定程度的监督。这种做法虽然招致部分议员和舆论的批评，但英国政府依然我行我素。然而就在此地，一场反抗英国统治的暴动突然爆发了。

对英国而言，印度兵变造成的影响在某些方面要比克里米亚战争更为持久。它为英帝国的崛起铺平了道路。平叛之后，英国逐渐觉醒并走上了通向世界帝国的道路。这场变乱源于长久的矛盾积聚。十九世纪初，一批新任的英国文武官员到达印度，他们生活简朴，秉性直立，笃信宗教，怀着将基督信仰和欧洲文明传遍次大陆的信念，并一度获得了巨大的成功。迄今为止，英国就像先前的罗马帝国那样，对辖地采取中立的宗教政策，而在教育方面则毫无政策可言。当地人可以举行游行活动纪念印度神祇，印度教和穆斯林的节日同样得到公众认可。但是，在英国传教士的宗教热情鼓动之下，对异教的尊重逐渐被强制基督化所取代。在一段时期之内，印度教似乎也愿意将基督教信仰的元素容纳其中。在这种情况下，殉葬、寡妇自焚、杀害商旅行者及女婴的狂热做法被抑制。这很大程度上要归功于麦考莱的努力，当他还是印度总督的参议会成员时，就向印度总督提出建议，使更高层次和更富裕的印度人能够接受英国式教育。所有这些为社会稳定埋下了隐患，成为诱发暴乱的一个重要原因。对现在发生的恐怖事件起到了一定作用。

更直接的原因是英国近来遭受了一连串的失败和挫折。俄罗斯对印度的威胁已开始成为英国人的梦魇。实际上，如果说俄国军队可以越过兴都库什山脉抵达印度河流域，那确实有些夸大其词，但这种威胁似乎真的存在。1839 年时，英国人得知一小股俄军已经渗透至阿富汗边境，于是立刻采取对策，不但向喀布尔派遣了一支远征队，还将一名英国志愿者扶上了阿富汗的王位。此举造成了灾难性的后果。整个国家揭竿而起，与英国为敌。1841 年 12 月，四千名英国士兵，在得到当地人可以安全通行的承诺后，便护送着三倍数量的妇孺和阿富汗随员冒着大雪穿过山道撤退。但是，当地人违背了的承诺，他们发起攻击，撤退者几乎全被杀害或俘虏。只有一名幸存者于 1 月 13 日逃至印度。第二年，英国远征军再次出动，向背信弃义者讨还了血债。但是，欧洲军队的名望因此深受损害，大屠杀的恐惧也为印度次大陆蒙上了一层阴影。

不久，英国在印度最北部的旁遮普省挫败了一场入侵。当时，印度次大陆北部的大部分地区都在好战的锡克教教徒控制之下。锡克人隶属于印度教的一个改良教派，他们不吸烟，而且留着及腰的长发。在锡克教领袖兰季特·辛格的严格控制之下，锡克人一直不敢轻举妄动。然而，辛格去世使他们摆脱了控制，而英国人在阿富汗惨遭屠杀的消息也鼓舞了他们的士气，在这种情况下，他们便尝试着将手伸向了东印度公司的领地。1845 年，锡克教徒渡过了作为边界的苏特里杰河，在推进至德里以北二百英里处时被英军击溃。就在此处，英国人建立了摄政统治。三年后，锡克教徒再次作乱，试图推翻英国统治。在该省的奇利安瓦拉村，双方进行了激烈搏杀，三个英国军团全军覆灭。不久以后，英军又展开了大规模报复，锡克人军队被彻底摧毁。享有盛誉的约翰·劳伦斯和亨利·劳伦斯兄弟通力合作，恢复了旁遮普的秩序。兄弟二人足智多谋，在那里树立了自己的绝对权威，甚至不遵从东印度公司的命令。他们迫使地主立下三条誓言：“不准烧死寡妇，不准杀死女孩，不准活埋麻风病人。”他们将价值连城的印度大钻石进献给维多利亚女王，甚至使当地的旁遮普武士也对女王忠贞不贰，这种状况一直持续了一个世纪。他们的部下，后来因德里解放者之名而享誉一时的约翰·尼科尔森，甚至被旁遮普省的部分民众奉若神明。然而，在印度其他一些地区，对英国怀有敌意和心存误解之人却在后来的叛乱中将“记住奇利安瓦拉战斗！”作为了战斗的誓言和血腥报复的口号。

在这一时期，英国信心十足地在印度进行扩张。通常情况下，驻印军是扩张行动的主力，但并非所有行动都能得到英国政府的认可。此后，英国又进行了另外两次大规模的吞并活动，将其在印度的疆域拓展到极致。英国人认为，如果夺取印度河下游的信德，就能够保障西北沿海地区的安全，而这一大任最终由查尔斯·内皮尔爵士完成。内皮尔是一位经验丰富的老兵，曾参加过拉科鲁尼亚战斗和1812年的美国战争。英国杂志《冲锋》对这次征服冷嘲热讽，将内皮尔发电报汇报军情时只用了拉丁文的“伯卡维”一词(意为我犯了罪)。内皮尔对此毫不在意，他大权在握，在当地实行开明的统治。为破除当地烧死寡妇的恶习，内皮尔采取一种简易有效的方法。他在每个柴堆旁边都树立一个绞架，“谁敢焚烧妇女，我们就把他挂上绞架。”信德也像旁遮普那样维持了多年的安定局面。

孟加拉边界的奥德地区也被并入了英印版图。就在此地，一位印度国王曾长期欺压他的人民。三十五岁的达尔豪西侯爵被任命为印度总督，他坚信英国的统治和技术能使印度颇多受益。在他在任的八年里，他运用“失位条款”将一些较小国家并入东印度公司的势力范围。根据这一条款，如果地方统治者绝嗣，那么在他死后领土将被没收。虽然印度传统允许国君收养养子继承权位，但这个习俗却遭到英国方面的蛮横禁止。达尔豪西在奥德省直截了当地宣称：“如果英国政府拒绝支持一个拯救千万黎民于苦海的政权，它就对上帝和人类犯下了罪孽。”1856年，他废黜了奥德的统治者，接管了他的领土。次年，一场反抗运动爆发，舆论将引发动乱的大部罪责都推到了达尔豪西的身上。

驻孟加拉的东印度公司军队早已声名狼藉。这里的士兵主要来自印度北方，其中很大部分出身于高贵种姓，因此很难驾驭。婆罗门的士兵不甘心服从低种姓的军官和军士。在军团，一个人的权力和影响更多取决于宗教地位而非军阶。英国籍的军官也大都素质低劣，这是因为军中的精英都转职到了更有前途的行政领域。依然留下的长官不仅脱离士兵，也不想改善部队状况。孟加拉部队需要与缅甸作战，但是，如果军队渡海出国，士兵们就失去了原先的社会地位。虽然如此，达尔豪西终于招募到了能够在世界各地作战的新兵。部队士兵对薪水和津贴颇多抱怨，一些本与军事骚乱无关的事情也加剧了紧张局势。十九世纪五十年代，铁路、公路、驿馆、电报和学校开始进入农村社会，引起了广泛的躁动和不安。许多印度人认为，这些新兴技术将对印度的传统社会形态造成威胁，将破坏社会精神和结构赖以存在且不可撼动的种姓制度。有人认为，如果每个人都乘坐同样的火车，进入同样的学校，甚至走在相同的道路上，那么种姓制度如何存续？印度君主对这些新生事物尤为忧虑和不满。对寡妇殉节禁止更是引燃了当地人内心的仇恨。社会上谣言四起，说政府打算强制印度人皈依基督教。同时，英国人在阿富汗的灾难以及与锡克教徒作战时的惨重伤亡打破了英国不可战胜的神话，因此许多印度士兵自认为能与欧洲军队匹敌甚至更胜一筹。达尔豪西给他的继任者坎宁勋爵留下了一系列棘手问题。坎宁任职仅仅一年，一种刚引入的新型子弹便引燃了大规模骚乱的导火索。

在普拉西战斗一百周年之际，谣言开始不胫而走。军中盛传新配备的恩菲尔德步枪子弹上涂有猪、牛的脂肪。食猪是穆斯林的禁忌，而印度教也将牛视为神圣之物。根据新型枪支的使用方法，士兵们必须用嘴咬一下子弹才能将其压入枪膛。印度士兵认为此举玷污了他们神圣的宗教。这种谣言也并非空穴来风，伦敦的伍尔维奇兵工厂确实在制造子弹时使用牛油，但印度的达姆达姆工厂却并非如此。而且士兵们的抱怨一出，这些带有油脂的子弹就立即停止发放了。即使如此，1857 年春，谣言仍在军团盛极一时，引发了许多动荡。4 月，密鲁特的一些骑兵因拒绝使用子弹而受到军事法庭审判，被处以监禁。5 月 9 日又被公开褫夺军籍。一位印度官员向上司汇报说，叛兵计划打开监狱，释放囚犯。但他的警告并未得到重视。第二天晚上，三个兵团哗变。士兵们很快控制了监狱，杀死了他们的英国军官，并向德里大举进发。

叛兵势不可挡。旁遮普南部只驻有十一个满员步兵营和少量辅助部队。

约四万名英国士兵被配置在广阔的半岛上，甚至没有进入战备状态。叛军数量是他们的五倍之多，甚至拥有炮兵部队。此际，天气变得越发炎热。由于战场距离遥远，加之运输力量不足，使得英印当局一时难以应对。此时，英国力量处于相对劣势，长期艰苦卓绝努力换来的和平环境正面临威胁，印度将再次陷入混乱和流血冲突之中。所幸的是，当地的大部分民众却保持着冷漠的和平态度，印度的地方统治者也没有加入起义。东印度公司掌握的三支军队中只有孟加拉军队受到了影响。尼泊尔籍的廓尔喀人帮助当局镇压叛乱，而旁遮普也依然忠心耿耿。在此地，锡克教徒和穆斯林仍对当局那些丢盔弃甲、狼狈不堪的军队保持着敬意。动荡的中心在恒河谷地。

起初局势迅速发展。德里地区的弹药库由两名英国军官和六个士兵把守。他们奋起抵抗，战斗到最后一刻，眼见胜利无望便最终将其炸毁。反叛者将所能找到的欧洲人尽皆杀戮，并抓住了早已退位，现依靠东印度公司年金安养晚年的德里老王国，宣布他为莫卧尔帝国皇帝。然而，反叛者的目的未能达到，因为几乎没有穆斯林起来响应。一连三个星期，事态都处于一种尴尬的僵局。而后，叛乱之火便又继续蔓延开来。英国军官不相信他的部下有谋反之心，于是他们中的许多人遭到杀害。在奥德边界的坎普尔，驻军离开城堡去守卫道路。他们对一位名叫那那·萨希布的当权者十分信赖，此人是一名印度统治者的养子，虽然被褫夺了继承权，但依然大权在握。英国人判断失误，一场噩梦很快降临。亨利·劳伦斯在首都勒克瑙秣马厉兵，准备进行一场光荣而持久的防御战争。同时，他正确判断出，德里正是镇压叛乱的关键所在。因此，英印军队在此地集中，占领了可以俯瞰全城的山脊。然而，这支军队人数不足，很难发起像样的攻势。在烈日炎炎的盛夏，以英国人为主力的英印军三千人，在五十英尺高的山脊处抵御着二三十倍敌人的进攻。8 月初，尼科尔森带领援军从旁遮普赶到，三星期以来，他们日夜兼程，每日行军近三十英里。英国人因此大受鼓舞，他们于 9 月 14 日发起反攻，经过六天的激战，终于占领了这座城市，但尼科尔森却在巷战牺牲。可怜的德里国王被送往缅甸，他的两个儿子也深陷囹圄。后因敌方策划营救，英印军便直接枪决了两位王子。这一做法再次激起了印度人的仇恨。

坎普尔遭遇了一场残酷的大屠杀。在二十一天的浩劫中，九百名英国人及其忠诚的印度追随者被那那·萨希布率领的三千叛军包围和攻击，在这九百人中，有将近一半是妇女和儿童。6 月 26 日，叛军宣布将幸存者放行。但当这些人坐船离开时，叛军却突然向他们开火，所有男性尽遭屠戮，剩下的妇女和儿童被投入监牢。在印度长期戎马，具有丰富实战经验的亨利·哈夫洛克爵士率领一批英国援兵匆匆赶来，7 月 15 日晚距离坎普尔只有二十英里。那那·萨希布下令杀死俘虏，但却遭到士兵们的拒绝。于是，五名刽子手被秘密派出，将俘虏用刀砍死后扔在深井里。两天后，哈夫洛克终于抵达。一位目击者在事后写道："如果有哪位基督教主教能亲身访问屠杀现场的话，我相信他一定会气急败坏地拔出剑来。"在坎普尔和其他地方的战场上，英国军队展开了可怕的报复行动。反叛者被火炮炸得四分五裂，有的人一时未死，在地上残喘挣命。有时，英军还将反叛者的躯体缝在牛皮和猪皮之中。

叛军转战勒克瑙，一场生死鏖战就此打响了。勒克瑙驻扎着一千七百名士兵，其中有将近一半是忠心耿耿的印度士兵，他们在亨利·劳伦斯的领导下牢牢守护着城市，与六万叛军展开激烈搏杀。奥德地区与别处不同，有众多民众加入了叛军队伍。守军中食物短缺，疫疾肆虐。9 月 25 日，哈夫洛克和乌特勒姆打开血路冲入要塞，但叛军随后又封锁了退路。几天后，哈夫洛克由于过度疲劳死去。11 月，科林·坎贝尔爵士受帕默斯顿勋爵之命接任英印军总司令职务，率军打通了勒克瑙通道。坎贝尔曾参加过拿破仑战争，在克里米亚战争中也做出了出色成绩。现在，坎普尔又面临着新的威胁，坎贝尔只好提兵救援，乌特勒姆得到一些援助，继续坚守勒克瑙。直到次年三月初，该城才得以彻底解围。那那·萨希布下落不明，他消失在了喜马拉雅山脉的丛林之中，从此再未现身。

在印度其他地区，暴乱之火被迅速扑灭。英印军收复德里之后，所谓的"全国性反叛的谣言便不攻自破了。但是，在中部省份，零星的小规模战斗仍然时有发生，有的时候还相当激烈。这种情况一直持续到 1858 年底。11 月，被人们讥笑为"仁慈"的印度总督坎宁公开宣告，维多利亚女王是整个印度的最高统治者。第一任代表皇室管理印度的总督坎宁，就是那位著名的外交大臣、首相坎宁的儿子。德比与迪斯雷利领导下的一个短期托利党政府经过不懈努力，最终促使议会通过决议，将英属印度的全部领土置于英国政府的直接管理之下。东印度公司早已不再是贸易机构，它对印度的统治权被彻底剥夺。一个世纪之前克莱夫给皮特的建议如今真正被英国政府所采纳。从今以后再没有吞并活动，再没有附属条约，也再没有出现大规模内战。宗教宽容和法律面前人人平等的政策普及全国。维多利亚女王 1858 年的文告在印度人眼中如同大宪章一般重要，二三十年之后，这种观念依然坚定不移。

印度暴乱的规模不应被夸大。四分之三的印度士兵仍保持忠诚，受到波及的也仅是近三分之一的英印领土。在此之前印度也曾发生叛乱，但在几周之内就被镇压下去。这并非是一场民族解放运动，也不像后来一些印度作家所宣称的那样，是追求自由的爱国斗争或独立战争，次大陆民众的独立理想和观念直到许多年后才逐渐形成。在这场战争中，对阵双方都曾犯下可怕的暴行，统治者和被统治者之间的鸿沟由此开始形成。十八世纪的温和氛围一去不返，乔治时代及维多利亚早期的传教热情与改革精神消亡殆尽。英国人不再将印度视为“家园”，也不再将自己视作拯救黎民众生的十字军。英印统治机构开始变得独立、公正、高效，经济社会各项事业取得巨大进展，物质条件获得极大改善。边疆安全得以维护，和平环境得以保持，粮食短缺得到缓解，人口数目大量增加。与此同时，英印军队也得到了恢复和重组，并在之后的两次世界大战中为英帝国立下了汗马功劳。然而，这场充斥着屠杀和报复的数月叛乱，却给两国的人们留下了难以磨灭的痛苦记忆。

在印度暴乱如火如荼进行之时，英国国内的政治舞台依然混乱不堪，各种争论也丝毫未有止息。皮尔派转向自由贸易的做法已经摧毁了党派界线，在之后的二十年中，英国相继出现了派别混杂的多党政府。迪斯雷利和德比虽然击败了皮尔，但却很难将托利党的贸易保守派聚集起来，组成一个有效的政府。名望蒸蒸日上的格莱斯顿等人仍然坚持皮尔的立场，虽然迪斯雷利不止一次提出与格莱斯顿联合组阁，但其一直无动于衷。这就引发了一个有趣的猜测：先后担任首相的两位劲敌如果携手合作，那英国政坛将会是怎样一番光景呢？在罗素和帕默斯顿等辉格党党魁看来，他们的主要目标已经达成。帕默斯顿愿意改进政府工作，但却不想开展大规模的改革。

罗素希望进一步改良选举制度，然也未能提出更长远的政治主张。两人都将自己作为国家传统制度的保护人，他们的地位财富也正是得之于此。这两位领导人的态度，特别是帕默斯顿与维多利亚中期的普遍政治观念十分相似。这些年来，激进主义没能留住选民的目光。而今，英格兰的土地上一片欣欣向荣、繁荣昌盛的景象，激烈的政治风潮暂时平息，保持尊严和尊重他人成为了这个时代的普遍价值观。彬彬有礼的绅士仍然得到社会的倾慕，白手起家的人们也颇受敬重。塞缪尔斯·迈尔斯提倡克勤克俭，白手起家，这种理念在中产阶级和手工业者中间广泛流行。人们吸取了宪章派失败的教训，同时也认识到向体力劳动者提供教育要比鼓动他们起来革命更为重要。这种观点也同样得到了许多工人的认同。所有的一切，给人们留下了一种安定有序、稳步推进的良好印象。

各式各样的宗教舒缓了人们心灵，振奋了的人们的思想。超过总人口半数以上的百万民众定期前往教堂或其他礼拜场所，但其中赤贫者的数量相对较少。宗教争论十分激烈，有时甚至火药味十足。但是，这种争端仅仅停留在口头之上，为宗教问题大打出手甚至引发内乱的时代已经一去不复返了。人们将宽容视为美德，但宽容也并不意味着冷漠。教堂和教派，以及各自的众多追随者常常相互批判，有时甚至唇枪舌剑，互不相让。当罗马天主教会在英格兰重新建立起主教制度之时，伦敦出现了激烈的骚乱和抗议活动，但却远未达到暴乱程度。

在本世纪早些时候，牛津宗教复兴运动的崇高理想和福音派的热情将英格兰国教教会从沉睡中唤醒。在圣公会低教派和高教派的宗教聚会中，神职人员都竭力以娓娓动听的宣讲唤醒人们的灵魂。在英格兰，大约一半的信众都是圣公会的成员。但是非国教派别也蓬勃发展，卫理公会、浸信会、长老会、公理教会和一位论派都拥有广泛的信众。在天主教徒解放运动的推动下，罗马教会得以复兴，一些高教派教徒的加入增强了它的力量。其中代表性的人物是约翰·亨利·纽曼，他是一个渊博而敏锐的思想家，后来晋升为了红衣主教。

自克伦威尔时代起，人们对宗教关注就比任何时候都更加广泛，更加深刻。但是一些有识之士也同样被一种新的理论所吸引。这就是著名的进化理论，它是长期科学研究积累和沉淀的产物。查尔斯·达尔文于 1859 年出版的《物种起源》一书就是进化论的代表性著作。此书的问世使那些本就质疑《圣经》创世说的人们感到更加迷惑不解。然而，新的进化理论及其宣扬的适者生存观念有力地推高了维多利亚中期的社会乐观情绪，人们更加坚信，人类社会不断发展，前进步伐永不止息。

在英国人心目中，帕默斯顿似乎体现了他们的崇高意愿。他活力四射，英气未减当年。在外交事务上，他一如既往保持着强硬姿态，其爱国之情唤起了国内同胞的民族自信心。但是，女王和艾伯特亲王对帕默斯顿的做法并不满意，因为他常常自作主张地发出措辞严厉的信件。虽然帕默斯顿言辞强硬，有时还草率行动，但他却心怀欧洲和平良好夙愿。为此，外国的自由主义运动一方面能够激起他的同情之心，另一方面也往往使他感到焦虑和不安。

这些年来，对欧洲意义非凡、影响深远的事件无疑当数意大利的统一运动了。在 1859 年和 1860 年，意大利人长期梦寐以求的理想而今终于得到了实现，虽然获得统一的只是意大利部分地区，但也足以快慰人心。众所周知，意大利为获得拿破仑三世的军事援助而将尼斯和萨伏伊割让给法国，但是，在从奥地利人手中得到伦巴第以后，这位法国皇帝便背信弃义地抛弃了身处险境的意大利盟友。威尼斯仍然掌握在奥地利人手中，但更糟的是，法国军队正驻扎罗马，保护着在教皇国的残骸，将意大利人与其“天然的首都”分割开来，这已有整整十年时间了。然而，意大利人并未气馁，一个又一个的意大利小国奋起反抗，驱逐外来统治者，合并为统一的君主制国家，其不屈不挠的民族精神也同样激发了英国人的热情。加里波第和他的数千志愿者，以迅雷不及掩耳之势推翻了西西里和那不勒斯的腐朽波旁政府，其英雄事迹在伦敦广为传颂。意大利人的大胆举措受到帕默斯顿及其外交大臣罗素的欢迎，但与此同时，他们也对拿破仑三世的意图心存质疑，害怕爆发更大规模的战争。因此，英国政府便采取了口头支持但不干涉的政策。两位辉格党元老称赞意大利新政府践行了 1688 年的英国革命提出的原则—这是他们的典型做派。罗素在下议院更是将加里波第与威廉三世国王相提并论。关于意大利人对此事的反应，史册中未有记录。

在英国国内的政治环境里，政府骄傲自满的情绪达到了顶点。帕默斯顿不喜欢过多立法，这与他的前任墨尔本十分相似。帕默斯顿睿智幽默，眼光实际。正如小说家特罗洛普所说，他是“一位注重实务的政治家。从来不去考虑脱离现实，不着边际的事情”。一些更年轻、更有进取心的下院议员并不喜欢他的务实做派。作为反对派的迪斯雷利更是怒火中烧，对这位十八世纪的最后政治家，他的鄙视和愤怒之情溢于言表。曾有一次，迪斯雷利在下院说道：“他在外交上气势汹汹，咄咄逼人，以求得国内安定、政治稳固，殊不知，此种做法造成了财政超支、税收加重及一切发展趋于停滞的恶劣局面。他施行的政策违背了所有的政治原则，在大选之时，他博取民众信任的唯一资本就是自己的名字。”皮尔的门徒和追随者们同样感到绝望和无可奈何。但只要领导权仍然握在帕默斯顿、罗素和辉格党贵族的手中，自由主义的梦想就没有可能实现。西德尼·赫伯特在暂时离任时讲道：“辉格党对贵族的迷信已经到了无可救药的地步。在我看来，混乱不堪的反对派不可能形成一个高效的政党，更别提组织的政府了。他们群龙无首，你争我斗，互不相容。贵族化的辉格党似乎已经精疲力竭，没有新生力量补充元气，党内元老们又怨言纷纷。中年商人们虽然精明干练，但却无法获得任职的优先权，因此同样感到十分不满。”

托利党也没好到哪去。德比是托利党名义上的领袖，此人擅长雄辩，但却将政治责任视为强加于贵族阶级头上的不快之事。他真正的兴趣在于赛马，也曾出色地翻译了诗人荷马的作品。迪斯雷利已经成为下议院的托利政党的领导人，在权力和地位争夺中苦苦挣扎。一位犹太人竟然能够领导一批地方绅士，这在英国政治中的确是一个不同寻常的景象。《谷物法》废除之后，政策保障不复存在，如迪斯雷利所言，简直糟透了。为长远之计，他和德比决定放弃维护《谷物法》的党派原则。但要寻找一个新的目标是也是一个漫长、痛苦且令人烦恼的过程。与此同时，迪斯雷利还要充当德比的助理，他们在1852年和1858年短暂执政，但却庸庸碌碌，没有作为。迪斯雷利不止一次寻求与激进分子结盟，他向激进派承诺将反对军备及咄咄逼人的外交政策。甚至宣称，殖民地是“挂在我们脖颈上的沉重磨盘”。然而，激进派的首席代言人约翰·布赖特对此并不领情，这位贵格派教徒老奸巨猾，不易轻信于人。他说：“迪斯雷利先生为他的党派卖弄玄虚，装神忽鬼，要是在印第安人部落当中，他会被人们称为巫医的。这样一来，结盟之事便不了了之。迪斯雷利碰壁之后，便转而开始攻击辉格党人。他坚信，打垮辉格党的唯一办法是进一步扩大选举权，将颇有名望的工匠吸收到选民队伍当中，通过此种方式与敌对的中产阶级抗衡。为此目的，他不厌其烦地劝说德比和同事。从青年时代起，他就希望能将贫民富人团结在一个屋檐之下，在他的小说《希比尔》中，这种理想得到了极好的展现。十九世纪五十年代，托利党逐渐摸索出了一套比较实际的民主原则，但要使人们完全接受迪斯雷利的主张，还要花费相当长的一段时间。

除辉格党和德比的托利党之外，还有皮尔派的成员。其中最著名的是威廉·格莱斯顿。此人曾是一名坚定的托利党员，1832 年时开始进入议会，并一直对自由派阵营十分向往。皮尔的逝世摧毁了他对托利党的忠诚之心，因此他决定寻找一条新的道路。格莱斯顿是一位利物浦富商的儿子，在西印度群岛拥有大量奴隶。他与老上司皮尔出身于同一阶级，也同样秉持自由贸易的新主张。他能言善辩，精于行政事务，但当时之人却认为他缺乏洞察力和处事原则。事实上，他正像帕默斯顿所评价的那样，唤醒了整个英国中产阶级的政治潜力。帕默斯顿曾言：“他被称为民众中的一员，希望与民众保持一致。他富有宗教热情，并通过智慧将这种热情发扬光大，普及万民。”尽管他全神贯注于神学领域，但他却比党内同事更加了解新选民的思想，比皮尔更加知晓党派的运作。“表面上是牛津书册派，骨子里却是顽固的利物浦。”——正是对其恰如其分的评价。但是，与迪斯雷利相似的是，他的事业进展缓慢。在克里米亚战争爆发之时，他担任英国政府的财政大臣，不久下野。格莱斯顿没有迅速到达权力的巅峰，这对他来说实属幸事。皮尔就是因为过早执政而饱受困扰，他的主张也难以付诸实施。漫长的等待使格莱斯顿变得更加自信。

1859年，年已半百的格莱斯顿加入辉格党，对自由派的探索已经告一段落。一个外交政策上的问题促使他最终下定了决心。在转入辉格党后，他再次从事财政方面工作，在帕默斯顿政府担任财政大臣，开始了他的黄金时代。他在下院就预算问题发表精彩演说，细致周到地处理行政事务。此外，他与法国签订商贸条约，由此开启了一个自由贸易的新时代。但是，商贸条约同时要求缩减军费开支，在此问题上他与首相发生了冲突。格莱斯顿在财政事务上获得了巨大成功，他提出的三个出色的预算案减轻了税收。国家贸易也迅速扩展。谁将成为下一任的领袖已是显而易见。1865年，八十一岁的帕默斯顿逝世，他临终时说道："格莱斯顿很快就可以随心所欲、肆意妄为了，一旦他接替我的位置，我党将会做出一些奇怪的事情来。这位辉格党元老一语成谶。十八世纪随着他的死亡真正成为了过去。后维多利亚时代呼唤一位新的领袖，而他终于到来了。格莱斯顿再一次出现在他的选举人面前，在演讲的开头，他说了这样一番话："我的朋友，我终于来到了你们中间，我在你们中间无所顾忌，畅所欲言。"但辉格党人依然犹豫不决，格莱斯顿试图像迪斯雷利那样，将政治权利赋予数量庞大的工人阶级—他急于获得选民的投票。他说服罗素政府提出改革法案，但却造成内阁的分裂，最终致使阁员全体辞职。德比和迪斯雷利随后组建了一个少数派政府，维持了大约两年半时间。

迪斯雷利现在抓住了机会。在1867年时，他提出了一项新的《改革法案》，巧妙地迎合了他所领导的下院需要。该法案对选区进行重新划分，给予大型工业城镇更多的权利。这样一来，选民数量增加了近一百万，相当于原先数量的一倍。托利党人紧张不安，因为新增数目已大大出乎他们的意料。在许多城镇，工人阶级已构成了选民的绝大多数。因此德比将法案称之为"冒险的行动"。新近爆发的美国内战似乎为民主制度提供了"反面榜样"，甚至连激进分子也忧心忡忡，因为他们并不知道这些未受过教育的民众将如何作为。但这个问题很快变得清晰起来。帕默斯顿去世后不久，英国迅速通过了第二个《改革法案》，此事开启了英国政治的新时代，新的问题和新的方法也随之出现。银行家、经济学家沃尔特·白芝浩曾言："一个党派政治国家有如美洲的一片森林，如果你砍倒老树，破土萌发的新树就会立刻取而代之。”德比于 1868 年 2 月辞去了托利党领导人之职，迪斯雷利终于如愿登上了首相的宝座，正如他所说的那样：“到达了油腻竿子的最顶端。”他必须按照规定举行大选，但是新选民将压倒性的多数票投给了反对党。因此，已经成为自由党领袖的格莱斯顿组建了一个自皮尔时代以来最为强大和巩固的英国政府。

第六章　英语民族的迁移（一）

（一）加拿大和南非

拿破仑倒台之后，列强抢占世界殖民地的活动骤然加速了。与法国的长期斗争迟滞了英语民族扩张的脚步，足以建立另一个大英帝国的陆海军队尽数耗费在二十年的世界战争中。一代国民在工厂或农场辛勤劳作，很少有人对远赴海外谋生求财抱有期冀，即便有此念头，也少有机会。他们的精力和希望完全投入了谋取生存和追求胜利之中，移民的梦想太过遥远，也根本无暇顾及。而在滑铁卢战争之后，一切突然有了改变。自由的海洋再次向人们敞开了怀抱。欧陆方面的威胁已经消除，护航船只也不再需要。各大洲的海岸轮廓已经详细地绘入海图，新世界再次成为人们逃避困难和挫折的地方。战争结束了，开赴海外的船只数量众多，索费又十分低廉，因此促成了史上罕见的、蔚为壮观的移民热潮，以及英国工业、贸易的蓬勃发展。

这个过程的展开自然要花费一定的时日。第一波移民的人寥寥可数，但是，那些押赴澳大利亚的囚犯、北上加拿大的美国效忠派、商人、探险家、传教士和遍布温带地区的捕鲸者已为我们指明了前进的道路。英国民间广泛传布着一个流言，说海外仍然存在着未被占领的肥田沃土和宜居之地，白人可以在那里和平自由地生活，也许会比现在过得更好。英国人口的不断增长是殖民扩张的另一个动因。1801 年，英国拥有一千一百万人口，三十年后达到了一千六百万，1871 年时，英国人又增加了一千多万，相比之下，在出生时或幼年时夭折的人数却急剧减少。一个权威机构声称，尽管发生了工业革命，但伦敦城要比波旁王朝治下的巴黎或普鲁士的乡村更适宜人类居住。移民的人数开始增长，十九世纪二十年代是二十五万，三十年代增长到五十万，到世纪中叶已达到了一百五十万。在滑铁卢之战结束后的六十五年内，离开不列颠群岛的移民人数已不下八百万。

此次移民运动的动机、方法和特征都与十七世纪的新教徒及斯图亚特时代的种植园开辟者们大不相同。饥荒迫使至少一百万爱尔兰人移居美洲或其他地方。在黄金的诱惑下，那些贪图财富的人们纷纷奔赴澳大利亚以及荒凉的加拿大内地，虽然不像伊丽莎白时代的探险者那样逐新趣异，收获丰厚，但在加拿大，淘金者们还是发现了一个更为实际的黄金矿山。对土地和羊毛贸易利润的渴求召唤着较为理性的富裕阶层。英国政府对此则漠不关心或嗤之以鼻。美国独立战争使英国统治阶级中的大多数人感到，殖民地并非是能够造福国家的事物。在 1854 年之前，英国政府中甚至没有一个负责管理殖民地的独立机构。政府的兴趣在于建立海外战略基地，但如果普通民众想在新土地上定居，那么就让他们自便好了。海外移民能够降低失业率，身无分文的贵族也可借此获得新的职位，而这些殖民地越早独立，英国纳税人就越能减轻负担。但不管怎样，比起新西兰，人们对希腊事务更感兴趣；比起肮脏的移民船只，奴隶贸易更能激起有识之士的兴趣。因此，大英第二帝国就像当初在印度那样，几乎是偶然建立起来的，政府机构和政治组织没有发挥什么作用。

对英国人而言，加拿大是最为便利且最为熟悉的海外领土。很早时候，它的沿海诸省就向英国供应木材，船主不愿船舶空载而归，就以低廉的运费载回一些英国移民。移民一旦登陆加拿大，就将面临诸多困难。沿海地区的人们主要过着自给自足的生活，许多移民都选择前往下加拿大，即今天被称为魁北克省的地方。1791 年，皮特曾试图将加拿大一分为二，以解决种族问题。在下加拿大，已扎根于此的法国人形成了联系紧密的外族社区，由牧师和庄园主担当领导职责。他们对欧洲革命和自由派的民主观念毫无兴趣，也很少接触，这些人像南非的布尔人那样固执地坚守着自己的传统和语言。法国社区的西北部便是上加拿大，即现在的安大略省，这里定居着十八世纪末期离开美利坚的六万名英国人。出于对英王的忠诚，这些骄傲的民众放弃了在美国的大部分财产，并因此获得了“帝国忠良”这个无利可图的光荣称号。莫霍克部族同样在爱国热情的驱使下北迁加拿大。他们砍伐森林，开辟新的生存空间，湍急的圣劳伦斯河将他们与下加拿大分割开来，他们从此便在偏远之地过着孤独的生活，同时，还要时刻警惕美国的入侵。再往西就是一大片未经开拓的蛮荒之地，直到太平洋沿岸，才矗立着专门从事中国贸易的几处商埠。

这些移民群体在传统、性格和种族方面千差万别，但他们会在美国入侵的危难之时暂时携手合作，共同抗敌。这些法国人、英国人和印第安人曾共同反抗美国侵略，在1812年和1814年间接连打退了敌人的三次进犯。但是不久，麻烦便产生了。住在下加拿大的法国人担心新移民的人数会超过他们，进而取得对他们的支配权。而上加拿大的“英国忠良”则欢迎新移民的到来，他们认为人口的增加能够提高土地价格，但却不愿对这些新人平等待之。与此同时，两地的矛盾也逐渐升温。上加拿大商人要进行出口贸易，必须途经下加拿大地区，还要缴纳税款，因此两地常会因分享收益的问题发生冲突。宗教上的分歧使得矛盾进一步扩大。大约从1820年起，下加拿大议会就开始像早期斯图亚特王室和美洲殖民地议会那样，拒绝向皇家法官和长期任职的官员拨付薪水。法国的政客激烈地发表演说，上加拿大的新移民也极力要求获得同等的政治权利。自由主义者想让行政机构直接对加拿大议会负责，并大肆扬言要脱离英国。1836年，由自由党把持多数议席的加拿大议会宣布解散。

第二年，两地发生了叛乱。下加拿大的叛乱持续了一个月，而上加拿大只维持了一个星期。暴民呼啸而起，军队开枪镇压。不久，当局和叛乱者达成了灵活的解决方案，很少有人因此被处以死刑。一切都被控制在较小范围之内，没有造成重大的损失。然而，此事件也使英国政府深深意识到，应对加拿大的事务予以颇多重视。伦敦的辉格党领导人比乔治三世更为明智，他们察觉到这一小撮叛乱分子将给英国带来极大的麻烦。1838年，达勒姆勋爵在爱德华·吉本·韦克菲尔德的陪同下前往加拿大调查。达勒姆的指示含蓄简单："恢复原状"。同时，议会也通过法案，宣布中止加拿大宪法。达勒姆属于激进派，他才华出众、处事果断，但有些性情急躁。韦克菲尔德是一位活跃的帝国事务理论家，他同几位女继承人纠缠不清，并因此被判处监禁，最后只好退居幕后，秘密地参与国家政务。达勒姆在加拿大只待了数月，他以高压手段对待心怀不满的加拿大人，因此遭到来自威斯敏斯特的强烈批评。虽然他在墨尔本政府当中不得人心，但政府还是应该对其予以支持。然而政府方面并未如此作为，墨尔本感觉仿佛被政府抛弃了，于是愤而辞职，返回英国。他起草了一份著名的报告—至少是署名人之一。在报告中，他对叛乱的原因进行了深入分析，同时呼吁建立代议制政府，从议会中选出各部部长，实现加拿大的政治统一。此外，他还提出开拓无主土地的计划。1840 年的《加拿大法案》将墨尔本的大部分建议付诸实施，这要归功于约翰·罗素勋爵的努力。

此后，加拿大在和平环境中迅速发展起来。1815 年，它的人口总数约一百万左右，到 1838 年上升了四分之一。加拿大往返不列颠岛的定期轮船开始运营，跨越大西洋的廉价邮政体系也建立起来。但是，对于那些给予殖民地完全自由，允许他们组织议会并选举各部部长的主张，英国人仍保持一种犹豫和怀疑的态度。然而，在 1874 年，达勒姆的女婿埃尔金勋爵被任命为加拿大总督之后，此事便一锤定音。与达勒姆一样，埃尔金认为总督是国王权威的代表，不应直接插手政治事务。因此，他完全根据议会的意愿任命和解雇部长。人们对埃尔金的做法褒贬不一，甚至有人还向他投掷了鸡蛋和石头。但在七年后埃尔金离任时，民主政治观念已在加拿大人心中根深蒂固，他们相信：权力机构要想得到民众拥护，就必须要对民众负责，如果官员们得到大多数人的支持，那么就拥有治理国家的权力，人们也须对其保持服从和尊重。但如果他们丧失民心，就应该辞去职务。现在，很少有人散布将加拿大分割开来，脱离英帝国或加入美利坚合众国的言论了。与此相反，1846 年，英美两国签署《俄勒冈州条约》，将横贯大陆的北纬四十九度线作为两国的边界，温哥华岛全部划归英国所有。至于条约签订的细节情况，本卷将会另行介绍。

在本世纪中叶，组建加拿大联邦的运动开始初露端倪，并很快获得了大量的支持。加拿大人从美国内战中获得了教训，认识到其美利坚邻居的政体并非完美无缺。同时，美国联邦军的胜利引发了加拿大人的忧虑，他们担心飞扬跋扈的合众国或许会进一步拓展疆域。加拿大已经将目光转向西部地区。在安大略省和落基山脉之间，是上千英里的未开拓领域。除马尼托巴湖地区有少量殖民者定居之外，其余便是印第安人、狩猎者的家园，以及野生动物的出没之地。一些人认为，这片蛮荒之所对垂涎于土地的美利坚来说极具诱惑力。曾经参加南北战争的爱尔兰士兵现已无事可做，因此便时常越境进行武装劫掠。美国国会宣称对此无可奈何。既然如此，美国人难道不会继续挺进，偷偷摸摸占领这片广袤的原野，甚至宣称对此拥有主权吗？许多人相信，这里土地肥沃，可供白人谋生。1867 年时，美国以七百二十万美元的价格从俄国人手中买下了荒凉偏远、气候恶劣的阿拉斯加。而加拿大的土地刚好位于美国的家门口处，不但唾手可得，也貌似比阿拉斯加更有价值。统治这片土地的，只有组建于查理二世时期的哈德逊湾公司，该公司认为农业生产将危及他们的毛皮生意，因此一直对外来殖民者保持敌视态度，警惕地维护着自己的权威。十一年前在弗雷泽河流域发现的金矿将大批淘金者吸引到了太平洋海岸，哈德逊湾公司的官员很快丧失了对局面的控制，当地一片混乱不堪。英国政府被迫接手此事，将这片遥远的海岸置于皇室的直接控制之下，于是英属哥伦比亚殖民地就此诞生。这个殖民地很快与温哥华岛合并，并顺利获得了自治权。但是，它与安大略省之间，还有一片无人区域，如果不想此地被美国夺走，那就必须采取一些措施。那么，加拿大将如何抵御美国侵犯，保持自身独立？又如何自给自足地生存下去呢？

出于这些考虑，1867 年时，英国出台了《英属北美法案》，创制了第一个海外自治领土。新的加拿大自治领包括安大略、魁北克、新布伦瑞克及新斯科舍等省份。它采用联邦制度，但又与美国的政体形式大相径庭。凡是未明确授予各省的权力都由中央政府掌控：总督是王室的代表，依靠从加拿大下院多数派中选出的部长实施统治，议会议员由民众选出，人数依其所代表的人口比例而定。这种制度为吸收新省份及拓展领土创造了条件。这样一来，在铁路时代及西部开发前夕，加拿大已拥有了一个稳定的政治局面。

新自治领第一次议会召开时，议员们主要忧虑的是西部土地问题。他们思虑长远，成果斐然：显而易见，加拿大政府的首要任务就是收购哈德逊湾公司。这一目标在两年之后得到了实现，政府为此付出了三十万英镑的代价。该公司一直保持其贸易权利—直至今日依然如此，但是却将领土主权交还王室。这个过程并非一帆风顺。在马尼托巴湖地区，野蛮印第安混血人认为此举威胁到了他们的自由，因此发动暴乱。暴乱持续的时间十分短暂，该地区很快便恢复了秩序。马尼托巴于1870年成为自治领的下辖省份，次年，不列颠哥伦比亚省也并入了自治领。然而，单凭联邦制政体，很难将广袤的加拿大各地结为一体。自治领政府最富挑战性的任务就是在大批美国移民跨过北纬四十九度线之前，大力开拓其西部地区的无人土地。在这种情况下，最好的应对方式便是修筑一个横贯北美大陆的铁路动脉。

在加拿大沿海各省加入联邦之前，它们曾经提出要政府修筑铁路将其与安大略省连接起来。经过九年的辛苦努力，铁路终于1876年完成。不列颠哥伦比亚省也提出了相同的要求，也同样获得了承诺。但事实证明，这个诺言很难兑现。政府资金短缺，投资者畏首畏尾，政坛风云变幻，更何况，铁路穿越的大部分地区是未知的荒野。最终，一位名叫唐纳德·史密斯的苏格兰人，也就是阿斯特拉思科纳勋爵，接手了这项工程。他的公司申请了十年工期，但是在政府资金的扶持下，仅用了一半时间就完成了任务。加拿大太平洋铁路于1885年正式投入使用，而其他线路也相继竣工。年产量迅速攀升至数百万蒲式的谷物，开始从草原涌入各个地区。加拿大已经成为了一个国家，未来的发展前景一片光明。

南非与美洲不同，此地很难留住早期殖民者和探险家的目光。往来印度的船舶通常将其作为一个落脚之处，但很少有人愿意留住下来。圣劳伦斯海湾为人们深入加拿大内地提供了便利，但是南非的海岸线上却缺少天然良港和通航河流。沿海一带峭壁林立，除此便是洋流和狂浪塑成的沙丘。再往远处便有群山起伏，与海岸平行延伸，阻塞了通往内地之路。向西而行，陆地一路抬高，然地势却相对平缓，此处荒凉贫瘠，缺乏水源。南部和东部层峦叠嶂，有些地方山势险峻，难以攀越。对于欧洲人而言，南非是一块最难进入的领域。长期以来，该地区一直被航海家们当作“海上的客栈”，是位于东西航路之间的一块驻泊之地。

在 17 世纪，荷兰东印度公司的船队时常往返于印度和阿姆斯特丹、鹿特丹之间，他们是好望角的头号常客，塔布尔湾便是他们的歇脚之处。有人也曾谈论在此建立一个永久定居点，但直到 1652 年才付诸实施。在荷兰国力和文明处于顶峰的黄金时代，政府派遣一位名叫扬・范・里贝克的船医率领三艘舰船占领了塔布尔湾。他们并未打算殖民于此，只是想为公司的船舶建立一个停靠港湾。在此地，几乎所有的居民都是东印度公司的职员，他们得到公司命令，禁止向外扩张。二十年后，塔布尔湾顶多只有六十四名自由市民。

17 世纪末，情况发生了变化。此时，西门・范・斯特尔和他的儿子威廉・阿德里安担任南非总督。他们鼓励荷兰人移民到此，并向移民提供土地补助金。到 1707 年，塔布尔湾一带已有超过一千五百位自由市民。这些市民并不都是荷兰人，其中还有许多胡格诺教徒、德国人和瑞典人，他们受到国内的宗教迫害，被迫流亡到此，最后融入了荷兰人的群体之中。当地的黑人奴隶为市民们提供服务，维持着社区生活的正常运转。

在整个十八世纪，殖民地的发展欣欣向荣。1760 年时，欧洲人第一次跨过了奥兰治河，到 1778 年，鱼河已成为了殖民地的东部边界。到本世纪末，移民人口已达到一万五千，建立了三块殖民点。开普敦城被移民称之为“小巴黎”，如今已经是一座拥有五千居民的海港城市，也是东印度公司的总部所在。开普半岛海岸附近的田地为农民们的生活提供了较为可靠的保障。生活虽然悠闲，但也十分原始。第三块殖民点位于有内陆高原，远离海岸地带，这里的拓荒者披荆斩棘，辛勤劳作。他们自力更生，眼光狭隘，与世隔绝。这些居民不喜欢文明社会的种种束缚，他们是南非的开拓者及十九世纪德兰士瓦布尔人的先驱。

后起之秀英国逐渐取代了荷兰人的海上地位。到十八世纪末期，拥有光明前景的已不再是荷兰，而是英国或法国。拿破仑的战争摧毁了荷兰的贸易，将荷兰船只赶出海洋，还推翻了荷兰的政权。1782 年，荷兰东印度公司支付了最后一次股息，十二年后，该公司债务达到了一千万英镑，最终宣布破产。此事造成了严重后果，现在，荷兰已经无力保护它的属地和财产了。在法国击败荷兰，建立起巴塔威亚共和国傀儡政权之时，英国就将开普殖民地视为敌国领地予以占领。在1814年的和平协议中，荷兰人最终答应放弃这块南非领地，以此换得了六百万英镑的补偿金。

起初，英国人并未遭到殖民地民众的敌视。荷兰公司的统治一直不得人心，而英国人也没有强制推行英国化的政策。英国人在东部边境一带采取了强力措施，这里的定居者与大部南迁的班图族移民发生了接触，双方冲突不断。其实在整个南非地区，殖民者与土著的矛盾重重，西边有赫雷罗人、达马拉人，而东部海岸居住着尼古恩人。在鱼河沿岸地区，经常发生抢掠牲畜财物的事件。荷兰人和当地土著之间的冲突于1779年爆发。这就是所谓的“卡菲尔人战争”，一直持续了一百年之久。荷兰人定居者的农场在一望无垠的南非大陆星罗棋布，很难保卫自身安全，因此他们呼吁开普敦提供帮助。荷兰当局距离遥远，无力满足这些移民的要求，现在，他们只能依靠英国人的帮助了。

英国人认为，保障鱼河沿线安全的唯一途径是让英国殖民者来此拓居戍边。于是，1820年至1821年期间，近五千人从英国移民至此。新移民的到来使英国的殖民政策发生变化。英国政府坚信，南非注定要永远成为大英帝国的一个部分。因此，政府开始努力推进南非英国化，英语开始取代荷兰语成为官方语言，市面上流通的荷兰货币被英国货币所取代，英国人逐步接管了荷兰的教堂和学校。而在1828年，当地的司法系统也依照英国模式进行了改革。这些措施导致了一系列分歧—在此之前，英国加拿大殖民地也曾经历并克服了这些分歧。尽管英荷两民族具有相同的宗教，类似的语言，相近的血缘，相似的政治制度和社会传统，但英国人和荷兰布尔人仍然陷入了种族冲突之中。除了爱尔兰之外，英国各属地中以最激烈手段反抗宗主国统治的无疑当属布尔人了。

这种英国化的政策不仅考虑不周，也没有真正达到预想的目的。英国人发现，没有哪个种族能像荷兰人那样顽强地坚守着自己的文化和制度，这与十六世纪西班牙人得出的结论不谋而合。十九世纪二三十年代的新政策造成的唯一结果，就是加深了南非社会业已出现的鸿沟，特别是在土著民问题上分歧十分严重。此际，英国正涌动着慈行善举的热潮，许多英国传教士自本世纪初期开始就一直活跃在南非的土地上。传教士坚信并宣扬黑人和白人平等，而殖民者却将黑人土著认用作农场工人，想尽可能严格控制他们。在传教士的努力之下，1833 年时奴隶制终被废除，但殖民者却对此愤怒不已，他们认为这不仅意味着劳动力短缺，也会削弱他们的权力和威望，与此同时，大批班图人可能将沦为乞丐和流浪者。起初，英国殖民者与荷兰人意见相同。但受传教士的影响，特别是约翰·菲利普博士与伦敦传教协会来此宣道之后，英国政府和殖民部的想法出现了转变。这样一来，荷兰人只能独自对英国当局怒目切齿了。

第一次危机发生在 1834 年。鱼河地区的殖民拓居并未给南非移民带来安全。成群结队的班图人涌入殖民地，摧毁了定居点和农场。总督本杰明·德班爵士将暴徒赶出了边界，为防止他们卷土重来，他下令兼并凯斯卡马河和凯河之间的地区，驱逐野蛮的土著民，将土地分给殖民者作为补偿。这样，以阿德莱德女王的名字命名的一个新的省份便在此建立起来。传教士对此十分不满，他们说服殖民部长格莱内尔格勋爵，不仅否定了本杰明·德班的行动，还放弃了新获得的省份。殖民者失去了所有赔偿，同时又听说格莱内尔格认为卡菲尔人的袭击是正当的行动，因此深感受到了伤害和侮辱。这一事件引发了大规模的迁徙。

约五千名布尔人三五成群，拖家带口，赶着牲口，一步步前往未知的领域。就像当年的以色列人寻求上帝赐予的应许之地一样。不久，许多人也紧随其后，举家迁徙。有些人跋涉千余英里，到达了林波波河岸，还有许多人遭到马塔贝列人、祖鲁人袭击。所有迁移者都饱受饥渴折磨，然而，在加尔文派宗教精神的鼓舞下，他们不屈不挠，继续前进。大迁徙运动是十九世纪荷兰布尔人的非凡壮举之一，目的是永远摆脱英国统治。一位布尔人领袖皮特·雷迪夫写道："我们放弃了这片殖民地，我们深深地相信，英国政府再无可能向我们提出更多要求，我们将在不受干扰的情况下实行自治，把握自己的未来。"

在很长一段时间里，他们似乎穷途末路，前景渺茫。此时正值"姆菲卡尼”祖鲁内战时期。祖鲁军事帝国在沙卡王及继任者丁安的领导下摧毁了其他当地部落，屠杀了成千上万的土著民。布尔人因此获得了充分的迁移空间，但同时也无疑面临着巨大危险。在许多荒僻之地，他们用牛车围成的临时营地都遭遇了祖鲁战士的猛烈袭击。直到 1838 年 12 月，他们在布拉德河畔的一场伟大的战役中粉碎了丁安军队的进攻，才最终得以控制局面。胜利之后，布尔人在彼得马里茨堡小镇周围建起了纳塔尔共和国，安德利斯·普里托里厄斯出任共和国第一位总统。

他们的自由十分短暂，英国拒绝承认纳塔尔共和国。经过 1845 年的一次短期斗争，英国人将其作为一个省份并入了开普殖民地。在纳塔尔西部的高原上，原本就驻有一些布尔人的先驱，现在，纳塔尔的许多难民又逃亡此地，加强了他们的力量。然而，即便这个偏远之地，也同样招致了英国人的干涉。1848 年，曾在威灵顿麾下冲锋陷阵，勇敢顽强且精力充沛的哈里·史密斯爵士率兵来此，吞并了奥兰治河及瓦尔河之间的土地。同时，史密斯又在朋普拉次地区击败了普里托里厄斯，如此一来，布尔人的定居点已寥寥无几，只落落分布于瓦尔河彼岸的零星地区。

不久之后，奥兰治河对岸的部落，特别是巴苏陀人部落又带来了麻烦。在处理纳塔尔问题时，英国划定了土著保留地，重建了传统的部落体制，并将其置于英国政府的间接监管之下。但是，由于不愿承担额外责任，英国政府于 1852 年承认德兰士瓦定居者的独立地位。两年后，按照《布隆方丹协定》，英国推出奥兰治河以外地区，奥兰治自由邦成立。政治的分化更为显著：阿德莱德女王省和纳塔尔省都被划为单独的殖民地，由殖民办公室直接管理。到 1857 年，现代南非联邦是境内总共有五个独立的共和国和三块殖民地。由于羊毛生产获得了突飞猛进地增长，最早的开普敦殖民地出现了繁荣景象。1853 年，英国枢密院在未获政府授权的情况下颁布命令，在殖民地建立代议制机构，在开普敦设立议会。在此之后，南非又进入了一个短暂的动荡时期。此事暂且搁置不谈。

第七章　英语民族的迁徙（二）

（二）澳大利亚与新西兰

澳大利亚很早之前就存在于人们的想象世界。早在希罗多德时代，就流传着有关神奇土地的传说。据说，这块土地位于遥远的地平线上，居住着怪异的巨兽，像《圣经》中所罗门的俄菲和他施那样财富盈野。在十六世纪的探索时代，人们对这样的故事兴趣盎然。绕过好望角，远航东方的人们故弄玄虚地谈论马可波罗笔下的马莱厄和洛卡奇地区，还有所罗门王治下的众多岛屿。我们很难想象，公元前十世纪，以色列王的船只是怎样抵达南太平洋地区的。但在文艺复兴时期，地理学家和航海家的设想主要是源于《圣经》的启发。《印度群岛宣言》的作者生活在亨利八世时代，此人曾经预言，如果航海士抵达新大陆之后继续西行进入太平洋，“就可能会发现一系列的新大陆和新王国……世界最富有的土地和岛屿，遍布着黄金、宝石、香草、香料以及在我们看来价值非凡的各类物品。”1526 年，西班牙人派遣塞巴斯蒂安·卡伯特绕过麦哲伦海峡，寻找俄斐和他施这两块传说之地。卡伯特根本没有到达太平洋，但传说依然十分流行。十六世纪迪耶普制图者绘制有一幅巨大的南部大洲地图，所谓的“大爪哇岛”（Java la Grande）被标注在了太平洋之中。1568 年，阿尔瓦罗·德门达纳及佩德罗·萨米恩塔·甘德博亚声称发现了所罗门群岛。从他们对岛屿的命名可以看出，人们对所罗门王的存在深信不疑。然而，在十六世纪结束之前，欧洲人尚未涉足澳大利亚的土地。最终发现它的，是精明实际、缺乏浪漫的荷兰商人。

最初，荷兰人航行至爪哇及苏门答腊一带，与澳大利亚的北部海岸十分接近。尽管塔斯曼于1642年进行了一次伟大的探险，但却对这片大陆敬而远之。荷兰人无意殖民于此，在他们看来，这是一个邪恶的海岸，他们穿越印度洋的船只往往在此受到逆风的阻拦。人们对澳大利亚一直知之甚少，直到十八世纪中叶，詹姆斯·库克船长才对此地进行了较为细致的探索，他于1768年至1779年间三次航行到此，环航新西兰，驶入澳大利亚大堡礁，观测了雄伟的南极冰原，发现了汤加群岛、新赫布里底群岛、新喀里多尼亚和夏威夷，同时还绘制了澳大利亚东部海岸线地图。库克是英国皇家海军的测量员，曾受过系统的培训且经验丰富。他的报告正式、准确、详细，并及时地报送了伦敦。此前，英国一直将罪犯流放至美洲，但美国独立战争之后，这些犯人便无处可去。许多人在伦敦的囚船和监狱中饱受疾病折磨，最终奄奄一息。那么，为什么不将这些犯人送至澳大利亚呢？自北美独立之后，小皮特政府便缩减了殖民探险活动，但此际，掌权者皆认为此事可行且事不宜迟。1788年1月，七百一十七名囚犯在植物湾登陆，其中还包括一百九十七名女性。植物湾是约瑟夫·班克斯爵士命名的。他是一个杰出的科学爱好者，陪同库克航行到此。不管怎样，现在此地已没有太多植物了。这些罪犯很快就搬迁到几英里外的杰克逊港，该港位于宏伟宽阔的悉尼港内。饥荒困扰着这些囚徒，在很长一段时间里，澳大利亚殖民地根本无法自给自足。他们之中有造假者、窃贼、偷猎者、爱尔兰叛军、歹徒及政治流亡者等，既无资本和劳动技能，也不愿辛苦工作，自食其力。一位澳大利亚总督将此地称为“新南威尔士罪犯行营”，他写道，“这使我想到了在西班牙的修道院，它们坐拥大量人口，一味地消费而无所产出。”库克船长认为该地海岸线与英国南威尔士海岸十分相似，故将其命名为“新南威尔士”。但除此之外，以勤勉能干著称的威尔士人与澳大利亚囚徒没有任何共同之处。

当然，起先也有一些自由民众到此定居。但直到十九世纪二十年代以后，移民大潮才汹涌而来。早期移民到达的时候，该大陆的名字甚至还没有确定下来，官方及其他文件中多将此地称为“新荷兰”。拿破仑战争之后，英国经济陷入萧条，新南威尔士腹地的肥沃牧场将众多移民吸引至此。英国移民渐渐流入这片空旷的次大陆，逐渐改变了其原有的社会形态和生活模式。1828 年时，此地约有一万五千名囚徒及二万一千名自由民，到了 1841 年，囚徒人数为两万七千名，而自由民数目则超过了十万。自由民很快要求建立自治政府，结果如愿以偿。1840 年，将罪犯流放至新南威尔士的规定终被废除。两年后，该地成立立法会，其成员大多由民众选举产生。

羊毛产业为这块土地带来了繁荣。不久之后，澳大利亚的出口羊毛就将西班牙和德意志的产品挤出了世界市场。1797 年，一位名叫约翰·麦克阿瑟的退休军官从好望角带来了一些美利奴羊，在次大陆进行繁殖实验，从而改变了整个地区的经济形态。人们发现了位于蓝山背后的巴瑟斯特平原，这为羊毛产业发展提供了新的契机。从巴瑟斯特到悉尼南部的广大地区，以及北方的达令草原之上，牧场连绵不绝，羊群涌动如云。这里芳草如茵，人迹罕至，只有少量牧人赶着成千上万的只绵羊悠然地向草原深处行进。羊群迅速繁殖起来，1850 年澳大利亚已拥有超过百万只羊，是人口总数的十六倍多。同年，它的羊毛贸易额近乎达到了二百万英镑。

但是英国政府对牧羊业并不十分重视。伦敦方面不但声称英国治下的所有土地皆属王室财产，深受吉本·韦克菲尔德思想影响的殖民部还倾向于对殖民地实行集中管理。韦克菲尔德就认为，任何地区的殖民活动都应纳入政府的控制和规划之下，如果允许民众自由流入内地，不仅会妨碍政府管理，也会降低已设殖民点的价值。他的理论确有许多合理之处，但在澳大利亚却并不适用。当局出台了一系列的土地法案，通过收缴税款来阻止人们获得土地，但不久之后，法案被迫废除。牧场主需要数千英亩的土地放牧羊群，但却不愿或无力缴纳一镑甚至五先令的放牧税。他们涌入寥无人烟的内地，去获取梦寐以求的草场，同时还理直气壮地声称这些土地属于殖民地人民，他们当然有权占有和使用。殖民部迫于压力，只好妥协。牧场主继续留在草场上，他们很快成长为社会中的一个最重要阶层。做出让步的英国当局转而实行证照制度，通过颁发许可证的方式赋予法律地位。1847 年，当局开始推行草场租赁制，在租赁期满后，牧场主拥有原价购买土地的优先权。

早在 1850 年前，一批居住于澳大利亚其他地区的殖民者就由杰克逊港出发前往塔斯马尼亚岛，当时该岛被称为“范迪门斯之地”。1804年，殖民者开拓了霍巴特，两年后，朗塞斯顿也建立起来。像在新南威尔士一样，塔斯马尼亚的殖民者起初遇到了许多困难。麦格理(Macquarie)港和阿瑟港的罪犯定居点臭名昭著，它们依靠劳工黑帮和暴力威慑维持秩序。许多罪犯逃入密林，在夜幕时分打家劫舍，或趁无人之时袭掠农场。澳大利亚的其他地区少有土著，他们分散居住在广阔的领域，过着十分原始的生活，几乎无力反抗白人入侵者。但是塔斯马尼亚的土著人人数众多且相对先进。然而，他们也不可避免地遭到失败。结局是悲剧性的，1830年，以三千万英镑组建起来的殖民军队试图将土著限制在划定的保留地之内，但没有成功。当二十世纪曙光初露之时，塔斯马尼亚部落民就被赶尽杀绝了。

塔斯马尼亚的发展道路与新南威尔士十分相似。1825年时，它已成为一个独立的殖民地。羊毛和捕鲸促进了地区的繁荣，人口也开始稳定、快速地增长。1820年塔斯马尼亚只有六千五百名移民，其中主要是囚犯。二十年后，该地人口达到了六万八千人，自由民反而占了绝大多数。1850年，民选的立法委员会在当地成立，三年后，随着流放制度的废除，塔斯马尼亚获得了与新南威尔士平等的地位，同时，也拥有了分享责任政府财政补贴的权利。

从1835年，塔斯马尼亚的居民在菲利普港建立了一个殖民点。起初，这一地区隶属新南威尔士州管辖，但新移民很快提出独立要求。1848年，他们选出殖民大臣格雷伯爵作为“墨尔本议员”，同时撤回所有参选立法会的其他候选人。此位格雷就是当初推进改革法案的格雷伯爵之子。此举大获成功，几个月后，殖民部同意菲利普港独立。因此，1851年新的维多利亚殖民地建立起来，它拥有完整的议会机构，首府设在墨尔本。年轻的女王将这个英语民族的新支脉冠以自己的名字，而首府之名则来源于辉格党领袖墨尔本。墨尔本曾是女王最为赏识的顾问，现在，这样的贤臣已难以找寻了。

昆士兰是从新南威尔士分离的第三块殖民地。它以布里斯班城为中心逐渐成长壮大。但它的发展速度较为缓慢，直到1859年才成为一个独立的殖民地。那时，澳大利亚海岸的其他两个殖民点早已羽翼丰满且相继独立。1834年，一个被称为“南澳大利亚殖民委员会”的组织在伦敦成立，两年后，第一批殖民者在阿德莱德附近登陆。这个城市是以威廉四世的王后名字命名的。南澳大利亚没有一个苦役犯，这里的移民都是接受了吉本·韦克菲尔德思想，将其复杂的理论付诸了实践。总体而言，他们获得了成功。政府和殖民委员会的责任划分不明，它们的双重控制体系为殖民者带来了许多麻烦，但所幸的是，这个殖民委员在1842年遭到废除。不到七年时间，此地已拥有了五万两千名居民。由于发现了铜矿，该殖民地一夜暴富。不久之后，它便与那些东部的殖民地一道，获得了建立代表机构的权利。

西澳大利亚殖民地的历史与众不同。它始建于1829年，不久险些夭折。此处土地贫瘠，不像东部那般自然条件优良，鲜有人迹的茫茫大漠将它与东方诸州分离开来，连劳动力也十分缺乏。虽然其他殖民地将流放犯人的做法视为进步的障碍，但在西澳大利亚似乎是唯一可行的解决方案。英国狱中囚犯枕藉，对往珀斯输送囚犯的请求，伦敦方面慨然允诺。1849年，一个罪犯殖民点建立起来，并获得了大量资金援助。在这种情况下，西澳大利亚殖民地得以复苏，在未来十年内人口翻了两番。但是，在罪犯殖民地废除之后，西澳大利亚直到1870年才拥有了自己的代表机构，1890年才完全获得了自治。

1848年，加利福尼亚州发现了黄金。在跨越大洋前往加州一试运气的探矿者中，有一位名叫爱德华·哈格雷夫斯的人。经过数月的挖掘，哈格雷夫斯已有所斩获，他同时注意到，加州的含金矿石与新南威尔士附近巴瑟斯特的岩石十分相似。1851年，他回到澳大利亚，将他的猜想付诸实验。从挖出的第一盘泥土中，哈格雷夫斯确证了金矿的存在。消息传出，民心振奋。在几周之内，澳大利亚的淘金热便轰轰烈烈地开始了。

淘金热席卷殖民地东部地区，似乎整个澳大利亚都在向东涌动。大批兴奋、狂热的人群向巴瑟斯特、巴拉腊特或本迪戈进发，他们肩上扛着锄头和铁锹，腰上挂着铁锅和圆盆，一窝蜂似的涌入那些一夜之间如春笋般崛起的各个淘金城。城中的赌场、酒吧和妓院立刻变得拥挤不堪。维多利亚时代的采金区瞬时挤进了十万人口。其实，这些人并非都是“掘金派”，旅店老板、商店店主、妓女和其他服务业人员也混杂其中，而且所获颇丰。一个穷困潦倒的棒棒糖小贩在通往巴拉腊特的道路上开了一间酒吧，年获利达六千英镑。而当矿工们返回墨尔本或悉尼时，他们便开始穷奢极欲，将钱财耗费在纸醉金迷的炫富生活当中。据说，人们为马匹钉上纯金的马掌，用纸币点燃烟斗，甚至在参加别人婚礼时身穿亮丽的粉红天鹅绒袍。当发财变得易如反掌时，正当的职业也就瞬间失去了意义。牧场没有了牧羊人，商行找不到职员，船上水手也奔逃一空。1852 时，整个墨尔本地区只剩下两名警察，原来的五十多名警员都跑去了采金区。工资翻了一番，两番，物价扶摇直上，地价瞬息万变。其他殖民地，包括新西兰在内的其他殖民地也有许多人前往淘金，一年之内，就有九万五千名移民涌进了维多利亚殖民地。塔斯马尼亚共有大约五万居民，五个月内就有四千人开赴维多利亚，其中还有许多的妇女和儿童。

对墨尔本地方政府来说，维持和平，处理争端，提供交通、住房，供应足够的食物避免饿荒，都是眼下较为棘手的新难题，更何况，政府的大多数雇员也抛弃工作加入了淘金者的行列。曾有一段时间，维多利亚政府手里只剩下了不到四十四名士兵，以至于 1853 年时不得不从伦敦调来了五十名警察以维护秩序。掘金派对淘金城内的混乱无序似乎并不在意，但对政府却满怀仇视之情。王室声称对采金区拥有所有权，让淘金者像牧场主那样支付执照费用。政府的做法引发了强烈不满，执照费很难征收起来。多次威胁无效之后，淘金者采取了暴力手段。

1854 年 10 月 6 日，一名淘金者在巴拉腊特的尤里卡酒店附近斗殴身亡。酒店老板宾利、他的妻子和一个名叫法雷尔的人受到指控，尽管犯罪证据确凿，但仍被无罪释放。十天后，淘金者烧毁了酒店。不久，四个领头者遭到逮捕。淘金派群情激奋，他们组成了巴拉腊特改革联盟，并提出了政治要求。其中包括废除执照费，以及英国宪章派曾经提出过的四项主张。11 月 3 日，当局搜捕无照淘金者，引起了一片骚乱。淘金者在彼得·莱勒的领导下进行操练并构筑了防护栅栏。当地的军事指挥官托马斯队长周密策划，迅速行动，在事态扩大之前发动了突击。他率领以士兵为主的三百名部下，持刺刀冲进栅栏，杀死了三十名叛党，俘虏一百二十多人。

即将爆发的严重叛乱就这样被当局扼杀。执照费不久便被废除，黄金出口税取而代之。淘金者被赋予特许权，局势又恢复了和平。在此后的几年内，独立的淘金者被拥有地下开采能力的矿业公司所取代。当时的其他殖民地中，只有新南威尔士州同样发现了黄金。在 1851 年和 1861 年间，该州开采的黄金总价达到一亿两千四百万英镑。此外，澳大利亚的人口数量迅速增加，这时已经超过了一百万。这无疑是更为宝贵的财富。

起初，在黄金热潮的打击之下，羊毛和农业显得十分萧条。失去羊群的牧场主怨天尤人，对金矿诅咒不止。但是澳大利亚也最终由此受益。由于修筑了更加便捷的公路和铁路，羊毛产业也开始繁荣起来。人口的增长扩大了食物需求，一百万多英亩土地很快得到垦殖。以前澳大利亚经济曾过度依赖羊毛产业，现在终于实现了平衡。

对政治的影响是深远的。随着人口、贸易和税收的增加，对 1850 年宪法的改革势在必行。经过长时间的讨论，当地政府向英国殖民部提出了一揽子方案，并最终得到批准。在 1855 年至 1859 年期间，除西澳大利亚之外，次大陆的所有殖民地都设立了两院议会，议员由普选产生，部长对下议院负责。

一系列重大的变化逐渐展开。正如人们所知，现代澳大利亚诞生于 1901 年，是当时各个殖民地组成的一个联邦，首都设在堪培拉。澳大利亚联邦建立较晚，这是由于发展各异、形形色色的殖民地对自治传统颇为珍视。同时，北方的亚洲尚未构成威胁，因此与携手合作相比，它们更愿意自得其乐。可是这种日子很快过去，统一变得必要起来。甚至今日，大多数澳大利亚人依然住在十九世纪的殖民点中。虽然国家中心的面积有一百多万平方英里，对淘金者和牧场主极具吸引力，但到目前为止，依然很少有人定居于此。这是个荒凉的所在，遍布着寂静的灌木和无边的沙丘，只有横贯大陆的快车、嗡嗡作响的飞机或呼啸而过的导弹才能打破此处沉闷的气息。

澳大利亚以东一千二百英里处是新西兰岛。早在欧洲人踏足此地之前，岛上就居住一个好战的波利尼西亚种族—毛利人。他们的祖先从东北方横渡太平洋来此定居，创造了辉煌灿烂的文明，他们拥有引人瞩目的艺术，建立了强大的军事体系。十八世纪末，库克船长乘船到此，他认为毛利民族拥有十万之众。这个数字也许估计过高，但这些土著无疑是欧洲殖民者遇到的第一个可怕障碍。他们在新西兰岛定居已久，拥有自己的文明、独立的精神和战争技巧。库克发现该岛后不久，一小股英国殖民者便在岛屿北部的群岛湾建立了落脚点。这些人大多是捕鲸者、猎人和落魄水手，还有来自澳大利亚的几名逃犯。他们的生活孤独寂寞、动荡不安甚至有些声名狼藉。毛利人酋长接受了他们提供的枪支武器，允许他们在此谋生。首批殖民者并未对毛利人的生活构成严重威胁。直到基督教传教士到来后，反抗英国殖民统治的运动才有所加强。1814 年牧师塞缪尔·马斯登在海湾群岛设立了一个传教点，一些教士也加入其中。基督教很快便在毛利人中散播开来，皈依者众多。传教士努力击败了商人势力，并从毛利人的利益出发，反对英国政府所有的新西兰殖民计划。他们一度获得了成功，直到澳大利亚殖民地建立半个世纪之后，英国才第一次正式在此设立殖民地。虽然如此，伦敦方面早就计划在新西兰岛推进殖民进程。吉本·韦克菲尔德及其追随者极力鼓动此事，在此之前，此人的殖民观念就已深刻影响了加拿大和澳大利亚的未来。韦克菲尔德和他的朋友成立了一个新西兰协会，达勒姆勋爵就是其中一名成员。然而英国政府对协会持敌视态度。传教士们谴责殖民行动将为当地人带来灭顶之灾，殖民部也拒绝批准这项计划。

然而韦克菲尔德非要一意孤行。1838 年，他的协会组建了一个殖民新西兰的私人股份公司，一年后又派出一支以他的弟弟为首的殖民考察队。超过一千名移民跟随他们前往新西兰。他们在北岛建立了威灵顿殖民地。与此同时，英国收到消息：法国正在考虑吞并新西兰，此事逼迫英国政府迅速采取行动。伦敦并非是批准了韦克菲尔德的考察，而是派出了一艘由霍布森船长指挥的军舰，试图迫使毛利人承认英国主权。1840 年 2 月，霍布森终于与毛利酋长缔结《怀坦吉条约》。根据条约，毛利人将一切主权和权利让与英国，以此换取“完全及单独享有该岛的土地和财产。”

直到那时，韦克菲尔德公司才得到官方的认可。如此一来，新西兰就拥有了两股统治力量。一是英国总督，其官邸设在北岛北部的奥克兰，此地曾被霍布森选为首都。二是位于威灵顿的殖民公司。它们各自利益不同，政策主张相左。公司希望获得土地，多多益善且越快越好。但殖民部却依据《怀坦吉条约》，主张这些土地属于毛利人。整个四十年代就在二者无休无止的吵骂声中度过。殖民公司对条约予以强烈谴责，1843 年，公司主管约瑟夫·索姆斯写信给殖民大臣说："我们对《怀坦吉条约》一直表示严重怀疑，他是由一位没有全权的外交官，在未经王室批准的情况下，擅自与赤身裸体的野蛮人签订的。那么，除被律师当作耍弄和抚慰野蛮人的临时工具之外，它还能有何效用呢？"但是，"赤身裸体的野蛮人"是不容欺骗的。《怀坦吉条约》明确将英国人和毛利人的权利划分开来，毛利人交出了主权虚名，却将财产权牢牢掌控在手中。在毛利人看来，土地是他们的命脉，正如一句毛利谚语所说："唯女人与土地不可弃。"年长的毛利酋长深知，如果失去了土地，他的部落将会趋于灭亡。毛利法律中的一些巧妙规定让殖民者们暴怒不已，懵懂的他们用现金购置了土地，却发现无法获得占有权，因为毛利部落对土地拥有不可剥夺的权利，且不因私人交易而受到影响。尽管如此，到 1859 年时，殖民者仍在北岛占据了七百万英亩的土地，在毛利人较少的南部则占据了三千二百多万英亩。

土地矛盾最终引发了战争。从 1843 年到 1869 年，双方发生一系列断断续续的局部冲突，战场也不断转移。到六十年代中期，投入战争的军队已达两万。豪豪主义信徒的狂热之情及游击队天才领袖·库蒂的战斗技巧使殖民者们精疲力竭，疲于应付。毛利人英勇不屈的精神赢得了英军指挥官们的敬佩，军队对殖民者的反感与日俱增。但到 1869 年，毛利人的反抗已是强弩之末，起义终被镇压下去。此后，本地事务部长唐纳德·麦克莱恩爵士在此推行了开明的政策，收到了显著效果。殖民者获得了安全保障，而毛利人也意识到英国的统治已成定局。六十年代中期英国颁布了一系列土著土地法案，保护他们免遭种族灭绝之灾。1867 年，他们在新西兰议会拥有了本族的代表。1871 年时，毛利土著的数量曾降至三万七千人，而 1951 年的人口普查数据显示，其人口已近十万之众。

尽管这些年来纷争不断，但殖民地却仍在持续扩展。韦克菲尔德急于压制传教士的反对声浪，巧妙地说服苏格兰自由教会和英格兰国教与公司合作，共同新建两处殖民点。新殖民点位于南岛的奥塔哥半岛和坎特伯雷，韦克菲尔德的殖民理论在此得到了极好的应用。1860 年至 1906 年的毛利战争并未将居民众多的南岛卷入其中，因而它一直保持着相对繁荣和稳定的局面。到 1868 年，那里的英国移民约有二十五万，十二年后几乎翻了一番。

和平带来了繁荣。在南岛著名的坎特伯雷平原，牧场众多，羊群无数。同时，人们还繁育出了新品种的考力代羊。60 年代时奥塔哥和坎特伯雷发现了金矿，为当地带来了暂时的繁荣。澳大利亚黄金的发现及悉尼、墨尔本的物价飞涨为农业发展创造了良好条件。尽管 80 年代新西兰出现了短暂的萧条局面，但自此以后经济发展一直欣欣向荣。冰箱发明后，新西兰能够与一万三千英里以外的欧陆及英国生产者同台竞争。特别是乳品业的合作运动形成了一个相当规模的产业，使资金有限的小农场主受益良多。新西兰经济迅速崛起，其人均外贸额很快跃居世界首位。

新西兰的政治发展同样令人瞩目。在《达勒姆报告》出台及加拿大开展自治实践之际，新西兰独立也提上了日程。1852 年的《宪法法案》赋予其广泛的自治权。与那些老牌殖民地不同的是，新西兰政治的焦点问题并非是要求成立责任政府，而是集中于中央与地方政府的关系方面。岛上的交通十分不便，甚至十九世纪末，为数众多的、小而分散的殖民点仍然遍布整个岛屿，其所处环境及利益主张各不相同。宪法法案承认了这个事实，并以此为基础建立了一批省级议会。它们在很大程度上独立于国家议会。

二十年来，省级议会和中央政府间的冲突一直是新西兰政治挥之不去的阴影。一些省份十分富裕，但其他则并非如此。奥塔哥和坎特伯雷因金矿的发现开采而繁荣一时，而受毛利战争殃及的北岛诸省则穷困潦倒。奥塔哥和坎特伯雷甚至一度动过脱离中央政府的念头。1875 年，新西兰进行政治改革，修订了宪法，取消了省级区划。地方治权移交至县议会手中，中央政府的权力大大加强。从某种程度上说，早在三十年前，新西兰政府就极好地解决了澳大利亚联邦挥之不去的政治难题。事实上，它的政治生命力并不亚于经济活力。其旧有的传统和偏见不像老牌殖民地那样根深蒂固。1906 年由自由党政府引入英国的，被人们视为“极端”的改革措施早已被新西兰政府接受并采纳。工业仲裁、养老金、工业立法、国家保险、医疗服务和住房法案都在1890年至1914年间成功推广。国家秉承英国政治传统，对合作生产予以扶持，即便在偏远和陌生的太平洋群岛，英国的政治精神也被发扬光大。

第十一部

伟大的共和国

第八章　美国史诗

1815年是美国历史的一个里程碑。在此之前，美国发展深受欧洲大陆影响，但在1812年战争结束后，美国重新审视了自己的道路，开始背向大西洋，将目光投向西部地区。紧随《根特和约》而来的，是向西推进的滚滚浪潮。在政治方面，联邦党人和共和党人的激斗被一名记者笔下的“善意的时代”所取代。但是，在未来十年里，平静的表面之下，各个利益集团的纷争如火如荼，它们很快演变为长期的、有组织的各类政党。拿破仑之战后，财政一直是摆在政府面前的首要的问题。共和党政府承受着巨大的战争压力，迫不得已接受了亚历山大·汉密尔顿关于贸易保护和信贷制度的主张。1816年的关税则正式建立了贸易保护制度，制造业开始代替航运业成为新英格兰的主导产业，为十九世纪的繁荣奠定了基础。杰弗逊对联邦银行制度的长期怀疑此刻烟消云散，1816年，政府为新成立的联邦银行颁布新版经营执照，旧的许可状退出了历史舞台。

美国与欧洲的纽带逐渐破裂了。经过多次谈判，美英之间悬而未决的争议得到解决。加拿大的边界固定下来，两国同意在冲突焦点的五大湖地区裁减军备。1819年，由新奥尔良英雄安德鲁·杰克逊领导的美西塞米诺尔战争结束。美国以五百万美元的代价从西班牙手中购得了佛罗里达。西班牙从此永远退出了北美大陆。

在其后的几年中，动荡的欧洲政局会再次对美国构成了威胁，但这已是最后一次了。旧世界的君主国家戮力齐心，一致捍卫君主政体，他们联合起来，对任何企图反对他们的国家予以干涉。神圣同盟的政策已经招致了英国的反感，因此在1821年时，英国拒绝出手干预意大利内政。不久，西班牙爆发了新的危机，法国波旁王朝急于提高在欧洲的政治地位，于是派出一支军队越过比利牛斯山帮助西班牙恢复君主政体。俄罗斯更是野心膨胀，沙皇以实现全球战略目标为出发点，在圣谕中重申对北美西海岸的主权要求。在这种形势下，华盛顿人心惶惶，有流言说欧洲反动势力在复辟西班牙的王权后，可能会拿新大陆开刀，派兵恢复波旁王室对美洲的主权。西班牙曾在南美地区拥有一些殖民地，如今，它们已经摆脱了宗主国的枷锁。

英国坎宁政府曾向美国伸出橄榄枝，希望与美方携手合作，阻止波旁王朝的复辟之火向新大陆蔓延。同时宣布承认南美的拉丁共和国的主权。然而，美国门罗总统却独自采取了行动，他向国会提交国情咨文，提出了后来被称作“门罗主义”的几项主张。正如人们所言，著名的门罗宣言是对任何试图插手新世界的欧洲列强发出的严肃警告，也是美国无意介入欧洲政治的严正声明。在这个告别信息发出之后，美国开始全身心地投入本国事务。创制宪法的老辈人已逐渐退出了政坛，新一代的政治家们正在成长。杰弗逊和麦迪逊光荣退休后回到弗吉尼亚家园，但对美国政界的影响犹存。

美国开始向西部进军。三十年之内，密西西比河流域新建了九个州，还有两个位于新英格兰。早在1769年，丹尼尔·布恩等拓殖者就推进到了肯塔基州一带，并与当地印第安人发生了冲突。但大规模的西进是从独立战争时期开始的。十八世纪的迁移方向主要有二：一是越过西边的俄亥俄河，在肯塔基州和田纳西州定居；二是在毛皮商人的根据地，伊利湖对岸的西北森林地区建立落脚点。对新英格兰和东部沿海的开拓主要是在大公司的主导下进行，它们得到英国王室或特权贵族的大力支持。但是，在广袤的西部土地上，任何人都能用斧头和步枪为自己开辟出一个新的家园。到1790年，田纳西州已拥有了三万五千移民，而肯塔基州的移民数量是前者的两倍数量。1800年，已有一百万美国人在阿利根尼山脉以西地区建立了定居点。在新开辟的土地上，一个强健有力、自力更生的群体占据了一席之地。美国的现代民主制度正是发源于密西西比河谷。美国独立之后，第一届国会高瞻远瞩地制定了一个恒久不变的原则：新领地的人口一旦达到特定指标，就能获得州的地位，与美国其他各州享有同等权利。1828 年至 1901 年的美国十八任总统中，就有十一位出生或成长于密西西比流域，这是美国西部人卓越素质和能力的极好证明。丹尼尔·韦伯斯特大可在清教徒登陆美洲的纪念日上慷慨激昂地朗读这段著名的文字："从俄亥俄河到伊利湖，从阿勒格尼斯（原文）越过迈阿密直至圣安东尼奥瀑布，在新英格兰的广袤大地上，到处点缀着农场、房屋、村庄和教堂。罗克河一带就是清教徒先辈的登陆之处，如今，他们的子孙正在二千英里外的西部辛勤耕作着农田，努力建设着城镇。我们胸怀美好的信念，这些清教徒的后代将在优越的制度、自由和宗教之下繁衍生息……不久之后，他们就会抵达太平洋的海岸。"

美国的人口激增，领土也在不断扩大。1790 年至 1820 年间，美国人口由四百万上升至九百五十万，此后几乎每二十年就要增加一倍。这样的增殖速度甚为罕见，几乎与现代英格兰的人口增长率齐平。密西西比河以东地区的印第安部落已被驱离，为大规模的殖民拓殖提供了方便。印第安人曾在 1812 年战争中协助英国对美作战，现在，联邦政府开始将他们驱逐出去。新占的土地被划为小块，以极低的价格出售给来此定居的殖民者。"殖民者"一词现在颇具贬义色彩，但我们不妨以此称呼他们。这些西部殖民者其实是拓荒的先锋，他们筚路蓝缕，历尽艰辛。农民们从乱石嶙峋的新英格兰赶来，耕种着五大湖南部空旷肥沃的土地，而南方的阿拉巴马河与密西西比河流域的黑色沃土也为近代大规模的棉花种植业提供了充分的滋养。

无休止的西进浪潮改变了国家的重心，为民众的利益和情绪带来很大压力。美国东部各州发现，自己的政治权利遭到了西部拓荒者的挑战，工厂主也对劳动力的短缺忧心忡忡，而北部与南部也同样面临着这些问题。但事实上，欧洲的新移民很快就填补了这些空缺。边境线不断向西延展，移民社区春笋般涌现，新殖民地很快便获得了州的地位，并将它们的困难和需要摆在兴奋不已但又略显尴尬的联邦政府面前。东部地区担心支持民主的西部会在政治上获得优势，而西部各州也对东部富人把持金融和经济领域愤恨不已。双方的分歧越来越大，只是由于联邦政府在各州核心权力问题上采取了弹性政策，才避免了与强硬的地方政权发生冲突。

1815 年和 1830 年间的美国政局混乱不堪，它缺乏强力的政党领导，难以平息地区冲突或化解东西部的矛盾纷争。到 1830 年，局势开始变得明朗，未来的各大党派开始鼎足而峙。随着联邦立法的发展，关税、银行、土地政策的推行，经济结构变得日益完善。与之相应的是，各州之间的猜忌和利益冲突逐步增加，使联邦政府深感不安。西部各州实力日渐强大，政治力量的天平已逐渐向其偏移。东部、南部的旧势力激烈反对联邦政府内日益崛起的民主派，他们面临的不仅是西部地区的挑战，还有南方小种植园主和北部工业区工人的权利要求。随着普选制的推广，有许多人首次获得了选举权。越来越多的选民渴望发出自己的呼声。与此同时，美国采用了会议选举体制，总统及其他公职候选人不再采用封闭僵化的政党提名，而是由代表各地和各阶层利益的国民会议选举产生。此举迫使那些想要担任总统或其他官员的人更加贴近民意，关注民情。一些思想保守的政客，如亨利·克莱及约翰·卡尔霍恩等人对政界的特殊主义倾向及其对联邦的威胁颇为忧虑。他们提出了其所谓的“美国体系”论调，但这种政策不过是汉密尔顿思想的老调重弹。他们希望在联邦框架内协调各派经济利益。卡尔霍恩曾在 1817 年写道：“我可以毫不犹豫地说，美国发展突飞猛进，一日千里。这虽然是我们的骄傲，但其中也是暗藏危机；虽然体现了我们的力量，但也暴露了我们的弱点……让我们用四通八达的道路和运河将共和国贯连起来，贸易保护将会使各地更紧密地连在一起……它们将凝聚成为无比坚强的新整体。

公共工程开始启动，密西西比河上出现了蒸汽船。墨西哥湾贸易的日益繁荣引起了大西洋各州的警觉，由于担心失去有利可图的贸易市场，它们积极行动，与之展开了竞争。1817 年，纽约的伊利运河开始动工，运河的修建将使纽约成为东部最繁华的海港。跨越俄亥俄直通伊利诺伊州的大坎伯兰高速在政府的资助下修筑完成，连通东西各州的道路网逐渐形成。但是在十九世纪，国家东西部间，以及大西洋沿岸的南北地区的矛盾依然不可忽视，尤其在本世纪早期，南北双方政客为争夺西部的选票而竞相叫价的局面成为美国政治发展史上的一道独特风景。

南北关系很快因奴隶制争议趋于恶化。1819 年国会搁置了将密苏里以州的形式并入联邦的法案。密苏里是美国路易斯安纳购地的产物，目前为止，联邦法律尚未对该地区的奴隶制问题做出裁定。密苏里州的人们提议，在该州宪法草案中保留奴隶制。但北方居民却将此看作咄咄逼人之举，认为这会增加南方的投票权。南北双方在朝野内外相互指责，矛盾激烈。但由于西部问题日益凸显，双方只得暂时罢休。本世纪中叶的一纸妥协方案法案使法案引发的冲突偃旗息鼓。密苏里蓄奴州的地位得到承认，但北纬三十六度三十分以北，未设州的美国领土上则禁行奴隶制。根据这个妥协方案，刚从马萨诸塞州分离的缅因州成为一个禁止蓄奴的自由州，这样一来，蓄奴州和自由州的数量达到相等，都为十二个。一些高瞻远瞩的有识之士预见到，这样的分裂将会引发悲剧。约翰・昆西・亚当斯在他的日记里写道："我认为，这种局势的出现敲响了联邦的丧钟，我敢肯定，当前的问题仅仅是一个大悲剧的序篇。"

这位颇具眼光的新英格兰人正是第二任美国总统的儿子，他也于 1825 年接替门罗成为新一届总统。所谓的"善意的时代"即将结束，在亚当斯的四年任期里，党派政治十分活跃。西部地区发展迅速，东部各州被迫采取对策以保障自身的政治经济利益。

西方诸州紧紧团结在安德鲁・杰克逊将军周围，此人曾为国开疆扩土，立下了赫赫功勋。杰克逊自称是杰弗逊式民主的真正代表，反对腐败堕落的东部资本家利益。那些反对多数原则，及对农民、边民队伍日渐壮大忧心忡忡的人则站在了亚当斯一边。1828 年，杰克逊成为总统候选人，与寻求连任的亚当斯展开竞争，两个派系的争斗也随之展开。此次选举风起云涌，两个新政党从这片混乱之中应运而生，它们就是民主党和国民共和党（即后来的辉格党）。自 1800 年杰弗逊将老亚当斯赶下台以来，还未曾有过如此激烈的竞选。当结果公布之时，人们吃惊地发现，除新英格兰外，亚当斯几乎没有获得任何支持。安德鲁・杰克逊领导的西部势力成功地接掌了大权。杰克逊与旧世界及欧洲影响下的北美大西洋沿岸毫无瓜葛，他的身上体现了美国西部人的精神。对许多人来说，杰克逊最终入主白宫，似乎标志着民主主义取得了胜利。

在新总统的就职典礼上，华盛顿陷入一片喧嚣之中。杰克逊也因此被对手亚当斯戏称为“来自田纳西的争吵者”。但西部人却将杰克逊视为统帅，认为他无畏地向富裕阶层的政治垄断发起挑战。高层政局纷繁复杂，初掌大权的杰克逊感到一筹莫展。这位出身西部的总统单纯直率，但对政敌疑心深重。这种性格使他很容易受到自己党羽或利己主义政治家的影响。他在很大程度上依赖于国务卿马丁·范布伦，同时也常常对政治密友言听计从。这些密友构成了所谓的“厨房内阁”，因为这些人并不是国家官员。这些“幕后军师”说服杰克逊，他的首要任务是清洗前政权的“马厩”。因此，他解雇了大批政府雇员，将长期流行于地方州郡的政党分赃制度引入了中央政府。自此，这种制度就在联邦机构中深深地扎下根来。

两个紧密相连的重大政治问题引起了安德鲁·杰克逊的注意。一个是树立联邦权威；另一个是建立统一的国家经济体系。贸易保护有利于北方，但却是以牺牲南方利益为代价的。1832 年，南卡罗来纳州决定向联邦政府的关税制权力发起挑战，它用最激烈的措辞阐明了州权主义，以此呼应 1798 年通过的弗吉尼亚和肯塔基决议。在之后的政治斗争中，西部各州选票起到了举足轻重的作用。他们最为关注的是联邦政府出台的公共土地法案。如历史学家莫里森所言：“这是南、北方与西部间的均衡博弈，各方都试图以次要利益来换取至关重要的选票。南方纵容西部强占公共土地，但却要求以降低关税作为回报。北方则抛出“利益分配”的诱饵，建议将土地出售的获利用于西部公共事业，企图以此来维护贸易保护。地区博弈的结果取决于未来各派的站队，甚至内战本身。是北方与西部联合对抗南方，抑或南方与西方联手对付北方？

美国参议院就这些问题举行了辩论。辩论十分精彩且扣人心弦。在这次会议上，最出风头的当属来自马萨诸塞的丹尼尔·韦伯斯特，此人是当时最出色的演说家。他热情洋溢的讲演享誉后世，被誉为为美国史上著名的演说之一。在演讲中，他言辞犀利，尖锐批驳南卡罗来纳州的观点，极力支持联邦政府的主张。他对全国范围内，特别是北方出现的日益浓厚的爱国热潮推崇备至，同时在演讲中阐明，新英格兰正从 1812 年盛行的狭隘地方主义情绪中摆脱出来，更为广泛的爱国热潮蓬勃兴起。韦伯斯特在参议院指出，正因为拥有强大的国家后盾，我们才能在国内安享太平，在国外博得荣誉和尊严。我们引以为傲的一切，都来自于联邦的赐予。我们历尽险阻，凭着严明的纪律构筑了合众国的基石。在立国之初，国内财政混乱，商业凋敝，金融瘫痪。但是，凭借百折不挠的努力，这些伟大的行业奇迹般地起死回生，如今，它们迅速发展，洋溢着勃勃生机。它历经的每一年，走过的每一步，都留下了无数令人惊叹的成就，这正是其效能和优越性的最好证明。我们的国土日渐扩展，我们的人口分布渐广，但国家对我们的保护和关注始终未变。对我们所有人而言，联邦是民族、社会和个人幸福的坚实基础。

他继续讲道："先生们，我尚无法超越联邦的现实，来审视隐藏于混沌之中的未来；我尚未冷静地权衡得失，不知在团结的纽带断裂之后，是否还能继续保有自由。我尚不习惯将自己置于分裂的边缘，以短浅的目光衡量脚下深渊的深度，我尚不能容忍那些不愿致力国家统一，只想着联邦分裂，人民遭难的人，他们不配为政府事务出谋划策。殊不知，只要联邦存续，我们就能拥有光明喜悦的前景，子孙后代也能同样安享幸福。我不想刺破和谐统一的面纱，至少在上帝赐予我的有生之年不会如此，上帝保佑，希望我永远不要看到面纱之后的场景！"

"当我临终之际，将目光最后一次投向天空的太阳时，我衷心地希望，阳光沐浴下的辉煌联邦依旧巍然矗立，而非化为耻辱的碎片。没有地区分裂，手足相残，兄弟阋墙，土地上没有弥漫硝烟，也没有浸润同胞的鲜血！相反，但愿我微睁的双眼能够凝望合众国华丽的旗帜，它世所瞩目，备受尊崇。它的勇气和荣光丝毫未减，每一颗星星都流光溢彩，每一根条纹都光洁如新。它不会愚昧地质问'这一切有何价值？'，也不会狂妄地叫嚣：'自由第一，联邦第二。'无论是陆地、海洋还是天空，星条旗都像熊熊燃烧的烈焰般迎风招展，无所不在。它每一次高高扬起，都寄托着美国人民的共同情感，这是他们无比珍视的自由和合众国，两者相容相依，永不分离！"

印第安纳州边境的一位年轻人被这篇演讲深深打动。他的名字叫亚伯拉罕·林肯。

杰克逊总统本人也深受感动。他的政策历来强硬，此时正打算使用武力迫使南卡罗来纳州就范。但是，双方最终机智地达成了妥协方案。授权总统在必要之时动用军队征收关税的《武力法案》由南卡罗来纳宣告无效。这样一来，争议便被暂时搁置了。但是，南卡罗来纳州废除联邦法案的做法却为合众国埋下了隐患。朴实的杰克逊总统拥有边民的敏锐直觉，他预言："引发下一个争端的将是黑人和奴隶制问题。"

出乎意料的是，引发下一个争端是联邦银行。由于联邦银行执照于1836年到期，克莱领导下的国民共和党，或称辉格党希望在1832年总统大选前办理执照展期。人们早就预料，杰克逊将会打击政治领域的金融势力。银行的处境显示了经济压力给美国政界带来了颇多困扰。查尔斯·彼尔德写道："此次经济冲突的根源在于地方：西部农民向东部资本家借贷购买土地，改良技术，进行投机，因此必须向其支付利息。"经过如火如荼的大选竞争，杰克逊再一次成功当选。事实上，这体现了投票人对联邦银行的抵制情绪。

丹尼尔·韦伯斯特被聘为银行的法律顾问，但也于事无补。杰克逊通知银行行长："我并非对你的银行存有偏见，但自从知道南海泡沫的历史后，我一直对银行心存疑虑。"他拒绝通过银行执照展期的法案，甚至没等到1836年执照失效，就提前提取了银行的政府存款，这笔巨款被送往遍布美国各地的地方银行。银行执照到期后无法展期，因此，在之后的近三十年的时间，美国一直没有自己的中央银行体系。西部和南方的政客携手合作，成功报复了北方，边疆地区的激进主义也终于在政治角斗场上赢得了一场伟大的胜利。杰克逊当选最终打破了美英战争后"善意的时代"，他的经济政策致使杰弗逊的老共和党出现分裂。西方的激进主义做派在东部各州引发了普遍质疑，杰克逊的执政之路坎坷重重。

1836年大选尘埃落定，杰克逊的助手范布伦登上了总统宝座，这意味着杰克逊政策还将延续下去。杰克逊老将军衣锦还乡，退居田纳西州。西部人首次在高层政治中崭露头角，标志着当地民主力量的觉醒，但同时也暴露了其领导人经验不足的短板。

西进浪潮继续奔涌，新的问题不断涌现。十九世纪四十年代，西进运动达到一个高潮。这段时期，美国吞并了德克萨斯，发动与墨西哥的战争，征服了加利福尼亚，并与英国划定了俄勒冈州边界。自 1820 年以来，许多美国冒险家为寻求土地和财富陆续穿过美墨边界，进入当时隶属墨西哥的德克萨斯。墨西哥于 1821 年摆脱西班牙统治，成立了墨西哥共和国。在冒险家群体不断壮大的同时，太平洋沿岸的船长和水手们为同中国进行贸易，在墨西哥的加利福尼亚港建立了据点。这些拓荒先锋一路向内陆推进，四处寻找动物皮毛，1826 年抵达该省中心的传教点。外族人的突然出现令墨西哥人吃惊不已，他们企图阻止这些陌生人的推进，但最终归于徒劳。墨西哥政权原本动荡不定，对遥远的省份几乎鞭长莫及。然而不久之后，一位新的军事独裁者桑塔 · 安纳夺取了墨西哥政权，他决心加强墨西哥当局的权威，于是，一次起义突然间爆发了。1835 年 11 月，德克萨斯的美国人建立了自治州，升起了一面孤星旗。墨西哥军队闻讯赶来，在桑塔 · 安纳的领导下向北进犯。1836 年 3 月，阿拉莫传教点的一小股德克萨斯人在与墨西哥人的战斗中全军覆没。这是美国历史上的悲壮一幕，面对数倍于己的强敌，这些英勇的人们奋起反抗，直到战至最后一人。消息传来，德克萨斯民情激愤。他们组建了一支军队，由来自田纳西州的萨姆 · 休斯顿将军负责领导。美墨军队在圣哈辛托河附近展开了激烈战斗，墨西哥军队被摧毁，桑塔 · 安纳被俘。据说在战斗中，德克萨斯人高喊着“记住阿拉莫”的口号，暴风雨般地冲向敌阵。桑塔 · 安纳被迫承认德克萨斯独立。虽然之后的墨西哥政府否定了桑塔 · 安纳的行为，但是他们已经筋疲力尽，无力再战。德克萨斯人自行组建了一个共和国，由萨姆 · 休斯顿担任总统。

在未来的十年里，美国政界对是否接纳德克萨斯加入联邦争论不休，而这也成为了联邦政府所面临的紧迫而棘手的难题。当每个新地区请求投入美国怀抱之时，关于奴隶制存废的呼声就会愈加猛烈。记者威廉 · 劳埃德 · 加里森是一位伟大的废奴主义者，他积极呼吁，如果政府接纳了蓄奴的德克萨斯州，那么北方各州就应该集体退出联邦。南部地区的人们意识到，如果将德克萨斯的广大领土划分为数个州的话，那么他们在参议院就将获得多数席位，因此他们极力主张政府吞并德克萨斯。东部的资本家企图利用土地公司开发德州领地，除了他们所发行的一些可疑股票外，德克萨斯的纸币和债券也在美国大量涌现。这些投机活动将有助于压制北部各州的反对声浪。

更重要的是，许多北方人的转而相信美国的“天定命运”论。这意味着他们命中注定要统治整个北美大陆。民主党在 1844 年的大选中呼吁占领俄勒冈，同时兼并德克萨斯。对北方来说，如果取得俄勒冈州，他们就能吸收德克萨斯州南部重新达到力量上的平衡。民主党候选人詹姆斯·波尔克获得胜利，这等于间接承认了德克萨斯归并联邦。1845 年 2 月，国会参众两院通过联合决议，此事一锤定音。

最后一个问题是要说服墨西哥政府承认现状，并与其商定德克萨斯的边界。波尔克总统希望将国境线尽可能向南推进，因此战争变得不可避免。美墨之战于 1846 年 5 月爆发。同时，北美大陆的另一端也发生了类似的事件。西进运动仍在继续，美国开拓者们虽然饱受冻饿之苦，但已经没有什么能够阻止他们奔向太平洋的海岸。在中国的贸易利益诱惑和控制太平洋的野心驱使下，收购加利福尼亚州成了当务之急。在一些美国人眼中，加州甚至比德克萨斯更为重要。在华盛顿的煽动下，1846 年 6 月，美国定居者在加州升起了一面狗熊旗发动起义，并仿照德克萨斯宣布该地独立。不久美国军队赶到，星条旗取代了狗熊旗。

美国扩张的势头方兴未艾。由扎卡里·泰勒领导的美军两次击败墨西哥的北部军队。扎卡里·泰勒在后来当选美国总统。温菲尔德·斯科特将军率部在韦拉克鲁斯登陆，向墨西哥城大举挺近。经过一个多月的巷战，1847 年 9 月墨西哥城沦陷。在此次战斗中，一批优秀的年轻指挥官脱颖而出，其中包括罗伯特·李上尉，乔治·麦克莱伦上尉，尤利西斯·格兰特中尉和杰弗逊·戴维斯上校。

墨西哥被迫求和。在之后的合约中，墨西哥不仅承认德克萨斯被美国吞并的既成事实，也将加利福尼亚、亚利桑那和新墨西哥割让美国。格兰特中尉在他的回忆录中感慨道："没有什么再比美国对墨西哥的侵略之战更加不义，更加邪恶的了。当时我就萌生了这个想法，但那时我还是个孩子，不敢为他国伸张正义，也没有足够的勇气辞职。"美国的膨胀力量是爆炸性的。"天定命运"的车轮滚滚向前，只是墨西哥不幸位于它的必经之路而已。美墨战争使"帝国神话"和"南北美大陆拓殖"的观点在美国境内甚嚣尘上，这为未来南美共和国与美国的关系笼上了一层阴影。

近期的收益是巨大的。当代表团成员与墨西哥就合约问题进行谈判时，一位美国工人在加州发现了第一块金矿石。于是，这个深受古老西班牙文化影响，萎靡不振的墨西哥省份瞬时振奋起来，淘金的狂潮如烈火般遍地蔓延。1850 年时，加州的人口约为八万二千人，在短短两年内，这个数字已经上升至二十万七千人。太平洋海岸出现了一个无法无天的淘金阶层。各行业各阶层的人纷纷从毗邻各州或东部赶来，一窝蜂涌入加利福尼亚。许多人死于谋杀和相争，许多人死于寒冷和饥饿，还有许多人在匆匆乘船赶来时被合恩角附近的海水所吞没。在加州黄金断送了无数人的性命，但也使一些人获得了难以置信的财富。

欧！加利福尼亚，
这是我所追寻的土地，
我向萨克拉门托奔去，
怀里抱着脸盆之类东西。

加州政府迫切需要解决淘金热所招致的无政府状态。于是华盛顿便再次出现了关于接纳新州的，无休无止的争吵。由于中央政府一时举棋未定，加州人便自己组织了地方会议，同时还起草了一份临时宪法。

在这段漫长的时期里，一片新的领域在更遥远的北部逐渐形成。许多人离开了人口稠密的东北各州，沿着"俄勒冈小道"（Oregon Trail）向西行进，在尚未划定的美加边境到太平洋西岸一带建起了新的家园和农场。当时，南方的德克萨斯和加利福尼亚州前景未决，美国政府并不急于与英国就北部边境发生纠纷。南方人强烈反对接纳俄勒冈，因为那里的拓殖者反对奴隶制制度，一旦加入联邦，俄勒冈州又会成为一个禁奴的“自由州”。美国开始与英国进行谈判，尽管国内许多人叫嚣“要么以五十四度四十分划界，或要么开战”，但是1846年6月，美英仍以和平方式达成协议，以北纬四十九度作为两国边界。边界问题的和平解决很大程度上要归功于英国皮尔政府的外交大臣阿伯丁，他个性圆融，善于斡旋。美英纷争现在得到解决，1859年，俄勒冈正式成为了美国的一个州。

在北美大陆形形色色的殖民点中，最标新立异的当属盐湖城的摩门教的殖民地。1847年春，实行多配偶制的摩门教派成员在先知布里格姆·扬的领导下，从伊利诺伊州出发，向西寻找自由和平且不受纷扰的土地。入夏时分，他们到达了盐湖附近，两个小时后，便开始在此开垦土地，建设的家园。不到三年，这里已经发展为一片精心规划的繁荣社区，拥有一万一千名居民。此处的人们不仅富有宗教热情和家庭观念，同时还颇具经济头脑。1850年，摩尼殖民地获得联邦政府承认，被命名为犹他州。这块殖民地正好位于俄勒冈小道要冲，是俄勒冈州往来加州的必经之地。犹他居民向往来两地旅行者和冒险家的出售食物和必需品，以此积累了不少财富。不久，一些目无法律和没有信仰的各色人等也都聚集到了盐湖地区，虽然盐湖城已不再是宗教净土，但它还是逐渐发展为美国最富有的城市之一。

随着这块奇特殖民地的诞生，各色殖民点相继涌现出来。此时，联邦政府正忙于规划由墨西哥战争与美英和谈取得的新领土。围绕着奴隶制的存废问题，南北双方的斗争再次达到了高点。

第九章 奴隶制与联邦分裂

1850 年之后，美国的光明前景使欧洲国家羡慕不已。北美大陆已被征服，国家发展日新月异。十年之间，美国的进出口贸易和国内贸易都翻了一番，国内贸易发展尤为瞩目。此际，美国商船的数量已超过了英国。1850 年至 1851 年间，国家发行了价值约五千万英镑的金币。同时，美国人克服千难万险，铺设了超过三万英里的铁路，这更增加了统一国家的经济凝聚力。基于英国制度和习惯法的美国式民主，在大洋屏障及皇家海军的保护之下，在法国大革命的刺激和推动之下，此刻也终于获得了蓬勃的发展势头。农业巨大潜力得到发挥，同时也滋养了东部各州发达的工业，二者之间实现了平衡。在一切物质成就方面，美国已达到了历史上前所未有的高点。

然而在几年之前，有识之士就已预见到动乱的来临。它不仅分裂美国的躯体，还将伤害它的灵魂。北美洲的三个种族中，白人拥有至高无上的地位，土生土长的原住民印第安人则遭到排斥和剥削，他们对挤占他们生存空间的白人殖民者十分厌恶，他们鄙视白人武装，尤其对他们的文明深恶痛绝。黑人的地位是一个社会问题，在道义、社会、经济和政治等方面引起了前所未有的关注。两个有色人种都遭受地位优越的白人欺压、践踏和蹂躏，犹如牲畜被人驾驭、役使或消灭一样。骄傲的印第安人种族被“自由世界”的白人推上了灭亡之路，而四百万黑人几乎全都属于奴隶阶级。

美国幅员辽阔，地区发展各异，因此利益、观念和文化上的分歧也层出不穷。在北纬四十度线及密西西比河和俄亥俄河构成的三角洲以南地区，黑人奴隶制早已是根深蒂固。可以说，南部诸州的社会发展完全建立在黑人奴隶制的基础上。这是一种冷酷、残暴和落后的发展模式。大种植园主是社会上层阶级，他们居住在富丽堂皇的庄园，过着封建式养尊处优的生活。无数小种植园主经营棉花农场，他们利用奴隶劳作，将产出的棉花销往世界各地。居住在"蓄奴州"的六百万白人中，只有不到三十五万人拥有奴隶，只有四万人拥有需要二十个以上劳力的种植园。三四千个大奴隶主把持着南方的政务，就像中世纪的贵族统治英格兰。在他们之下，有与其生活密切相关的三个阶层：第一是几十万中小奴隶主，对他们而言，所谓的"独特黑奴制度"为家庭生活带来了许多便利；第二是人数众多的自耕农阶层，他们同北方的农民十分相似；第三是下层社会的"白人穷鬼"，可以用来组织军队。

南方白人过着体面悠闲的生活，不像北方人那样终日繁碌。这种天壤之别的出现，当然不是南方白人的过错。二百多年来，西班牙、法国，特别是英国一直从事贩卖黑奴的三角贸易，他们源源不断将非洲黑人运往美洲地区。这些欧洲人在非洲西海岸捕获大量黑人，然后像运输牲口那样将他们运过大西洋。很快，黑人便成为了买主的财产，他们在陌生的土地上辛勤劳作，繁衍生息。大多数人适应了这种奴隶生活，虽然相比欧洲基督教国家而言，他们的生存条件恶劣不堪，但也不像在非洲茹毛饮血那般严酷。一般来说，黑人就像中世纪的奴隶那样，拥有劳动、繁殖能力和市场价值。这些价值与日益提升的社会道德标准可以保护他们免受无缘无故的折磨和虐待。

南方种植园主与奴隶们一样，都是在荒烟蔓草的原野上长大，对其他的人际关系十分生疏。然而，到了十九世纪中叶，整个社会的传统体制面临着前所未有的挑战，这个规模庞大、独具特色且逐渐成熟的社会，招致了发展迅猛、实力强大的基督教世界的敌意和怒火。长期以来，奴隶主们在土壤肥沃的火山坡上过着舒适的生活，但是现在，这座火山开始隆隆作响，剧烈颤抖，涌出黑烟，这无不预示着，一场可怕的灾祸即将降临。

今天的人们根本无法想象，黑人奴隶制度是多么牢固地扎根于南方各州的社会生活，多么紧密地与经济、文化水乳交融。通过多种商业行为及政治渠道，奴隶制的触角已延伸到了北方自由州的广大地区。单凭一组数据就能表明，南方各州根本无法摆脱奴隶制这种可怕的弊病，它业已成为社会不可分割的一个部分。据说，基督教教士及新教各派成员就拥有超过六十六万名奴隶。其中，五千名卫理公会牧师就占有了二十一万九千名奴隶，六千五百名浸礼会教众占有十二万五千名奴隶，一千四百名圣公会成员拥有奴隶八万八千，诸如此类。因此，支持奴隶制度的，不仅是自私自利的个人和团体，还有南方的各个教会。这些教士们宣称，奴隶制是上帝所规定的、福音书上所认可的制度。

情况并不总是如此。在反抗乔治三世的革命中，许多南方人也表达了最终废除奴隶制的愿望。但是，正如莫里森和康马杰所言，随着时间推移，“这个特殊的制度变得如此重要，以至不再显得那么面目可憎了。”1 到十九世纪三十年代时，南方人已经致力捍卫奴隶制度，并将其作为绝对及永久的社会基础。这种剧烈的思想变化应归于以下几种原因：棉花种植业的迅速发展需要庞大的劳动人口，对南方人而言，只有处于奴隶地位的黑人才能满足这一需求。此外，在之前的奴隶暴动中，一些白人惨遭杀害，这使南方人普遍产生了恐慌心理，试问，如果黑奴得到解放，白人的生命安全是否能够得到保障？或者说得更中肯些，白人女性的尊严能否得到保全？

先前，慈善家们想出了一个解决方案，将这些黑奴装船运回非洲，并让他们在自己的国家自力更生。利比里亚共和国就是由此而来的。但是，由于所费不菲，这项计划不久便被搁置一旁，况且，黑奴们也喜欢留在美洲。对南方人而言，释放黑奴会带来严重后果，眼下英属西印度群岛就是一个活生生的例子。西印度群岛与英帝国其他属地一样，根据 1833 年法案废除了奴隶制，这是辉格党格雷政府的一个伟大成就。与美国南部一样，西印度群岛的种植园主一直优越地生活，在失去奴隶后，他们获得了一些补偿，即便如此，他们的财产依然明显减少了许多。在临近群岛的北美大陆上，这所有的一切无不引起人们的反思。

从十九世纪五十年代开始，原本对黑奴命运漠不关心的北方转而开始反

---

1 引自《美利坚合众国的成长》，第一卷，第 246 页。

对奴隶制。二十年来，威廉·劳埃德·加里森主办的《解放者报》不断激烈抨击奴隶制度的黑暗。这家报纸的出版地在波士顿，影响力也十分有限，它的激烈的言辞引发了南方的怒火。与此同时，纽约的美国反奴隶制协会和其他人道主义团体也接连发出了激情洋溢的宣传单和刊物。它们雇用了大量宣讲家到全国各地巡回讲演，呼吁人们废除残忍的奴隶制。这样一来，南北双方在奴隶制问题上的分歧更显尖锐。同时，在1852年，哈里耶特·比彻·斯托出版了小说《汤姆叔叔的小屋》，更是火上浇油般地引爆了南北双方原本激烈的情绪。斯托夫人运用各种手法，在小说中直言不讳地宣扬废奴主义，小说的字里行间都充溢着对奴隶制的理论和宗教抗辩。她独树一帜，用写实的笔法向读者展现了一系列简单而辛酸的奴隶制现实：黑人家庭分崩离析，夫妻离散，嗷嗷待哺的婴儿被售卖。一旦奴隶主死亡，所有的奴隶便被悉数拍卖。善良的奴隶主无能为力，残暴的奴隶主无法无天。经销商的长途贩运使他们受尽苦楚，偏僻的种植园更令他们毛骨悚然。黑人侍女们稍有不慎，就会遭到主人的鞭笞，而那些拥有四分之一或一半白人血统的奴隶同样苦不堪言，几乎全是白人血统的姑娘被多次售卖供人玩乐，肤色近乎白人的孩子也被当作奴隶役使。在文明、进步、现代的基督教社会，在人类广阔丰饶的大地上，反而充溢着无数如此悲惨的场景。在小说中，作者将奴隶制的黑暗残暴展现得淋漓尽致。

斯托夫人的呼吁极具感染力，截至同年年底，其小说在美国的销量已达十万册。据说九月份时，仅是英国的一家书商，每日进货量就达万册。1852年底，该书已在英国售出了一百多万册。除《圣经》和《祈祷书》之外，《汤姆叔叔的小屋》的销量达到了一个极致，是史上任何作品的十倍之多。它被译为各种语言，在全世界广为流传，在每个国家引起了强烈共鸣，吸引了一大批忠实而热情的读者。这些都预示着一场风暴正在酝酿之中。

在道德洪流的推动下，首先是海军力量剿灭了海上的奴隶贸易，后来，尽管年轻的格莱斯顿表示反对，但大英帝国还是全面废除了奴隶制。英国的做法激励了美国大西洋沿岸新英格兰各州和人口剧增的中西部民众，而南、北方在情感和利益上的鸿沟也随之加深。围绕奴隶制的存废问题，南北双方进行了旷日持久的交流、争论和会谈。在北方，无论宗教领袖还是政府官员都萌生出一种不祥的预感，在他们看来，这片神圣的北美大陆正处于一种危险境地，虽然不能扭转局势，但至少应该防止其进一步恶化。北方人的反奴情绪最初并非源自于商业竞争，毫无疑问，在相同的自然条件下，奴隶劳作与自由劳动的效率相差甚远。显而易见的是，俄亥俄河畔禁奴州的快速发展和对岸蓄奴州的萧瑟状况形成鲜明的对比，几乎相当于十九世纪同十七世纪的差距。虽然如此，北方各州仍然面临着南方的经济竞争，他们同样需要棉花，但在棉花种植业中，只有使用奴隶劳动才能收效显著。南北矛盾并不仅仅是经济之争，同时也是道德、社会层面的冲突，南方的许多奴隶主贵族有一种与生俱来的优越感，认为自己比北方的商业、制造业和金融集团更高贵，而北方的清教徒后裔则以鄙夷和责难的眼光看待“高贵优雅”的南方贵族，就像克伦威尔的铁甲军看不起鲁伯特的骑士队。多重矛盾相互交织，为美国营造出了一种类似英国内战时的紧张气氛。

然而，最为显著的是政治和体制上的冲突。北方坚定地维护亚历山大·汉密尔顿的联邦共和主义理论，而南方则秉持杰弗逊的州权至上观念。南部的许多将领，如约瑟夫·约翰斯顿、安布罗斯·希尔和菲茨休·李等从未拥有过奴隶。一位德克萨斯服役的弗吉尼亚籍陆军上校罗伯特·李写道，蓄奴“在任何国家的道德和政治上都是一种罪恶行径”。在十九世纪这个开明的时代，这是人们不得不承认的事实。但是，一旦上升到体制问题，所有这些高风亮节且德才兼备的人士都会将自己与南方的利益捆绑起来，决心誓死捍卫南方各州的前途和独立，一荣俱荣，一损俱损。

南方人说，北方的富足是牺牲南方利益所换来的，北方佬的庸俗商业主义未见成效，因此对南方的制度深感嫉妒。此外，联邦宪法是由伟大的弗吉尼亚人华盛顿和麦迪逊制定的，北方人无权利用宪法，将鼎鼎有名的南部各州至于自己的控制之下。他们不理解南方人全然不同的生活方式，他们诽谤和侮辱更高等的礼仪风尚。南方社会即便不比北方富足，至少也比其更加文明。北方佬试图将他们的专横理念，强加给那些为共同目标自愿加入联邦的南方诸州。殊不知，在实现目标之后，它们是完全有权退出联邦的。

根据1820年的密苏里妥协案，北纬三十六度三十分是蓄奴州和自由州的分界线。但这个旧的方案已不再能满足人们的需要。墨西哥战争使美国获得了广大的领土，而这些新土地又该适用怎样的原则呢？ 1812年涌现的英雄人物约翰·卡尔霍恩仍左右着南方人的思想，在他们看来，领土属于联邦各州，而不属于联邦本身，奴隶是习惯法规定的财产，国会无权禁止奴隶制。加利福尼亚加入联邦的申请促成了此次危机。许多温和派人士提出将妥协案的分界线延长，使其横贯北美大陆直至太平洋东岸。但这种设想对加州却并不适用，因为分界线正好穿过该州的中央。此外，加州宪法禁止奴隶制。如果蓄奴合法，它将为墨西哥战争后的美国新设各州开启一个先例。1850年1月，美国参议院风起云涌，人们就奴隶制与联邦分裂问题进行了最后一次唇枪舌剑的较量，卡尔霍恩、克莱与韦伯斯特皆参与其中，他们针锋相对，巧舌如簧，互不相让。为避免南北分裂，亨利·克莱在决议中提出了最后的折中方案：加州应该立即以“自由州”身份加入联邦；新墨西哥和犹他州在建立的地方政府时应回避奴隶制问题；严格执行《追捕逃亡奴隶法》以安抚南方情绪；由联邦政府承担德克萨斯公债。克莱希望用这种相互让步的法案化解双方矛盾，以此维护国家统一。他抓住最后的时机，在参议院发表了将近两天的演说。其间，卡尔霍恩宛若垂死之人，坐在那里沉默不语。他的一位同事代他发言：“诸位参议员，如果我们不及时采取有效措施，奴隶制掀起的风浪将会把联邦打得粉碎……连接各州的绳索将会断裂开来。” 奴隶制争论无休无止，深深的恐惧和不安情绪在南方各州四处蔓延，他们害怕北方会在经济和政治上对其施加压力，同时也担心失去其在西部的盟友。

会议召开的第四天，丹尼尔·韦伯斯特起身发话：“我今天的主题是维护联邦统一。请各位倾听我的意见。”韦伯斯特和克莱的建议占了上风，折中案获得通过。所谓的“人民主权原则”暂时平复了人们的激情。这意味着，当新领土并入联邦时，由当地民众自己决定是否保留奴隶制。卡尔霍恩撒手人寰，不到两年，克莱与韦伯斯特也相继离世。他们留下的是一个暗流涌动的平静局面。与此同时，国家发展势头依然不减。到1850年，约九千英里的铁路已经铺设完成，1861年，铁路里程已超过三万英里。来自德意志、爱尔兰等地的欧洲移民纷纷涌入西部的新土地。农业机械使拓荒者的面貌焕然一新。生活在密林中的边民成为了平原上的耕作者，对中西部平原和河谷的垦殖正在如火如荼地进行。

在建设横贯大陆的铁路问题上，南北双方冲突又起，为各自利益争执不休。在这场政治争端中，北方和西部走到了一起。在铁路规划设计上，以南部线路最为便捷，它途经新奥尔良与德克萨斯，再经吉拉山谷到达圣地亚哥，最后直指太平洋海岸。而北部线路则是沿着连通加利福尼亚、俄勒冈与五大湖周边地区的俄勒冈小道西进。在南北之间还有第三路线，它穿越的是尚未建州的地区，但北方曾在那里大量投资。伊利诺伊州的参议员斯蒂芬·道格拉斯迫切希望推进西方开拓，并积极推崇中央线路，成为了北方利益的代言人。为了将这个中央地带纳入管理，他于 1854 年 1 月提交了在中部设立内布拉斯加州的议案。作为吸引南方投票的诱饵，他抛出了体现“人民主权”的条款。这样一来，新的问题出现了，南北争端再次加剧。北方人原本以为，1850 年的折中案只适用于从墨西哥夺占的领土。现在，竟然有人建议将其扩大到密苏里妥协案业已划定的地区。由于议案涉及的整个大平原地处北纬三十六度三十分以北，因此新议案等于否定了原本的密苏里妥协案。南方人明确希望废除这个法案，道格拉斯表示同意。但此种做法可能会使奴隶制蔓延到北部地区。

北方反对奴隶制的民众早已对道格拉斯愤恨不已，他们决心抵制奴隶制进入新的地区。5 月，参议院通过《堪萨斯－内布拉斯加法案》。大平原地区被划分为堪萨斯和内布拉斯加两州，同时肯定了“人民主权”原则。参议院的行为成为了北方自由州骚乱和暴动的信号。根据《追捕逃亡奴隶法》，官员们应该逮捕逃往自由州的奴隶，并将其送还主人，在此情况下，民众的反抗事件时有发生。但是，在《堪萨斯－内布拉斯加法案》获得通过之后，北方人终于忍无可忍。法案生效的第二天，一群波士顿人试图拯救一个名叫安东尼·伯恩斯的逃亡奴隶，此人已被当局拘留，正准备驱逐出境。为将他带到波士顿码头的遣返船上，地方长官动用了一个营的炮兵，四个排的海军陆战队，一个民防团和二十二个自卫连队沿街保护。“为将一个奴隶返还给他的主人，美国耗费了大约十万美元。真正的账单还在后面，它要以鲜血作为偿还。”1

在新的堪萨斯领土上，蓄奴派和废奴派的暴力冲突和暗杀事件层出不穷。蓄奴派甚至对禁奴的劳伦斯镇进行了大肆洗劫。三天后，约翰·布朗发起复仇行动，此人来自俄亥俄州，是一个清教徒式的神秘主义者，同时更是激进的废奴主义者。他带着四个儿子，将五名蓄奴派成员从床上拖下来杀死。在随后的恶性冲突中，有超过二百人丧生，但约翰·布朗却成功地逃脱了。在各地各处，各行各业，双方的对抗、争斗无处不在。马萨诸塞州的一位参议员遭到南卡罗来纳议员殴打，头部受伤失去了知觉。《堪萨斯－内布拉斯加法案》通过之后，北方和西部所有反奴隶制的人士联合起来，组成了一个新的共和党。在1856年总统选举时，人们的情绪异常激动。民主党一方提名“秉持南方立场的北方人”—宾夕法尼亚的詹姆斯·布坎南为总统候选人。人们所不知的是，这是南方最后一次对华盛顿施加政治影响了。

新总统就职两天后，联邦最高法院对著名的斯科特诉桑福德案做出了裁决。德·斯科特是一名奴隶，随同主人桑福德从蓄奴的密苏里州到达禁奴的伊利诺伊州，之后又前往准自由的威斯康星地区。斯科特以自己曾在两个自由州居住为理由，要求获得自由人身份。摆在法院面前的有两个难题：第一，起诉者必须拥有公民权，那么身为奴隶的斯科特是否是密苏里州公民？第二，在其他地区的居住史能否改变其原本的地位？在这两个关键问题上，法院都给出了否定答案。首席大法官坦尼的判决意见是当时宪法精神的体现，但却使北方舆论一片哗然。坦尼指出：“根据宪法，黑人没有公民权。宪法只是‘为白人制定的’。”因此，黑人无权在美国任何法院提起诉讼。黑人“种族低劣，无权获得白人的尊重”。奴隶是主人的财产，国家政府无权剥夺公民财产，也无权在未设州的领土禁止奴隶制。而且，斯科特依据密苏里妥协案提

1 引自《美利坚合众国的成长》，第一卷，第662页。

起诉讼也是错误的。这就是联邦法院的最终裁决。但是公平而论，坦尼也在判决中加上了“至于前辈对待黑人的方式是否合理，法院无权决断”的言语。实际上，斯科特一走出法院后，就立刻获得了自由。其实，他的案件是被人们故意拿来测试法律和煽动社会情绪的，这一做法也确实收到了显著成效。共和党致力于抵制奴隶制，使其不至向其他地区蔓延，但是其整个纲领和规划都被视为有违宪法。共和党领袖威廉·苏华德为此大声疾呼：“美国人民坚决不会，也永远不会接受这些可恶的法则。”

蓄奴派和废奴派在边地大平原展开的恶斗将一位新秀推上了政治舞台，此人就是亚伯拉罕·林肯，他原是伊利诺伊州斯普林菲尔德镇的一名律师。《堪萨斯－内布拉斯加法案》的通过唤起了他的满腔热血。他之前曾经担任过议会议员，现在正在竞选参议员。他崇尚道德的力量，并以此来反对奴隶制原则。他说：“兄弟阋墙的家庭必然无法长久，我相信联邦政府不能永远忍受半蓄奴半自由的窘境。我不希望联邦解散，不希望家庭破裂，但希望它能够停止内讧。要么实现统一，要么分崩离析。要么坚决反对蓄奴，防止奴隶制蔓延，并使公众深刻认识到其灭绝的必然性；要么放任蓄奴者进一步推广奴隶制，直至其在新旧南北各州成为合法制度。”在 1858 年夏秋两季，林肯与道格拉斯在伊利诺斯平原城镇展开了一系列的公共辩论和演讲，虽然没能成功当选议员，但他已成为了全国闻名的人物。他将奴隶问题视为道德而非法律上的争议，同时提出了一个颠覆性的想法，那就是新设州可以抵制最高法院的决定，在本地区禁行奴隶制。他本能地意识到，之前对南方做出的让步不会给国家带来长治久安，随着废奴风潮的日益强大，南方人会为保护自己独特的奴隶社会提出更多的要求。布坎南总统和白宫的民主派开始策划征服古巴和尼加拉瓜，试图以此增强蓄奴州的力量。南方商人敦促重启奴隶贸易，因为奴隶的价格已十分高昂。与此同时，北方也发生了破坏《追捕逃亡奴隶法》的一系列事件。

现在，迸出的一丝火花就能引发一场剧烈爆炸。1859 年 10 月，狂热的约翰·布朗带着他的儿子和数名追随者夺取了蓄奴州边境哈珀斯费里镇的联邦军火库，释放了一些困惑不解的奴隶，并宣布向美国开战。联邦海军陆战队上校罗伯特·李率部赶来镇压，暴动者一方损失了一些人员，约翰·布朗被俘，伤势严重。之后，他和四名追随者受审，并被处以绞刑。南方宣称此次暴动是共和党幕后策划的，成功地激起了一片愤慨之声。而在北方，数百万人将约翰·布朗视为烈士。他的生命虽然逝去，但精神却永世长存。

第十章　合众国深陷危机

1860 年，具有决定性意义的总统大选临近了。2 月，南方参议员杰弗逊·戴维斯要求北方各州废除《人身自由法》，停止干扰 1850 年的《追捕逃亡奴隶法》实施，同时，最高法院的首席法官的裁决必须予以遵守，联邦政府不能在美国领土禁止奴隶制，相反，联邦政府应该保护奴隶制的存在。为驳斥戴维斯的主张，亚伯拉罕·林肯在纽约等地发表了精彩的演说，用沉稳、恢宏、高贵的言辞阐述了反对奴隶制的原因。在这场危机中，民主党出现了分裂。在查尔斯顿召开的民主党大会上，当总统候选人道格拉斯试图推动一系列妥协方案时，亚拉巴马州的代表团立刻起身离开了会议大厅，其他七个产棉州代表也随之退席。林肯本来就有当选的可能，但在民主党分裂的形势下，他几乎已可以稳操胜券。产棉州推举的候选人是来自肯塔基州的约翰·布莱金瑞奇，此人在当时担任副总统。他完全站在南部民主党人的立场上。第四名候选人的出现使局势进一步复杂化了，他是肯塔基州的参议员约翰·贝尔，是一位守旧的辉格党人，自称拥护宪法统一。虽然所有人都预感到，一旦林肯当选总统，联邦就会分裂，但现在焦点问题并不是分裂，而是奴隶制存废。林肯和共和党人想要改变法院对斯科特案的裁定，禁止奴隶制在新领土扩张，并力图将其限制在一定的范围之内。道格拉斯和执政的民主党人主张对新领土采取不干涉的“人民主权”原则。布莱金瑞奇和他的支持者则主张立法保护蓄奴地区。贝尔试图淡化这些地区纷争，希望人们能够忘记墨西哥战争之后的每一次不快之事。1860 年 11 月 6 日，林肯当选总统，他只获得了百分之四十的选票，道格拉斯排在第二位。布莱金瑞奇虽然许下了忠于联邦的承诺，但仍然被人们视为“分离主义”候选人，因此名列第三。即使在蓄奴州，他也未能赢得大多数的选票。

尽管绝大多数人都反对分裂联邦，但在南卡罗来纳州，卡尔霍恩的学说仍被奉为真理。12 月 20 日，该州在查尔斯顿举行投票，并以全票通过了著名的《分离法令》，宣布南卡罗来纳与其他南北地区于 1788 年所结成的联邦现在解体。这个突如其来的，决定命运的法令激发了当地人的狂热情绪。大炮鸣响，钟声回荡，每间房子上都有州旗猎猎飞扬。街上挤满了欢呼的人群。紧随南卡罗来纳脚步的是密西西比州、佛罗里达州、亚拉巴马州、佐治亚州、路易斯安那州和德克萨斯州。现在，它们都宣称自己拥有主权地位。2 月，分离各州派出了代表团，在亚拉巴马州召开会议并组成了一个新的邦联。由杰弗逊·戴维斯担任总统。邦联制定了新宪法，它与原来的联邦宪法大同小异，只是明确宣布奴隶制是立国之基。邦联采用由圣安德鲁十字架和白星组成的旗帜，并授权戴维斯总统组织一支十万人的军队。与此同时，三个代表团也被派往欧洲寻求认可和友谊。邦联的所有决策者们皆抱有幻想，认为北方不会强迫他们回联邦。即便北方真的如此作为，那么也必定不是他们的对手。如果北方对南方实施封锁，那么支持邦联的欧洲列强也会出面干预。南方人坚信，北美“棉花王国”对英法等国无比重要，它们绝不会坐视自己的棉花供应断绝。

布坎南仍是美国总统，新当选的林肯要到 3 月才能正式就职。在整整四个月时间里，联邦政府竟对土崩瓦解的领土无所作为。战争部长弗洛伊德是一位热心的南方人，没有特别的警惕之心或远见卓识。他温和地允许南方运回了之前送至北部军火库的滑膛枪，正规军军官也可以不受限制地奔赴南方，加入邦联组建的新军队。布坎南巴不得早日离任，他拼命推卸责任，并试图选择一条“中间路线”。一方面，他没能采取任何有效的应对措施，另一方面，他拒绝承认南方分裂的合法性。实际上，在南方境内，几乎所有据点的联邦驻军都已不战而降，南方不费吹灰之力就取得了大量战利品。但是查尔斯顿港的要塞是一个例外，在英勇不屈的安德森少校指挥下，此处的联邦军继续坚守阵地，港口上空依然飘扬着星条旗。邦联军要求安德森少校投降，但他撤到一个小岛上的萨姆特堡内继续顽抗。守军食物匮乏，一艘北方补给船为其运来给养，但陆地上邦联军的猛烈炮火却令其无法靠岸。与此同时，紧张的协调工作正在进行。许多北方人都希望和平，他们准备在奴隶制问题上向南方让步。但林肯却不为所动。他拒绝放弃竞选时的主张，也不能允许奴隶制扩展到美国其他领土。这正是妥协之路的关键障碍。在紧张的局势和巨大的压力之下，1861 年 3 月 4 日，亚伯拉罕·林肯总统宣誓就职。此刻，他接手的联邦政府已是破败不堪，每一天都有官员和警察放弃职守回到南部的家乡。这些老同事最后一次友好地握手道别。

北方人虽然痛恨奴隶制度，但也绝不愿与南方内战。在南北的极端主义者之间，还存在一个强大的温和派势力。他们的利益关系通过亲缘和习俗相互交织，其观念也显得错综复杂。到目前为止，只有产棉州，即最南部的地区脱离了联邦，而密苏里州、阿肯色州、肯塔基州、田纳西州、北卡罗来纳州、马里兰州、特拉华州仍迟疑不决。尊贵和古老的弗吉尼亚州也在观望之中，该州是老自治领，华盛顿的出生地，也是美国传统和精神的源泉。林肯呼吁各州保持克制，并极力从中周旋。同时，他还声称决心保卫美国的领土和财产。林肯否认联邦有入侵南方的企图，宣布不会干涉南方各州的奴隶制。他追忆了南北方的共同历史，说它有如“神秘的纽带，从这辽阔国土的每一个战场，每一个殉国者的坟墓延伸到每一个美国人的心中”。他慷慨激昂地呼吁：“怨愤缠身的同胞们，发动内战的重大决定权其实掌握在你们手中。政府不会攻击你们，你们也不要挑动争端。你们没有立下摧毁联邦政府的誓言，而我也要郑重起誓，将尽最大努力义无反顾地捍卫国家主权。”

4 月 8 日，林肯通知南卡罗来纳州州长，联邦将为萨姆特堡的安德森少校和他的八十三名勇士运送补给。于是，戴维斯总统命令在查尔斯顿指挥七千部队的博勒加德将军，立即设法要求萨姆特堡投降。安德森承认，几天之内他的部队就将弹尽粮绝，但却依然毫不动摇。双方举行了谈判，也没有收到任何结果。4 月 12 日黎明时分，南方军的五十门重炮开火了，萨姆特堡蒙受了整整两日的炮火洗礼。安德森和他的部下躲在堡垒洞穴内，直到 14 日才从残破不堪、硝烟弥漫堡垒中走了出来。他们认为，自己已经尽到了职责，维护了荣誉和尊严。之后，安德森少校一行被允许离开此地前往北方。这次事件虽未造成伤亡，但无疑是叛军的严重罪行。

萨姆特堡的炮声震撼了整个世界。它唤醒了北方民众，使他们坚定地团结起来。所有的自由州同心协力，党内的分歧烟消云散。林肯昔日的竞选对手，有一百五十万民主党人为后盾的道格拉斯匆忙赶往白宫，与林肯握手言和。前总统布坎南也发表声明："北方将为维持联邦战至最后一人。"在团结浪潮与强烈信念之下，林肯发表了一份宣言，呼吁："征召七万五千名民兵组成联邦军"，以镇压所谓的"七州邦联"，这个邦联"现已拥有了普通法律手段所无法制衡的庞大力量"。

在林肯下令以武力镇压分离各州之时，弗吉尼亚毫不犹豫地做出了选择。它不愿为奴隶制问题浴血沙场，但也坚持联邦各州享有主权的宪法主张。坚守立场的弗吉尼亚人拒绝了联邦政府的备战要求。在里士满召开的州议会上，弗吉尼亚以 88 票对 55 票的多数票通过决议，禁止当地武装响应林肯号召。弗吉尼亚州随后脱离联邦，将该州的整个军事力量纳入邦联的管理之下。在这种形势之下，一位杰出的美国人，在军事史上享有盛誉的指挥官脱颖而出。

罗伯特·李在美国社会声名卓著。他的父亲是一名上校军官，曾参加过独立战争。罗伯特·李与乔治·华盛顿夫人的后代—卡斯蒂斯小姐喜结连理，这使他拥有了能够鸟瞰首都的阿林顿宅邸。这座宅邸是被称为"芒特弗农之子"的华盛顿的养子乔治·卡斯蒂斯为自己建造的，距离华盛顿私宅只有几英里之遥。罗伯特·李毕业于西点军校，曾在美墨战争中担任斯科特将军的工程参谋。他在美国军队中服役超过二十五年，立下了赫赫功勋。他举止得体，风度翩翩，笃信宗教，守正不阿。在联邦局势风雨飘摇之际，他正率领一个骑兵团驻扎在德克萨斯边境附近，在此期间，他反复考量了自己的职责、名誉及处境。他是奴隶制度的反对者，认为"分裂将一无所成"。但是，从小接受的教育却要求他首先应对弗吉尼亚州保持忠诚。1861 年 3 月，他奉命抵达华盛顿，并向他的挚友表明了自己的立场："如果弗吉尼亚站在联邦一边，我当然会鼎力支持，如果弗吉尼亚退出联邦—虽然我不认为它的分离符合宪法，也不认为革命的理由足够充分，我也仍会追随左右，为它驰骋疆场，战至最后一息。”

罗伯特·李在黑云压城的三月到达华盛顿。为争取他留在联邦，老上司斯科特将军与其进行了三个小时的诚挚面谈。林肯政府任命他为新近组织的联邦军最高统帅，被他当即谢绝。一天后，弗吉尼亚州脱离联邦的消息传来，他辞去所有职务，永远告别了位于阿林顿的家宅，满怀忧伤地登上了开往里士满的列车。到达南方之后，他立即被任命为弗吉尼亚陆海军全权统帅。他于周六辞去了联邦的职务，紧随而来的周一就接受了新的任命。一连数周，这位将军心乱如麻。他的眼睛经常充满了泪水，甚至重大战役的胜利或失败都未曾使他如此愁肠百结。一些熟识的人记录下了他内心的挣扎，其实，他的痛苦并非来自于犹豫不定，他坚定地选择了弗吉尼亚州，他是对这种选择而哀痛不已，对可预见的后果黯然神伤。但他从未质疑自己的做法，也未曾感到后悔或自责。

一些人认为，杰出人物推动了历史，造就了人类的命运。那么，这里就必须提及罗伯特·李的著名战友—“石壁”将军杰克逊。分裂危机爆发时，罗伯特·李时年五十四岁，而杰克逊只有三十七岁。杰克逊与李将军一样，是训练有素的职业军人，在美墨战争中立下了汗马功勋。他致力于军事理论研究，此时正在弗吉尼亚军事学院担任教授。杰克逊祖籍是北爱尔兰的阿尔斯特，现居住在弗吉尼亚。他不苟言笑，缄默少语，有一种令人生畏之感。他厉行简朴，克己自律，作风类似加尔文教徒。他之所以能够名垂青史，也许正是因为他麾下的军队如同克伦威尔铁甲军一般所向披靡。与李将军不同的是，此人对北方的压制早已怀恨在心。他胡须浓密，脸色苍白，薄唇紧绷，鼻如鹰钩，眼神犀利。他是一位教授式军人，总是穿着一身经久褪色的军服，无没精打采地站在那里。即便如此，他依然博得了亲密同事们的敬爱。杰克逊拥有一种奇特的魅力，他严厉训导下的千万士兵却皆对他怀有无比忠诚之心。

此二人都习惯性地声称讨厌战争，但毫无疑问的是，他们十分享受战斗的艺术，并将其视作可以为之献身的一种职业。在语录和书信中，他们总是流露出忧伤的情绪，认为自己是迫不得已执行上司的命令。但是曾有一次，在为黎明参战而进行的一次长途夜行军中，杰克逊对他的同伴小声耳语道："真是令人兴奋！"罗伯特·李也曾望着尸横枕藉的战场若有所思，他说："这就是可怕的战争，我们会渐渐喜欢上它。"一年以来，李和他的卓越下属杰克逊在严酷的形势之下携手合作，令人回忆起马尔巴勒和欧根的密切配合。此时，联邦的大批军队正汹汹袭来。

南北双方都开始着手组织军队。它们都缺乏训练有素的官兵，武器和弹药也少得可怜。美国人享受了长时间的和平生活，疏于战备多年。他们热衷的只是开拓荒野，向土地索要财富。战争双方皆未意识到即将到来的磨难和考验。南方人斗志昂扬，热情高涨，与北方的商人阶层相比，这里的贵族和边民更善骑射。邦联是为捍卫自身独立，抵御北方入侵和压迫而战，因此他的民众倍感自豪，热情也十分高涨。男人们纷纷加入新组建的兵团，并坚信他们会战无不胜，至少相信己方不会是失败者。

突如其来的战争使北方人一度感到惊骇不已。他们很难想象，政党政治的长期冲突与总统竞选的热情激昂现在必须让位于有组织的相互杀戮。然而，在仔细思考己方的资源优势之后，他们感到自己拥有无与伦比的力量。于是，北方人决心战斗，要不惜任何代价维护联邦。在事关国体的重大问题上，反奴隶制的正义之火正在熊熊燃烧。

对外国观察者而言，南北之间的力量差距显而易见。北方拥有二十三个州，两千二百万人口，而南方只有十一个州，九百万人口，其中还包括近四百万的奴隶。南方只要求独立，因此其战略主要趋于守势；而北方否认南方诸州的权利，并决心将它们拖回联邦，故而不得不采取攻势。对于北方进攻者来说，任务十分艰巨。

如果要获全胜，必须征服整个南方地区，这个目标不是通过两到三次战役就能实现，而是需要寸土必争的持久战斗。邦联地区地域广大，南北相距八百英里，东西为一千七百英里。这里交通不便，铁路稀少，路况恶劣，大部分地区人迹罕至。这样一来，入侵者很大程度上就得依靠自供给养。在进入南方领土时，北方军还必须保护自己漫长的交通线不受袭击。按理，众多的奴隶本会令南方颇为掣肘，但事实证明，他们反为白人提供了可靠帮助。奴隶们在主人不在之时照顾种植园，种植作物供应军队，同时，他们还担负了修桥铺路、建筑防御工事之职，从而使大量白人腾出手来，全心全意地投入战争中去。

战争也许最终将演变为一场拉锯战。在北方，许多民主党人依然反对使用武力解决问题。但南方的战争决心更加坚定。对于消耗战而言，北方的优势在于制造业发达，此外，如果海军能够封锁南方三千五百英里的海岸线，那么就必将对南方农业造成重大打击。但是，海军封锁将会导致欧洲棉花短缺，这可能会迫使英国和法国出面干预，为南方撑腰。

南方七州在林肯当选后脱离联邦，并于 1861 年 2 月在亚拉巴马州的蒙哥马利建立了独立的政府。萨姆特堡之战后，林肯下令召集军队，然而不久，又有中南部的四个州分裂出去。它们组成邦联，将政府迁至里士满，而边境一带的肯塔基州、密苏里州、马里兰州和特拉华州依然迟疑未决。在这四州中，肯塔基的地理位置甚为重要，一旦该州独立，密苏里州也可能会铤而走险。从某种程度上讲，战争走向似乎取决于肯塔基州的立场。林肯与杰弗逊·戴维斯一样，是在肯塔基州出生的，他说：“我希望上帝站在我这一边，而我必须拥有肯塔基州。”但肯塔基州仍然坚持“伟大的调和者”亨利·克莱的主张，试图保持中立。参战双方都无法长期容忍这种态度，然而也都避免做出任何过激然举动以免将其推向敌对一方阵营。事实证明，林肯的外交手腕技高一筹，9 月时，他已成功地使肯塔基州投入了己方阵营。这是联邦取得的一场真正的胜利。

密苏里同肯塔基州一样，当地民众大多赞成中立，但双方的极端派把持了政权，最终将该州推向了内战。密苏里州州长是一个狂热的分离主义者，他得到州议会的支持，极力要将该州拉入邦联。联邦派领袖来自势力强大的布莱尔家族，他的兄弟是内阁成员。他得到了圣路易斯城的联邦军队指挥官里昂的援助，成功挫败了州长的分裂图谋。州长本人被赶出了首府杰弗逊市，只得前往该州的西南边陲落脚。但是，在这次事件中，由于联邦军队介入了州内纠纷，致使许多原本态度中立民众加入了分离派的行列。虽然议会废黜了州长，在圣路易斯建立临时政府，但直到数月之后，联邦才完全控制了密苏里州。

在马里兰州，问题迅速得到了解决。巴尔的摩市的分裂派力量强大，他们暂时控制了这座城市。他们摧毁了两条通往北方的铁路桥，使华盛顿一连数日处于孤立境地。从马萨诸塞州赶来的援军在行进途中遭到攻击，一场血腥战斗由此展开。但是，由于没有得到弗吉尼亚的帮助，马里兰分裂分子无法凭一己之力进犯首都，忠于联邦的州长因此赢得了时间。5 月 13 日，巴特勒将军率领下一小股联邦部队突然出现，并以迅雷不及掩耳之势占领了巴尔的摩。马里兰的分裂活动就此终结。第四个蓄奴的特拉华州最终也留在了联邦，该州议会倾向南方，但地理条件因素促使其站在了北方一边。

林肯不仅争取到了四个蓄奴州，还成功地从邦联的弗吉尼亚分离出了一块重要地区。西弗吉尼亚在地理和经济属于俄亥俄流域，阿利根尼山脉将其与其他地区分隔开来。长期以来，西弗吉尼亚一直受到位于里士满的州政府压制，州政府无视它的利益，对其沿海一带无度攫取。现在，西弗吉尼亚终于找到了脱离的机会。5 月，民众投票批准了该州的《分离法案》，在强邻俄亥俄州的帮助下，以卡诺瓦州的身份实现了独立，两年后，它正式加入联邦，定名为西弗吉尼亚州。

在备战方面，南方总统比他的对手更具优势。此人是西点毕业生，在正规军中服役多年，也曾参加过墨西哥战争。后来，他在皮尔斯总统的政府担任战争部长，不久就任参议院军事委员会主席。他对军官队伍了如指掌，并能唯才是举，知人善任。他不仅在人才选拔方面独具慧眼，还能常常引领部下扭转危局。邦联的高级将领们有一个共同的特点，在战争中，只要没有不幸阵亡，他们就能够自始至终坚守岗位，牢牢掌握部队的指挥权。

相比之下，联邦总统的林肯没有军事经验，他原本从事法律职业，没有大量接触过部队军官。因此，他的军事任命常常基于纯粹的政治理由。他过于遵从舆论，如果公众要求撤换打了败仗的军官，林肯就会立即遵从。联邦指挥官一旦失败，就很难获得机会重掌兵权。波托马克军团的每次作战失利，都将引发指挥层的重大调整。从没有一位联邦高级将领能够从头到尾指挥战争，留在岗位上的新秀虽说也是出类拔萃之人，但却在激烈的战事中损耗严重。前线军官对身后总统的恐惧甚至超过眼前的敌人，这种恐惧常常使他们在指挥作战时畏首畏尾，指挥才能自然也无法获得充分发挥。陆军部也同样无法做到任人唯贤，正规军中的许多下级军官都被派驻在偏远的西部地区，而没有被用来培训和领导志愿军。战事一开，北方就像邦联那样努力召集军队，联邦政府集大权于一身，迅速掌握了各州的武装力量。另一方面，南方的“主权国家”甚至在战争压力之下也一直坚守他们所谓的“分权原则”。一些州长虽然忠于邦联，但却不愿服从中央的指挥。邦联议会于1862年做出征兵决定，但许多地区予以抵制。它们无顾大局，我行我素，各行其道。

那么，南进的征伐大军应该选择什么样的路线呢？阿利根尼山脉将密西西比河流域与连接大西洋的广阔平原分隔开来。密西西比河及其支流俄亥俄河、坎伯兰河及田纳西河为联邦大军直插南方腹地，将其拦腰截断提供了便利。北方的工业和物资资源优势使其能够轻松控制这些水道，而南方则缺乏对付联邦内河舰队的能力。从查尔斯顿至莫非斯的铁路干线是连接邦联各州的交通要道，它穿越田纳西州的交通枢纽—四条铁路的交汇之地查特怒加市，具有重要战略价值。在联邦大军压境的情况下，这条铁路已是岌岌可危。南方的骑兵不能切断水道，此刻，北方军队正在顺流而下，如果没有足够的船只，就很难阻挡他们运输人员和物资。年迈的温菲尔德·斯科特是联邦军司令，他将西部视作战略进攻的合适路线。但是，由于当时肯塔基州正严守中立，因此联邦军的进军路线只得进行调整。当9月底肯塔基州加入北方阵营时，联邦军主力已经绕道而行，开赴了战场。

弗吉尼亚州加入邦联之后，杰弗逊·戴维斯很快将首都迁到了弗吉尼亚首府里士满。该城距华盛顿一百英里，扼守詹姆斯河和约克河的入海口及其支流要地，同时，还能控制重要的诺福克海军基地。在里士满和北方诸州之间，横卧着波托马克河的宽阔河口，还有拉帕汉诺克河及其支流拉皮丹河为屏障。邦联要将这里，而不是内地，作为与北方一决高下的战场。因此，对阵双方就像国际象棋相邻方格中的黑白皇后棋子，它们在其他棋子的配合掩护之下，用了四年时间才完成了这场残酷的对弈。

邦联军最初希望死守作为弗吉尼亚北方边界的波托马克河。他们攻占了联邦设在哈珀斯费里镇的兵工厂和仓库，而该镇正是位于谢南多厄河与波托马克河的交汇之处。几个月后，联邦纠集力量发动反攻，杰克逊上校与后来接任的约瑟夫·约翰斯顿将军率几千人名部下在此坚持抗敌数月之久。作为铁路枢纽的马纳萨斯距离华盛顿只有三十英里，由博勒加德将军率领邦联主力坚守，博勒加德曾因炮击萨姆特堡而名震一时。当1861年夏天到来之时，华盛顿充满了北方政客及其追随者们的喧嚣："联邦对这种傲慢的挑战究竟还要忍耐多久呢？！"林肯在4月底时征召了一批服役期为三个月的志愿者，必须在期满之前将其投入战场。斯科特将军对此并不赞同，他一直希望组织一支训练有素的正规军队，然后再与南方兵戈相见。但是，正规军不是向来鄙视民兵和志愿者吗？重重压力之下，斯科特向林肯及其内阁做出了让步。哈珀斯费里这时已经光复，约瑟夫·约翰斯顿率一万一千人向谢南多厄河上游撤退。因此，斯科特派出一万五千人的部队前往河谷迎击。与此同时，能征善战的欧文·麦克道尔率领三万五千大军前去进攻统帅二万二千人的博勒加德。这个计划的核心在于以优势兵力拖住约翰斯顿的军队，避免他在麦克道尔发动攻势之前与博勒加德会师。一些人认为，斯科特虽然年老体衰，但头脑依然灵活，如果他能像丰特努瓦之战中的萨克斯元帅那样被担架或救护车运至战场，那么联邦军队可能会免遭劫难。对拥有丰富知识和实战经验的指挥官来说，他的头脑要比身体更为重要。

联邦军原定于7月9日开拔，但实际上，直到一周之后它才正式启程。两位南军将军都认定自己将遭到优势敌军的攻击，因此同时要求上级予以支援。但是，负责围堵约翰斯顿的联邦军将领帕特森掉以轻心，让约翰斯顿偷偷溜出了包围圈。在战斗打响的前一日，约翰斯顿率领麾下的两个旅与博勒加德方面成功会合。麦克道尔和博勒加德将军的作战计划十分相似，都准备对敌方的左翼发动进攻。麦克道尔一击得手，但南军右翼传错了命令，因而进攻受挫。防守方实力不弱，或许可以守住阵地，但是，麦克道尔一方随即发起突袭，他拥有压倒性的兵力优势，试图在敌人援军到来之前攻克防守薄弱的左翼阵地。杰克逊在这场危机中岿然不动，“像一面石壁般”挡在了亨利山上，阻止了联邦军前进的势头。他们一直坚守阵地，直到约翰斯顿的援军乘火车前来，战局得以扭转之时才撤出战斗。

战事虽然激烈，但也混乱不堪。双方部队都乱成一团。天气酷暑难耐，士兵不习战阵，将领缺乏经验。北军开始撤退，而南方却因部队混乱而无力追赶。对北军而言，部队的撤退行动却最终演变为兵败山倒。联邦的内阁成员、参议员、众议员甚至女士们都从华盛顿赶来目睹这一撤退“盛景”。他们看到，成千上万的男人扔掉了武器，甚至脱掉了外衣，疯狂地奔逃而去，直到跳进华盛顿城周围的战壕之中才肯罢休。这种恐怖的场景使围观的人们惊恐万状。在这场战争中，双方的伤亡人数都不超过五千人，但“公牛跑战役”1 的名字却名扬四海。欧洲人惊讶不已，南方军喜出望外，而联邦方面只能硬着头皮迎接一波又一波的愤怒浪潮。与这次战斗的强烈反响相比，萨姆特堡战斗后的舆情激愤只能说是“轻起涟漪”而已。

至今有些人依然认为，南军应该马不停蹄，趁势进攻华盛顿。但当时在约翰斯顿看来，获胜的邦联军队比失败的联邦军更加混乱无序。他没有看到敌方溃败的场景。杰克逊和其他一些南军将军则急切希望向华盛顿推进。究竟采纳谁的主张？

在此次可耻的事件发生后，一个新的指挥官接替了麦克道尔的职位。此人名叫乔治·麦克莱伦，墨西哥战争时期曾与罗伯特·李同在斯科特麾下任职。他是一名正规军军官，拥有许多优秀品质。接到当局任命时，他正活跃在西弗吉尼亚的战场上。议会批准招募五十万名志愿者，并拨出军费二亿五千万美元。麦克莱伦上任一周后，就向总统提出了一项宏大计划，要求组建一支二十七万三千人的军队，在强大海军和运输舰队的配合下横扫大西洋沿岸，夺取从里士满到新奥尔良沿线的所有海港，然后向内陆挺进，彻底剿灭叛乱势力。然而在现实的战争中，情况并没有那么简单。朝野内外呼声震天，要

---

1 又名布尔溪战役。

求一场立竿见影的胜利。时间就像一把双刃镰刀，对联邦而言利弊参半。随着时间推移，南方政权将会日益巩固，而外国承认邦联甚至拔刀相助的可能性也会持续增大。10 月底，斯科特将军退役，麦克莱伦成为了合众国军队的最高统帅。他积极热情地投入工作，以欧洲最佳军制为蓝本，着手建立了旅、师、军团，同时还组建起炮兵、工程兵及补给列车队。

1861 年就这样结束了，南部邦联依然屹立，而且几乎毫发无伤。在漫长的边界与边境争议地区，双方总共发生了一百五十次多的冲突或小规模战斗行动，但没有造成严重的流血事件。虽然南军将领意识到，不久之后，麦克莱伦便会大军压境，他的军队训练有素、装备精良且人数占优。但南军方面只有四万人，虽然士兵们斗志昂扬，但也不敢轻易对巴尔的摩和马里兰发动进攻，甚至连收复西弗吉尼亚都未敢奢望。罗伯特·李被派往前线组织防务，但当地指挥官之间错综复杂的矛盾却令他感到无所适从。他仍然保留着弗吉尼亚的军职，但在邦联内的地位却在约瑟夫·约翰斯顿和阿尔伯特·西德尼·约翰斯顿之下。博勒加德将军虽然排在罗伯特·李后面，但却已经立下了赫赫战功。李从西弗吉尼亚返回时声誉受损，因此在他接手卡罗来纳州海岸防御的重任时，戴维斯总统不得不向当地州长做出解释，为其大大地美言一番。

在当时的欧洲人看来，美国内战似乎就是暴民与政客之间的一场乌烟瘴气的争斗。法王拿破仑三世同情南方，如果英国政府赞同的话，他一定会出手相助。维多利亚女王希望严格恪守中立立场，但英格兰舆论却意见不一。上层阶级、保守派和自由派等普遍对南方抱有同情，格莱斯顿也持同样立场。托利党领袖迪斯雷利的态度不偏不倚。激进分子和没有选举权工人阶级则坚决反对奴隶制，科布登和布赖特便是他们的代言人。但是，北方对南部海岸的封锁使英国商业阶级受到沉重打击，始终反对奴隶制的兰开夏郡已经出现了“棉荒”之兆。而联邦巡逻舰拦截英轮“特伦特”号，强行带走南方代表梅森和斯莱德尔的事件，更是在英国掀起了一场风暴。

英国外交大臣约翰·罗素勋爵为此起草了一份措辞强硬的照会，帕默斯顿遵循女王丈夫的意见，对其进行了一些修改。照会中插入的一个条款给联邦政府留下了余地，美国人可以体面地声称巡逻舰的行动“未经官方授权”。同时，林肯总统接受了一些人的劝说，最终明智地将此定性为，“偶然的一次对抗”。他释放了南方代表，使火爆的事态归于平静。南方走私船队的规模逐渐扩大，这些船只偷偷躲过北方海军封锁，将棉花运往海外，满载军火而回。但是，邦联派出的特使却没有得到任何欧洲国家政府的正式接见。在欧洲人没能预料到 1862 年南北双方的激烈战况，无法了解敌对双方的难以平息的愤怒之情，也难以理解亚伯拉罕·林肯的坚持和联邦的强大力量。在邦联之外，人们对罗伯特·李或杰克逊知之甚少。

第十一章　里士满战役

新年伊始，形势对邦联十分不利。一种悲伤和失望的情绪在南方领土蔓延开来。在位于里士满的邦联内阁和指挥部，战事不利的消息和数据雪片般飞来，邦联似乎已经处于严重困境之中。北方舰队封锁了南部海岸，在大西洋沿岸和密西西比流域，北军的人数皆是南军的两至三倍以上，其战斗力和规模还在不断提升。北方资源丰富，军工业发达，其强大的军事潜力为戴维斯总统及其同僚带来不小的压力。南方各州皆没有军工厂，钢铁资源稀少，只有几家生产靴子、服装及其他装备的小型工厂。弹药库几乎是空空如也，甚至连燧发枪也是一种稀缺之物。南军滑膛炮的射程与北方新装备的线膛炮相差甚远。更重要的是，南方没有任何有效的手段解决与北方的差距问题。正是在此背景之下，一系列军事灾难发生了。

灾难最先起于密西西比河流域。阿尔伯特·西德尼·约翰斯顿是该地区的南军统帅。总统戴维斯认为他是无可替代的人选。约翰斯顿大公无私，谙熟韬略，颇有胆识。1861 年秋，他率军抵达博林格林地区，博林格林位于俄亥俄河支流格林河南岸，是一个极具战略价值的铁路枢纽。他明目张胆地驻扎于此，对肯塔基州和田纳西州施以威慑。在约翰斯顿大军西边，和平时期担任路易斯安那州主教的列奥尼达斯波尔克正率领小股部队，在哥伦布城一带对密西西比河实施封锁。此时，联邦军队正兵分两路，乘坐着装甲炮艇，分别从圣路易城和路易斯维尔城出发，沿密西西比河与俄亥俄河顺流而下，北军在数量上占绝对优势，是南军人数的四倍之多。不过，几个月来，南军始终得以坚守阵地，没有遭到北军的骚扰。他们控制着广阔的密西西比中游腹地，这里人口众多，资源丰富，可服务于战略之需。在新的一年开始之际，联邦军开始了大规模行动。大批身穿蓝军装的士兵出现在从密西西比河至阿巴拉契亚山约三百英里的战线上，各式各样的铁制小船载着大炮或迫击炮悄无声息地沿河而下。这种虚张声势的做法很快收到了成效。波尔克放弃了哥伦布，约翰斯顿也撤离了博林格林。战线因此南移至坎伯兰河及田纳西河一线，这里有一座被称为“十号岛”的南军要塞，坐落于密西西河畔。

亨利·哈勒克是联邦军的西线指挥官，向来以小心谨慎著称。幸运的是，在他的部下中有一位原本退役的正规军军官尤利塞斯·格兰特。格兰特在墨西哥战争之后一直默默无闻，跟随他父亲在伊利诺伊州的皮革商店工作。邦联军试图凭借十号岛要塞封锁密西西比河，并以亨利要塞封锁田纳西河，以多纳尔森要塞封锁坎伯兰河，他们的先遣部队驻防于此，各个要塞戒备森严。相对而言，多纳尔森要塞是一个高垒深沟的营盘，驻有数量可观的军队，而亨利要塞的防卫则相对薄弱。格兰特因此提出了一个冬季战略计划，命令部队跨过田纳西河，直接攻击亨利要塞。计划得到了哈勒克的批准。

格兰特军开始进攻，而正是这次进攻成就了格兰特在军事史上的地位。阿尔伯特·西德尼·约翰斯顿准确地预见到，联邦军必会趁着冬季河流水涨之时发动攻势。他向戴维斯总统及西部各州州长请求增援，但戴维斯无能为力，州长们无动于衷。1862 年 2 月，格兰特攻陷了亨利要塞。亨利要塞与多纳尔森要塞之间，只有一块两河相夹的狭长地带，二者相距不过十英里。格兰特自作主张，冒着严寒向多纳尔森要塞发起进攻。防守该要塞的是一万七千名南军士兵，指挥官是前任美国陆军部长弗洛伊德。他曾趁着林肯当选与就职的时间间隙，将枪支武器转运到南方。经过四天的激战，多纳尔森要塞投降。联邦军俘获了一万四千名南方官兵，缴获枪支六十余支。弗洛伊德为躲避叛国罪的指控，在要塞陷落的前一天晚上逃之夭夭。他的临阵脱逃也许是一种明智之选。

多纳尔森堡在 2 月 16 日沦陷，对邦联而言，这无疑是一场是巨大军事灾难。然而，这仅仅是一个开始，西线的灾难很快便会接踵而来。阿尔伯特·西德尼·约翰斯顿终于拥有了一支初具规模的军队，他将科林斯前线的残部聚集起来，撤到了田纳西河对岸。波克尔由密西西比撤至莫非斯河流域。

此刻，坐镇华盛顿的总司令麦克莱伦正在紧锣密鼓地操练军队。他想方设法抵挡来自各方的政治压力，对舆论“进军里士满”的呼吁虚与委蛇。他夸大敌人的力量，将从私人侦探机构得来的情报接二连三地上呈林肯总统，以此证明里士满地区，以及距离约瑟夫·约翰斯顿防线三十英里的森特维尔驻有大量敌军。他再三承诺发动进攻，以此换取时间训练士兵。时间一天天过去，声势浩大的波托马克军团始终没有出征迹象。人们在麦克莱伦新官上任时的热情已经逐渐消退。激进的共和党人开始攻击这位民主党将军，先前，他们对麦克莱伦一直表示支持，甚至不惜放弃本党的司令候选人约翰·弗里蒙特。众所周知的是，麦克莱伦反对激进派提出的全面解放奴隶的政策。早在 12 月，他就告知林肯总统，他不希望对约瑟夫·约翰斯顿发动正面攻击，也不赞成穿过弗雷德里克斯堡直接进攻里士满。他早就设计了一个两栖登陆的方案，让部队乘坐运输船沿切萨皮克湾南下，在叛军首都附近的弗吉尼亚海岸登陆。12 月初，他将这一设计简明扼要地告诉了林肯，中旬，他因偶染伤寒卧床休养，因此不得不离职数周。此前，在共和党的推动之下，联邦组建了一个指导战争的联席委员会，其成员包括三位参议员和四名众议员，由麦克莱伦的激进派政敌所把持。在麦克莱伦抱病期间，林肯与内阁召集委员会将军开会，请他们提出建设性意见。但是，麦克莱伦的突然出现打断了会议进程。几天后，麦克莱伦向总统详细阐述了他的计划，主张凭借制海权优势，运输十五万军队南下切萨皮克湾，在拉帕汉诺克河下游的乌尔班纳地区登陆。此地据西点镇只有一天路程，继续行军两日即可到达里士满。麦克莱伦打算切断马格鲁德将军的约克敦半岛守军退路，并在约翰斯顿未及回防之前占领里士满城。

没有人能反驳这一计划。它着眼于调动联邦政府的所有力量，从侧翼包抄华盛顿与里士满之间所有南方据点，直击南方要害。行动具体细节在审查之时又做了大幅度修改。位于半岛顶端的，约克河和詹姆斯河之间的门罗要塞最终成为北军登陆的首选地点。林肯总统不赞成侧翼登陆，他同样有一个无可置疑的理由：华盛顿的兵力一旦调空，约瑟夫·约翰斯顿的人马会立刻扑向毫无防备的首都。林肯也许对麦克莱伦虚夸的南军数量信以为真，更不用说“石壁”将军杰克逊的情况了。如此一来，争议的焦点便转移到应该留下多少军队来拱卫首都及在哈珀斯费里注入波托马克河的谢南多厄河河口。最后，守军兵力被定为四万，2 月 27 日，林肯勉强批准了这项计划。现在，一切准备工作业已就绪。与此同时，林肯做出决定，要亲自掌握军队最高指挥权，为此，他解除麦克莱伦北军司令官的职务，只命令他统帅波托马克军团。此种做法也是出于一些军事考虑。此外，他认为自己需要一个军事顾问，因此下令将哈勒克从西线召回。麦克莱伦在总统信使抵达之前就从报纸上得知他被解除了统帅职务。总统的做法似乎十分无礼，所以麦克莱伦自然而然地猜疑，这是“幕后黑手”联席委员会暗中策划的。

林肯的另一个严重错误是没有任命一个新的北军司令官。部队的所有指挥官都从陆军部长那里直接接受命令。两个月来，陆军部长一职由埃德温·斯坦顿担任，他的前任是腐败无能的卡梅隆。同麦克莱伦一样，斯坦顿也是民主党人，在布坎南政府倒台前担任司法部长。林肯或许认为，此人是麦克莱伦能够认可的上司。毫无疑问，他打算在里士满战役成功后重新任命麦克莱伦为司令官。同时，他也没能想到的什么合适的人选来填补这个空缺。他希望这种群龙无首只是暂时性的。起初，斯坦顿表示将全力支持麦克莱伦，但很快，麦克莱伦便疑心骤起，怀疑他故意设计，阻止自己单独接近总统。不久，斯坦顿开始显露出与联席委员会串通一气的迹象。这位前司法部长公然宣称：“联席委员会的命令就是总统的命令。”与此同时，陆军部办公室也开始传出一系列严重阻碍麦克莱伦行动计划的指令。当局在拉帕哈诺克河与谢南多厄河设立了两个军区，分别由曾指挥布尔朗河战斗的麦克道尔，及纳撒尼尔·班克斯将军负责。如此一来，麦克莱伦的权力便被削弱了。一个完整的军团从他的部队中抽走，据他所说，其所余下的军队不过七万三千人。其中，隶属谢南多厄河军区班克斯指挥的只有三万五千人。麦克莱伦完全有理由相信这支部队足以保护首都，但他没有将这个安排向林肯解释清楚，总统的质疑导致了不良后果，并因此下达了错误的指令，让麦克道尔指挥的第一军团留守在华盛顿南面。这样一来，在大规模行动之前，麦克莱伦的部队整整减少了四万人。

邦联未能把握 1861 年秋冬时分的良好战机，最佳的决胜机会转瞬而逝。他们在“公牛跑”之战的胜利同样有害。包括总统在内的南方人对外国的干预深信不疑。他们傲慢地相信，如果需要的话，他们可以轻易将北军打得一败涂地。南军产生了严重的骄傲自满情绪，甚至放松了备战努力。第一次战斗结束之后，南军志愿者们卸下了武器，当局不再征募兵员，参加战斗的士兵开始解甲归田，通过补助金与休假制度募兵的做法也被放弃。1862 年初，形势变得十分危急。邦联军队中将近三分之二的兵士都是服役期为一年的志愿者。早先组建的一百四十八个军团也将于 5 月服役期满。这些军团是南军的骨干力量。对南方而言，入侵迫在眉睫，而征兵则违背了各州独立和自主的原则。在此危急关头，邦联议会果断决策，于 4 月 16 日以超过 2 比 1 的票数通过了征兵法案，规定十八岁至三十五岁间的每一个身体强壮的白人皆有服役义务。即使这样，南方兵源仍然以志愿兵为主，许多将服役视为耻辱的人，以充当志愿者的方式逃避征兵。事实上，征兵法案不受欢迎，也难以执行下去。许多心怀不满的人充分利用它的豁免条款抵制服役。

在这一时期，杰弗逊·戴维斯总统严格遵循消极防御战略。他没有利用“公牛跑”和威尔逊河之胜顺势出击。他同样努力将军事指挥权掌控在自己手里，但却只关注了东部战场，很大程度上忽视了西线地区。西线军队的部署管理混乱不堪，直到 9 月阿尔伯特·西德尼·约翰斯顿被任命为最高司令，这种形势才有所改观。约翰斯顿十分顽固，他拒绝抽调戍卫大西洋海岸线的“老兵”。因此一小股联邦军队在海军的配合下轻易攻占了哈特勒斯角，为进攻北卡罗来纳，以及南卡罗来纳的罗亚尔港和波弗特港开辟了道路，并直接对查尔斯顿和萨凡纳构成威胁。罗伯特·李从西弗吉尼亚返回后，被派往海岸组织防御。当联邦军在安布罗斯·伯恩赛德指挥下向北卡罗来纳的内陆水域大规模开进时，南方军准备不足，无力抵抗，洛亚诺克岛和新伯尔尼相继落入北军之手。戴维斯总统无比坚定，决心不惜代价坚守前沿各州。他调回了防卫南北卡罗来纳沿海的罗伯特·李，令他担任职权不甚明晰的总部首席军事顾问。

3月中旬，独自指挥西线战事的哈勒克向已经攻占纳什维尔的唐·卡洛斯·比尔下达指令，要其率领麾下大部人马向距科林斯三十英里外的田纳西萨凡纳一带开进。在夏伊洛附近的河岸西侧同格兰特和威廉·谢尔曼会师，而后共同向艾伯特·西德尼·约翰斯顿发起攻击。但是，在比尔部队渡河之前，约翰斯顿抢先发动了进攻。在4月6日凌晨，约翰斯顿对夏伊洛的北军大营发起突然袭击，南北战争中规模最大且最为血腥的战斗就这样拉开了序幕。一开始，约翰斯顿大军势如破竹，当姗姗来迟的格兰特于夜幕时分抵达战场时，才发现自己已是身处险境。然而这时，约翰斯顿鲁莽地率领步兵发起冲锋，在此过程中，他的一条大动脉不幸受伤，流血不止，几分钟内这位将军就因失血过多而与世长辞。这样一来，他以伟大的气魄和不屈的意志所赢得的战果在次日将化为泡影。接替其指挥的博勒加德将军不顾下属布拉克斯顿·布拉格的反对，将军队强行撤离了战场。在这次激烈的搏杀中，南北双方各损失了一万人马，邦联军原本人员较少，因此阵亡比例远远高于北方。谨慎的哈勒克将军带来了北军援兵，但却下令禁止追击逃敌。4月8日，“十号岛”被约翰·波普将军攻克，七千名南军被俘。现在看来，联邦可以轻易地发起陆海军联合攻势，挥师直指南方腹地，夺取密西西比的维克斯堡要塞。但哈勒克却为迎合总统意图，准备在田纳西州东部发起进攻。他慢慢向科林斯推进，花了一个月时间来包围博勒加德将军。但是，博勒加德反应迅速，很快率军逃之夭夭。夏季来临，北军将长达三百英里的西部战线向南推进了二百英里。

现在，里士满－约克敦半岛已成为了两军交兵的主要战场。4月初，麦克莱伦军队开始在联邦控制的门罗要塞大举登陆，并将这里作为了一个桥头堡。北军的大规模行动暴露了战略意图，约瑟夫·约翰斯顿随即退出了森特维尔，放弃了马纳萨斯。他率军从拉帕汉诺克河上游渡过，在其支流拉皮丹河南岸的大平原处组织防御。联邦军对约翰斯顿的举动颇感意外，但也十分欣喜。邦联方面有两位名叫约翰斯顿的将领，但在艾伯特·西德尼·约翰斯顿在夏伊洛战死后，只剩下约瑟夫·约翰斯顿一人。他驻守在拉皮丹河后方，与里士满保持着密切联系。麦克莱伦的策略虽然在原则上无懈可击，但在投入实践时却遭遇了挫折。在4月中旬，接到额外指令的约翰斯顿，离开了主力部队，赶往八十英里以西约克城指挥半岛驻军。如此一来，他便可在内线指挥作战，集中所有力量防御里士满。联邦海军在与敌激烈交火之后，发现自己很难压制麦克莱伦右翼约克河岸峭壁上敌军炮火。坚固的南军要塞沿整个半岛延伸开来，马格鲁德指挥的南军戍卫部队驻扎于此。麦克莱伦认为，海岸敌军的数量已经超越了我军进攻部队。如果当初戴维斯同意将大西洋沿岸城镇的守军调拨给约翰斯顿使用，他早就已经锁定胜局了。

在这种沮丧的情形之下，麦克莱伦只能谨慎行事。他花了一个月时间围攻约克敦，同时不断恳请林肯调拨麦克道尔的军团增援。然而，林肯只是敦促他积极采取行动。在4月9日，林肯写给麦克莱伦的信中冷冷地说道："我始终坚持的观点是，不在马纳萨斯及其周边浴血奋战，而是另行寻找战场的做法不是克服困难，只是转移困难而已。在别的战场我们同样会遇到的敌人，同样要面对敌军的防御工事。"一个月后，他再次写道："越是拖延，敌军就会越强。他们既可以修筑防御工事，又可以得到增援，而你只能够得到增援而已。"最终，约克敦开城投降，为麦克莱伦的海军打开了纽约河的通道。麦克莱伦随即向邦联军防线发起进攻。马格鲁德只拥有一万一千人马，没有进行像样的抵抗。虽然他的后卫部队在5月5日的威廉斯堡之战中遭遇重创，但主力部队却成功摆脱了联邦大军的追击。到5月中旬，麦克莱伦已经沿着约克河向前推进了六十英里，到达怀特豪斯一带。此地位于里士满至西点的铁路线上，距离叛军首都约二十五英里。他在西点建立了一个新的基地，不再依赖于门罗要塞。此刻，如果他能从弗雷德里克斯堡调来麦克道尔的那个军团，那么里士满的叛军就已是穷途末路了。

然而在4月份时，罗伯特·李就说服戴维斯总统加强"石壁"杰克逊的力量，让其在谢南多厄河谷积极出击，牵制敌人力量。杰克逊军只有一万六千人，而四个联邦将军，班克斯希尔兹、弗里蒙特和米尔罗伊所部超过四万人。杰克逊与他们进行了一场短暂而辉煌的战斗，进一步提升了自己的名望。他对优势敌军的左、右两翼发动袭击，每天都面临被敌军咬住的危险。他或是分兵行动，或是发动一连串突击，取得了累累战果。杰克逊的行动使林肯总统和他的顾问们焦虑不安。林肯终于答应将麦克道尔的军团拨付麦克莱伦。但六天之后，麦克莱伦军的一半人马渡过泥泞的奇卡霍米尼河段时，传来的一纸电报称麦克道尔军团将“暂缓行动”。麦克莱伦的军队也随即停止前进。不料，一场暴雨使奇卡霍米尼河河水猛涨，联邦军队被河水分割开来。南岸只有孤零零的两个军团。对约翰斯顿而言，这无疑是一次绝佳战机。他立即调集全部力量，打算一举吃掉两个孤立的军团。戴维斯总统也在罗伯特·李的陪同下乘马而来，观看了这场“七松林之战”（或称“白橡林之战”）。

约翰斯顿没有请示他们，而是直接向将军们下达了口头命令。然而，南军的攻击受挫。战斗十分激烈，双方各损失六千余人，但没能取得决定性的战果。麦克莱伦的行动受阻，在瓢泼暴雨之中更是举步维艰。他的警戒部队据里士满只有五英里之遥，并牢牢地守在那里。林肯听闻杰克逊现在已撤向河谷，便再次承诺派来麦克道尔部队。但是，当杰克逊转身杀回，于6月8日和9日连续在克洛斯基和共和港击败追兵之后，林肯便又改变了主意，希望留下麦克道尔加强防御。当然，必须采取一切努力防止首都沦于敌手，即便是暂时沦陷也令人无法接受，这种情况虽然不会招致灾难性后果，但会使人心震撼、士气跌落。但是，林肯的优柔寡断却是一个典型的例子，它充分表明了文官掣肘前线将领是十分危险的。

更重要的是，约瑟夫·约翰斯顿将军在七松林之战中身负重伤。戴维斯总统任命罗伯特·李为北弗吉尼亚军团司令。这个军团已经一战成名，其辉煌战绩将永载史册。

新官上任的李将军开始集结兵力展开攻势，很快就能够得心应手地掌控战局。他获得戴维斯的允许，成功调来了约翰斯顿未能获得的大西洋海岸驻军。他向谢南多厄河谷中的杰克逊军派去了七千名援兵，大大加剧了华盛顿的恐慌情绪。如此一来，麦克道尔便愈加寸步难行。杰克逊骑马到他的军营中协调计划，得到的指令是将“老弱残部”留在原地，秘密率领主力部队前往里士满以北十五英里处，位于里士满–弗雷德里克斯堡沿线上的亚什兰。在这里，他可以绕到敌军侧翼和后方发动袭击，并切断联邦军与西点的联系。他应该在6月26日前完成战前准备工作。在此期间，年轻的南方骑兵军官斯图尔特率领一千二百人马对麦克莱伦的右翼进行了出色的侦察。事实上，他穿过了北军的运输线，由于无法原路折返，便从敌军营地右侧绕了半圈，带着数百名俘虏平安回到了里士满营地。

这是一个意外的收获，斯图尔特的冒险行动或许能对敌军形成震慑。但麦克莱伦没有改变部署，他的大军仍顽固地守在奇卡霍米尼河两岸，据里士满咫尺之遥。罗伯特·李手下，包括杰克逊军在内共有七万五千人，麦克莱伦则拥有八万七千人，但其中只有菲茨姜·波特的二万五千人驻扎在奇卡霍米尼河北岸。李将军决定派遣主力渡河同杰克逊军会合，以便集中五万六千人的部队，摧毁联邦军的右翼，断绝麦克莱伦与西点的交通。之后从敌军背后跨过河去，将麦克莱伦大军一举击溃。此际，留守里士满的只有马格鲁德率领的一万六千人，如果麦克莱伦技高一筹，便可立刻调派六万人马直扑里士满防线，以四比一的人数优势击垮敌军。李将军对麦克莱伦十分了解，他坚信麦克莱伦是不会这样做的。他对戴维斯说道："无论如何，我应当紧紧跟在他的背后。"李的意思是，如果北军进攻里士满，他将从后面给予其重重一击。这句话说明了李将军战术巧妙、思虑周全。对这些伟大的指挥官而言，调兵遣将就犹如闲庭信步一般轻松自如。

在6月25日晚，两个邦联军团越过奇卡霍米尼河，在敌军右翼集结并向梅卡尼克斯维尔的波特军发动进攻。波特吃了一惊，但立刻调集部队顽强抵抗。装备先进线膛炮的北军炮兵对进攻者造成了严重的杀伤。杰克逊没有亲临战场。他在行军时受阻，一天之后才抵达前线。南军在梅卡尼克斯维尔战场的损失已超过二千人，但防卫者却可以从下游四公里处的盖斯恩米尔补充兵员。南军于6月27日对盖斯恩米尔发动规模罕见的猛攻，这是罗伯特·李亲自指挥的首次战斗。北军的大炮再一次大显身手，南军的各个方面进攻均被击退。波特军的右翼布满了森林和沼泽，因此当杰克逊在同日晚些时候到达时，发现根本无法绕道右侧展开进攻。然而李将军并没有灰心丧气。他鼓舞部队士气，并派出霍德领导的精锐德克萨斯军团从敌阵中央展开突击。在日落时分，他下达了全线进攻的命令。德克萨斯军团不负众望，突入了防守严密的中心阵地，北军被赶出了战场。在夜幕降临时，南军已缴获了二十门大炮，俘虏北军数千人。那么波特残军退往何处了呢？在两日的激战中，麦克莱伦在马格鲁德对面按兵不动，他又将做出怎样的决断呢？北军的交通线已被掐断，右翼全军溃散。李将军的左翼现在完全挡在了联邦军的右侧和背后，而前沿的杰克逊军就好似一只强有力的铁拳。这场战斗真的能扭转局势吗？

但麦克莱伦是一个经验丰富的指挥官。在盖斯恩米尔之战当晚，他在指挥部会见的北军将领，并告诉他们已经决定放弃到西点和约克河的陆上交通线，并打算将约克河基地由海路转移至詹姆斯河。整个军队将向南进发，直奔哈里森河渡口，并在那里获得充分的给养。显然，为防止事态变化，他预先做了一些准备。但这也是万不得已的决策，将会面临巨大风险。在奇卡霍米尼河的湍流和泥沼上方，已经架起了一座桥梁，因它的形状而被命名为“葡萄藤桥”，波特军正是从这座扭曲脆弱的桥梁上成功逃脱了追击。与此同时，整个联邦军队都要进行一场艰难而危险的长途行军，从白橡沼泽侧面迂回行进，最后抵达半岛南侧。现在，该轮到马格鲁德出手，对脆弱的北军予以重重一击了。他于 28 日在萨维奇车站对北军发动袭击，占领了他们的野战医院，缴获了大型物资。但罗伯特·李尚不确定麦克莱伦究竟是奔向詹姆斯河，还是沿威廉斯堡公路撤退到门罗要塞，因此一天之后他才下令部队渡过奇卡霍米尼河进行追击。30 日时，他的部队终于追上了麦克莱伦，双方在格兰岱尔（或称弗雷泽农场）展开激战，这是整个战局的关键转折点。

出人意料的是，麦克莱伦花了一整天时间与海军方面协商，并安排在詹姆斯河畔建立新的基地。他把部队抛在一边，让其自顾自作战。南方这边也有很多失误之处。地图出现了错误，没有把握好时机，进攻力量过于分散。此外，被南军寄予厚望的杰克逊也因健康状况原因退出了战局。罗伯特·李用于决战的七万五千人马中，实际投入战场的不到两万人。这支部队最终攻破了北军的中心阵地，自己也伤亡惨重。但到了晚上，北军在夜幕掩护下继续撤退至莫尔文山，高地后面的詹姆斯河挡住了北军的退路。但是，北军此时依然实力雄厚，他们凭借山地险要地势，又有战舰和炮艇保护侧翼，便再次鼓起了战斗的勇气。这是本周的最后一次战斗。罗伯特·李再次下令发动进攻。南军将士们爆发出惊人的勇气，勇猛冲向敌人阵地。北军的炮声惊天动地，南军的喊杀声震耳欲聋，在战争岁月，这种誓死战斗的怒吼时常可以听见。虽然南军一再努力，但麦克莱伦依然逃脱了。他遭遇挫败，精疲力竭，被迫撤退。他的整个计划毁于一旦，还损失了大量的物资、弹药，六十门大炮及三万六千支步枪，敌都里士满毫发无伤。然而，他和那些勇敢的战士以五千人的代价挡住了追兵，为“七日之战”画上了句号。

“七日之战”以罗伯特·李的胜利而告终。联邦的计划彻底失败，在全世界面前丢了脸面。华盛顿舆论也是一片哗然。麦克莱伦毫不气馁，再次提出让军队渡过詹姆斯河前往彼得斯堡，就像1865年格兰特所做的那样，从里士满的“后门”发起进攻。他的提议未被采纳。对李将军来说，这次战役同样令他失望不已。由于他的部下缺乏经验，南军再三错过有限的良机，因而未能“毕其功于一役”。兵员充裕的北方损失了一万七千名士兵，而南军的伤亡却超过了两万人。

现在，林肯和他的顾问们试图回到先前的计划，在华盛顿与里士满一线集结压倒性的力量，由陆路直接攻向里士满。但是，联邦军队却被驻守里士满的罗伯特·李分隔开来。于是总统命令麦克莱伦撤出半岛，将他的部队沿波托马克河带至华盛顿附近。西部战区的哈勒克未遵总统之令，自作主张指挥作战，但却获得了累累战绩，因而声名鹊起，被任命为总司令。在密西西比河地区立下战功的波普将军，这时也被林肯调来指挥“弗吉尼亚军团”。波普将军为人尖刻，虚荣心强。由于在西部交了好运而显得不可一世，言谈间经常用尖刻的词语贬损东部军队及他们的战果。麦克莱伦被勒令交出军队，前往守卫华盛顿防线。官兵在离开这位统帅时不禁黯然伤感。波普现在是联邦的英雄人物，他在上任之始，便以前所未有的严苛方式对待西弗吉尼亚州的人民。他规定，在其军团所辖范围之内，所有男性居民必须宣誓效忠联邦，否则就要被赶出住所，如果胆敢返回，就要被残忍处死。当杰克逊听闻其所热爱的家乡竟遭此劫难时，好不容易才抑制住激愤的情绪。

战略形势现在有利于罗伯特·李和杰克逊。他们打算在麦克莱伦军队从约克敦半岛撤回之际解决波普的军团。此战具体情形将在下章详述。

一场划时代的海战也在此时拉开了帷幕。1861 年春，联邦政府轻率放弃了设在诺福克的海军造船厂，将它留给了反叛的弗吉尼亚州，许多物资和船舶也被焚毁。护卫舰“梅里马克”号便是其中一艘，它被邦联军修复，并创造性地进行了改造。它被装上了蒸汽机，甲板之上安装了柚木的低矮船楼，船体覆盖着两层由铁路用铁打制成的、两英寸厚的铁板，这些铁板层层叠压，用铆钉连在一起，形成一面四英寸厚的防护罩。船艏安装了撞角，武器是十门七英寸口径的大炮，通过舷窗进行射击。许多设计之前仅停留在人们的脑海之中，现在终于变为了现实。

这艘样式奇特的船舶直到 1862 年 3 月 7 日才最终整修完毕。之前，它从未开过一炮，发动机也未曾转动。而到 3 月 8 日时，它便匆忙出征，与来自门罗要塞的，封锁纽约河及詹姆斯河入海口处的强大联邦海军对决。它的引擎十分糟糕，仅能保持五节的船速，很像一艘浸满水的破船。即使这样，它依然毫不犹豫地冲向了离它最近的两艘联邦封锁船“坎伯兰”号和“国会”号。封锁船舰炮齐射，如果是对手是普通护卫舰，恐怕早已中弹沉没。除此之外，射程内的其他美国舰船与苏埃尔据点的海岸炮也向南军舰船密集射击。“梅里马克”号而今已被重新命名为“弗吉尼亚”号，它全然不顾雨点般袭来的炮弹，径直向“坎伯兰”号驶去，几乎笔直地撞上了“坎伯兰”号的船身，而“梅里马克”号的船员似乎并未感到剧烈震动。它的撞角脱落了。“坎伯兰”号开始倾斜，但仍在坚持射击。它很快载着大部分船员沉入了水底。“梅里马克”号随后转向“国会”号，在二百码的距离内将它打得支离破碎，火光冲天。一小时后，“国会”号升起白旗，其他的北军小艇急忙前去抢救它的船员。“梅里马克”号吃水二十二英尺，低落的潮水阻止了其靠近岸边，这使联邦海军搁浅的“明尼苏达”号幸运地逃过一劫。尽管“梅里马克”号遭到了一百门以上火炮的长时间轰击，但装甲几乎完好无损。铁甲外的任何东西荡然无存，烟囱与两门火炮的炮口被炸飞。二十一名船员被穿过舷窗的弹片杀死或打伤，而获胜的其他船员则躺倒在大炮旁边，期待着次日清晨再度激战。

但是到天明时分，“梅里马克”号的船员们望见一艘模样怪异的船舶吐着蒸汽从远处驶来，貌似护卫着“明尼苏达”号。“梅里马克”号上的一位船员写道：“与所护卫的那艘高大战舰相比，它只是个小东西。”这艘船就是埃利克森指挥的“莫尼特”号铁甲舰。它曾引起颇多争论，如今终于亮相海上。“梅里马克”号所做的改进，已是一种革命性的变革，但“莫尼特”号又比它更胜一筹。“莫尼特”号仅装备有两门大炮，但每门口径就达十一英寸，安装在旋转的铁制炮塔上。炮塔上覆盖着九英寸厚的装甲。它拥有龟背形状的甲板，有厚厚的装甲保护，几乎与水线齐平。该船的水线只有十二英尺，因此能够灵活快速行进。

这两个的怪物接近彼此，美国舰队的其他船只茫然不知所措。当两艘怪船距离很近时，失去撞角的“梅里马克”号便向“莫尼特”号开火。无数炮弹落下之后，覆有装甲的“莫尼特”号毫发无伤。但是，当两发十一英寸口径的炮弹击中“梅里马克”号舯部时，整个船舷凹进了几英尺，所有炮手的鼻子都被震出了血。两个钢铁怪兽相互厮斗了六个小时，但都没能给对方造成任何严重伤害或损失，它们在日暮时收兵回营，从此再没有见面。“梅里马克”号的水线以下没有装甲，它的船员认为平安而返实属幸运。它又回到了造船厂，弥补了这项缺陷并进行了一些修理。“莫尼特”号的适航性极差，在驶向战场时差点沉没，因此也需要改进。当海战消息传到欧洲后，人们意识到传统的木质战舰已经过时了。英国海军进行了紧张的努力，几年内重建了皇家海军以应对新的挑战。但即使今天，仍有一些国家愚蠢地建造没有任何装甲保护的船舶。1 自四百年前火炮装上战舰以来，“梅里马克”号与“莫尼特”号的战斗引发了海战史上的又一次重大变革。

当邦联军队撤出诺福克港的时候，试图让“梅里马克”号沿詹姆斯河而上保卫里士满。虽然卸下了所有武器，尽量减轻了负载，但它依然因吃水太

---

1 写于 1939 年。

深而无法驶入内河。无奈之余，船长只能下令将它焚毁。它的卓越功勋曾一度令南方人欢喜鼓舞，但现在，人们转而为它的沉没忧愤不已，但南方军事法庭支持船长的做法，宣布在当时情况下放弃、焚毁船只是“唯一的选择”，被告下达的命令是慎重且明智的。

第十二章　罗伯特·李和麦克莱伦

波普将军在1862年8月1日到达前线。这位新指挥官的任务清楚明了，就是在麦克莱伦军队从詹姆斯河赶来加入之前，以小规模行动尽可能多地扩大战果。首都不远处的阿奎亚港被定为麦克莱伦军的登陆点。不久之后，大批军队就从华盛顿开拔，穿过亚历山德里亚沿铁路线向南进发。波普现在已经拥有四万人，六周之内，他的军队将扩充至十五万人。他信心十足，跃跃欲试，甚至希望在主力部队到达之前就攻下戈登斯维尔和夏洛茨维尔城，然后一举解决里士满。

罗伯特·李看到麦克莱伦没有攻击意图，便在7月中旬派杰克逊率领两个军团（约一万一千人）前往戈登斯维尔。在月底时，杰克逊手上的军队已增至两万四千人。这对他来说已是绰绰有余，因为邦联军的人数现在比面前的波普军队多出一倍。杰克逊发现，波普军队正得意扬扬地沿三条路线行进，在库尔佩珀集结起来。8月9日，他在距库尔佩珀七英里处的锡达山一带，向作为北军先头部队的班克斯军发起攻击，杰克逊以二万之众打垮了北军的九千人马，班克斯军的伤亡达到了四分之一，剩余之人此后再没参战，只是留在后方看守辎重而已。但是，在库尔佩珀北部，杰克逊遭遇了波普的其他两支军队。他与罗伯特·李达成一致，率军退回了戈登斯维尔。

8月13日，李得知麦克莱伦的军队在门罗要塞登船。这是他等待已久的信号。不出一个月，这支规模庞大的军队就会与弗吉尼亚的波普军队会合，敌军的实力就会骤然膨胀。因此在这之前，他必须发起并赢得一场大战。

他马上命令詹姆斯·朗斯特里特率领里士满的十二旅—这是驻守里士满的主力，前往戈登斯维尔增援杰克逊。17 日时，他已在克拉克山南面的树林中集结了五万五千兵力，大军蓄势待发。此地不远处，就是波普军驻守的库尔佩珀。波普尚未察觉到危险将至，他的军队很可能遭遇灭顶之灾。但是，在罗伯特·李等待骑兵到来期间，北军俘获了一名南军军官。波普看到所缴获的文件时，方才大梦初醒，他立刻拔营而起，趁着暮色撤到了拉帕汉诺克河对岸。罗伯特·李挥出的右拳就这样落空了。现在，他只能依靠左臂挽救。杰克逊军试图从萨尔弗斯普林斯一带渡过拉帕汉诺克河，但是在第一波人马过河之后，河水便开始上涨。于是，波普再次逃过一劫。

罗伯特·李知道他拥有的优势将转瞬即逝。他急切希望能在一周或十天之内集中起压倒性的兵力击溃敌军。他知道，麦克莱伦的主力已经在阿奎亚港上岸。一旦敌军合兵一处，就将达到十五万人，北弗吉尼亚军队应该如何抵挡大敌？在这紧要关头，他与杰克逊提出了一个大胆计划，准备进行一场周密而精彩的行动。面对实力快速增长的联邦军队，罗伯特·李将自己的人马一分为二。8 月 25 日黎明之前，杰克逊率部出发，开始了又一次著名的行军。杰克逊与他的二万士兵，在二十六英里的长途跋涉之后达到萨勒姆地区，远远地绕开了波普的右翼。第二天，杰克逊军又穿越了萨勒费山峡，沿崎岖山路行进二十五英里，在马纳萨斯车站以南的几英里处切断了亚历山德里亚到奥林奇段的铁路线，这是波普军的主要供给线。 27 日，他攻占了马纳萨斯车站。

在车站内，波普军的军需物资堆积如山。食品、装备及各种备用物资令南军士兵眼花缭乱，目不暇接。他命人将酒看管起来，然后放手让士兵各取所需。不久，绝大部分士兵都将自己整装一新。但是这些战利品很可能带来致命危险。在车站周围的各个方向，都驻有强大的联邦军队，而且他们可能随时会在此出现。切断交通线只是一个顺手牵羊之举，并非邦联军的主要战略目标，只有打赢一场大战，才能够真正掌控局面。因此，杰克逊下令将车站和军需物资付之一炬。波普遥望北方，看到了被火光映得通红的夜空。杰克逊的任务是扰乱波普的阵脚，等待罗伯特·李与朗斯特里特的主力军队与他汇合。

波普军对里士满的威胁现已消除，他遭遇挫败，必须撤退。但当大部队从各路赶来后，他还是占据很大优势。他甚至他能够封锁萨费勒山峡，阻止罗伯特·李及其他邦联军队通过。 这对南军而言无疑是一个可怕的威胁。杰克逊退出马纳萨斯车站，向北钻进了萨尔弗斯普林斯的森林。波普天真地认为杰克逊被困在了车站，于是四面调军围拢过来。然而，当他匆匆到达车站时，发现这里只有满眼的烟尘灰烬，杰克逊早已逃得无影无踪。28 日，双方指挥官都对对方的动向不甚明了，只有杰克逊知道朗斯特里特正同李将军率领南军主力通过山峡。波普命令分散各处的联邦军队消灭杰克逊，现在他活动在萨尔弗斯普林斯的南部，为此目的，波普投入了七万大军。他只盯住了杰克逊，似乎已经忘记了朗斯特里特和李的军队正在杰克逊右翼集结起来。

8 月 30 日，第二次布伦河战役（或称马纳萨斯战役）打响了。五万三千名联邦军鼓起勇气，向拥有两万人的杰克逊军接连发起了五次进攻。双方相持不下，互有伤亡。朗斯特里特已经赶到前线，但仍未被对方察觉。朗斯特里特喜欢三思而后行，因此迟迟不肯投入战斗。“三思而后行”的说法当然正确，但是却并不符合当前形势。他是一匹出色的战马，李不会强迫他做出行动。于是，在马纳萨斯战斗的第一天，杰克逊只好独立支撑起整个局面。到了晚上，他将最后的预备队投入战场，发动反击。一位跟随杰克逊的随军牧师看到了南军左翼兵力空虚，于是向统帅善意地表达了自己的忧虑，“石壁”将军正全神贯注地关注着战局，他向战场望了一眼，说道：“他的行动简直是糟糕透顶。”

31 日黎明时分，战斗再次展开。两个北军军团已从阿奎亚港赶来，加入了波普的阵列。但对朗斯特里特军的存在，他依然茫然无知。波普命令运气不佳的波特将军包抄杰克逊的右翼，波特立即忠实地执行了命令。然而，朗斯特里特一旦出击，将庞大的主力投入战场，波普的军队就必然会土崩瓦解。波普意想不到的是，大批邦联主力军突然从四英里长的森林中潮水般地涌出，北军左右两翼立刻遭到了包抄，很快寡不敌众，一溃千里。波特不幸陷入重围，招架不住，随之溃散。波特后来被送上军事法庭，受到惩罚。当晚，波普身边还留有七万名忠实官兵，但他自己已乱了阵脚，只想躲到华盛顿堑壕中，因此连忙带着部下及赶来增援的一万名士兵撤退。罗伯特·李缴获了三十门炮，两万支珍贵的步枪，俘虏北军七千人，打死打伤一万三千五百人，而己方也损失了一万名士兵。就这样，李将军凭借不到五万五千的部队完败联邦七万五千人的大军。自戴维斯总统授予他指挥权以来，仅仅过去了四个月。那时，麦克莱伦的军队距离里士满仅有五英里，现在，李的先头部队距华盛顿已不到二十英里之遥。形势已完全逆转过来。

华盛顿政客和内阁的做法对麦克莱伦将军很不公平，谨小慎微的哈勒克则被当作他们的工具。在这个问题上，林肯负有不可推卸的责任。他希望派出一位拼劲十足的将军开赴前线，果断地找到李的军队并将其彻底击溃。麦克莱伦素有指挥才能，但却缺乏必要的战斗热情。林肯慧眼识人，当然对此也心知肚明。但林肯同样深知，麦克莱伦或许是联邦军中最富才干的指挥官。虽然他本能地站在麦克莱伦一边，但最终却屈从于舆论压力。他在中途换马，但不想新马的表现更差。麦克莱伦的各个军团刚在阿奎亚登陆，就被匆忙调去支援波普，甚至连麦克莱伦的私人卫队都未能留下。但是，他依然握有弗吉尼亚军团的指挥权（该军团已被重新命名为波托马克军团）。他虽然提出了正当合理的申辩，但却从未引起关注。但在 9 月 2 日，波普的残兵败将眼看要在华盛顿城下土崩瓦解，林肯总统手足无措，对麦克莱伦的看法也随之转变。当日，麦克莱伦正在吃早餐时，林肯和哈勒克总司令登门拜访。哈勒克告诉麦克莱伦，华盛顿已岌岌可危，希望这位老将能够重新挂帅，统领全军。于是，这位受到冷遇的指挥官临危受命，再次挑起救国重担。他从未被正式解职，也无须重新任命。他被剥夺了军队，现在得以重掌兵权。麦克莱伦并没有超越凡人的智慧和勇气，但当他骑马而出，迎接丢盔弃甲的败兵时，却受到了他们近乎疯狂的欢迎。许多勇敢的士兵因波普的错误指挥蒙受了羞辱，他们兴高采烈地跑出队列，几乎把这位官复原职的长官拖下马来。更多士兵们一拥而上，拥抱并亲吻麦克莱伦战马的大腿。北军士气得以回归，麦克莱伦重整军队秩序，调头南下迎敌。

在第二次马纳萨斯大捷之后，罗伯特·李并未向先前那样立刻行动。他先攻入马里兰州，试探它是否有转变立场之意。但他也深知，如果想拯救邦联，必须寻找决战机会，赢下一场决定性的大战。他经利斯堡北上，越过波托马克河，抵达弗雷德里克斯附近。李将军明白，他绝无可能攻陷华盛顿城，但却有望在野战中大展身手。三支联邦军队据守在谢南多厄河谷处的马丁斯堡、温彻斯特和哈珀斯费里，共计约有一万五千人。哈珀斯费里还设有北军的大型供应站。哈勒克没有及时撤回三支部队，因此它们很快成为了罗伯特·李攻击的重要目标。李军计划夺取哈珀斯费里，因为其他两股实力较弱的北军已经撤到了那里。于是，他率军从弗雷德里克斯出发，穿过南部山区向西挺进，与往常一样，杰克逊军接受命令绕过马丁斯堡进行包抄。到 9 月 13 日，邦联军已将哈珀斯费里围了个水泄不通。

华盛顿的政客们乱成一团，麦克莱伦成为了他们唯一的救命稻草。起初，麦克莱伦只是受命承担华盛顿周围的防御，但后来，正如他自己所说的那样，“在脖子上套着绞索的情况下”，指挥着旧部，“离开了华盛顿的战壕”，前往迎战李军，此时，他的人马仍比李将军多出一倍。麦克莱伦的说法在当时引起了普遍争议，事实上，林肯与他讨论过进军马里兰的问题，也在口头上授予其指挥野战军的权力。但麦克莱伦可能依然怀有政治上的偏见。他有理由感到愤愤不平。无数高高在上的评论家从未停止对他的刁难。他们在这危急关头以如此无理的态度对待军队最高指挥官，实在是联邦当局的一大耻辱。

麦克莱伦希望解救哈珀斯费里，于是便指挥近九万人的大军向罗伯特·李追去。在麦克莱伦的部队中，还包括两个完好无损的军团，未曾遭受过任何打击。这一次，北军撞上了好运，一名士兵捡到了用一张纸包裹的三支雪茄，纸上写着罗伯特·李的一道秘密指令。麦克莱伦因此得知，13 日时李已将他的军队分割开来，其主力已经直奔哈珀斯费里而去。麦克莱伦觉得胸有成竹，于是挥军前去迎敌。此刻，时间已成为了决定战局的关键，麦克莱伦在南部山区击败罗伯特·李之前，杰克逊、沃尔纳和麦克罗斯等人是否能够攻下哈珀斯费里呢？

麦克莱伦浪费了许多宝贵的时间。一想到这点，支持他的政府官员就觉得六神无主、焦虑不安。他的政敌正在暗处窥视，准备伺机而动找他的麻烦，因此，麦克莱伦倍加谨慎也是理所当然。14 日，麦克莱伦凭借优势兵力在南山口处将罗伯特·李的军队击退。李将军现在不得不做出重要决策。起初，他打算尽可能多地扩大战果，之后再带着战利品和荣誉光环越过波托马克河返回弗吉尼亚。但不久他又改变了主意，认为必须通过一场胜利来振奋军威。他决定在安蒂特姆河和波托马克河之间与联邦军展开一场对决，他相信杰克逊很快会攻下哈珀斯费里，及时前来与他会师。

15 日清晨，哈珀斯费里投降。杰克逊缴获了七十三门火炮，一万三千支步枪，俘敌一万二千五百人。当日下午，他就拔寨而起，连夜驰援李军。此时，罗伯特·李正率领两万军士抵挡着来势汹汹的联邦大军。这位可敬的麦克莱伦将军此时依然对华盛顿的政治恶斗难以释怀。如果他能像罗伯特·李那样无所顾忌，勇往直前，那么他可能就会孤注一掷，锁定胜局。无奈那些懦弱阴暗的政治势力总在他的脑海中挥之不去。为避免不必要的风险，他延误了一天时间，于是与胜利失之交臂。

直到 17 日，麦克莱伦才决定发起攻击。此时杰克逊已经抵达战场，被布置在李军的左翼。一些邦联军的小股部队在清扫完哈珀斯费里之后，也迅速向这里赶来。李军的背后就是波托马克河，唯一一座桥梁位于夏普斯堡附近，如果不幸失败，大军很难逃过河去。在这场可怕的战斗中，联邦军的处置不当可谓是登峰造极。麦克莱伦骑马巡视了战场，下令依照“总司令的安排”进行作战。这意味着在他做出部署之后，就可任由战斗自然发展。但是南军方面，杰克逊就站在战场的最前沿，而罗伯特·李也像曾经的马尔伯勒、腓特烈大帝和拿破仑那样乘马亲临指挥，掌控着战局。杰克逊指挥的南军左翼几乎已被摧垮，但在这之前，这些勇敢的士兵已经歼灭了整整两个联邦军团，相当于他们人数的两倍。杰克逊依然在苦苦支撑，直到罗伯特·李从中部和右翼调兵增援，才打破了这个僵局。联邦军向阵地中心发起进攻，但他们的先锋部队很快被打成了碎片，一半兵士横尸疆场。指挥联邦军左翼的伯恩赛德奉命横渡安蒂特姆河，打算切断李军的退路。如果不是南军的希尔将军正好率领最后一个军团从哈珀斯费里赶来，联邦军的计划可能就已经得逞。希尔突然出现使袭击者猝不及防，他从伯恩赛德右侧发动袭击，为邦联军解除了后顾之忧。当夜幕降临时，战斗仍在进行。联邦方面已经损失了一万三千名士兵，占参战部队总数的四分之一，占北军野战部队总人数的六分之一。邦联军损失九千余人，占参战人数的四分之一。

入夜时分，李将军召集军官开会。将领们一致建议立即撤过波托马克河，就连战无不胜的杰克逊将军也不例外。李仍然期盼获得一场无可争辩的，决定性的胜利，因此力排众议，宣布明日再战。于是，极度疲惫的南方士兵只好坚守阵地，等待黎明的晨光和即将淹没他们的北军洪流。但麦克莱伦已经吃够了苦头，他的军队一动不动，躲在阵地的背后。在责备他的无能之前，联邦陆军部也必须要受到指责。18 日就在一派平静之中过去。杰克逊与炮兵指挥官进行了一番考察，向李报告部队已无法继续作战。李将军接受了这种明智的建议，于是第一次马里兰之战就这样结束了。

1862 年的马里兰之战是道德和物质力量进行的一场激烈搏杀，双方在决定性的地点进行了规模空前的较量。交战的次数与激烈、残酷程度都远远超越了拿破仑战争中的任何一场战斗。从 6 月 1 日李将军获得指挥权以来，北弗吉尼亚军团在短短七个月内已历经过七次惨烈搏杀：七日之战、锡达山之战、第二次马纳萨斯南之战、哈珀斯费里之战、安蒂特姆河之战以及后来的弗雷德里克斯堡战斗。罗伯特·李的兵力往往不及对手的四分之三，通常只占敌军的一半左右。北方人虽然勇敢，但总是苦于糟糕的政治引导。另一方面，邦联军缺乏武器、弹药、食物、设备、衣服和靴子。甚至有人说，从地上血迹斑斑的足印就可以追踪南军的队伍。然而，北弗吉尼亚的士兵顽强不屈，他们“用刺刀守护着邦联”，在战争史留下了光辉灿烂的一页。

林肯也希望能有一场拿得出手的胜利。麦克莱伦在安蒂特姆河的表现虽然可圈可点，但却远算不上全局性的胜利。总统从未因一时挫败而对联邦丧失信心，但却常常心神不宁，焦虑不安。他向指挥官们反复盘问，好像他仍是一位检察官似的。将军们对此十分不满。然而，林肯在军中却很有威望，颇受士兵的信任。士兵们不了解林肯在华盛顿承受的政治压力，但却知道他行事果断、慷慨无私。在白宫的工作中，他不得不将这些品质发扬光大。政客、报刊编辑及其他一些有影响的人士纷纷涌入他的办公室，绝大多数都是来提出要求，让联邦速战速决。他们根本不知战争的艰巨。许多人拿出了不切实际的战争计划，信心十足地敦促这位领导人接受，还有些人私下崇拜某个将领，于是也跑来游说推荐。林肯耐心而坚定地接待每一个到访者。他朴素幽默的语言给人留下了良好印象，诙谐的气氛减轻了他的负担，紧张时刻开玩笑缓解他的压力，同时，他也愈加相信天意的指引。当战事受挫或阵亡的人数急剧上升时，他总是以最虔诚的祈祷来恳请上帝赐予力量。他的确得到了力量。处于权力的顶峰，他有时必须忍受奸佞的各种阴谋诡计，在众人惊慌失措之时独自保持冷静头脑，并独立面对社会舆论的强烈呼声。所有的一切，林肯都做到了。家庭问题同样令他烦恼不已。他深爱的一个儿子在白宫里去世。林肯夫人虽能专心事夫，但却因喜好奢侈和插手政事而遭到人们非议。随着战事的发展，林肯变得越来越憔悴，他脸颊和额头上刻满了深深的皱纹，但坚毅的面容却丝毫没有改变。

李将军在安蒂特姆河之战后撤离到了弗吉尼亚，这为总统采取重大行动提供了良机。他宣布所有叛乱各州的奴隶获得解放。在一系列战斗中，李将军的英勇无畏和坚定果敢给英法两国民众留下了深刻印象。在这种形势下，华盛顿愈加担忧欧洲可能会出面予以调解，而且一旦调解失败，它们或许会撇开联邦，单方面承认南部邦联。战事屡次受挫，将领指挥无方，这使北方士兵普遍产生了厌倦情绪。人们开始抵制征兵，士兵开小差的情况时有发生，呼吁和平的声浪也日益高涨。还有部分人则质问政府，如果奴隶制最终还是保留下来，那么北军的牺牲和付出岂不是付之东流？林肯提出解放黑奴，无疑是孤注一掷之举，他将战争提升至道义层面，希望以此博取英国舆论的支持，并激发本国同胞的热情。

这是他酝酿已久的策略。甚至在战争爆发之时，激进分子就已经要求废除奴隶制。但林肯担忧，此种做法会对边界蓄奴州的忠诚造成负面影响。他向来坚信，战争的唯一目的是维护联邦。在他写给纽约出版商贺拉斯·格里利的一封信中强调："我的根本着眼点是拯救联邦，而不是拯救黑奴或摧毁奴隶制……我极力维护奴隶和有色种族，都是因为这种做法有利于联邦利益；我所反对的一切，也是由于它们对联邦造成了威胁。同时，他不断思考发布解放宣言的合适时机，也对宪法中的种种阻碍条款思索再三。他依然认为，他无权力干涉边境各州实施的奴隶制度。林肯觉得，只有以陆海军总司令的身份发布宣言，并仅将它视作一种军事措施，宣言才具有法律效力。目的旨在剥夺邦联力量的源泉。1863 年 1 月 1 日起生效的宣言明确规定只适用于反叛各州，而其他地区的奴隶制在 1865 年 12 月宪法第 13 修正案通过后才最终废除。在南方，只联邦军队到达之处，法令才正式生效，而且并没有达到林肯所预期的效果。在英国，人们对林肯没有彻底废除奴隶制感到十分不解，也有许多人怀疑这是一个政治阴谋。在美国，战争已达到了一个不可调和的地步，除征服南方之外别无他法。北方的民主党人坚决反对解放法令，它在联邦军队中也同样不受欢迎。可能成为民主党总统候选人的麦克莱伦将军两个月前已向林肯发出了严正警告，申明此举的危险之处。1862 年秋的国会选举中，共和党丧失了多数议席。许多北方人认为总统已经走得太远，而另一些人又说他做得远远不够。这个伟大、睿智且思虑周密的行动起初并没有得到公众的理解。

华盛顿政府与将领之间的关系依然恶劣。平心而论，麦克莱伦在马纳萨斯之战后为联邦政府做出了巨大贡献。他重整军队，带领他们奔赴战场，清除了马里兰州的南军。但政府只看到了他打退了华盛顿城下的敌人。事实上，他所做的远远不止这些。英国的帕默斯顿勋爵已经决定在夏天出面调停，但安蒂特姆河之战的消息又使他犹豫起来。对北方来说，这暂时避免了南方邦联获得欧洲承认的危险，但也绝不意味着能够高枕无忧。秋天时，帕默斯顿政府的财政大臣格莱斯顿在纽卡斯尔发表的一番讲话激怒了北方民众。他说："我们十分清楚，北方人民仍未饮下这杯苦酒，他们试图将它从嘴边推开。但是，全世界都看在眼里，他们早晚得将它一饮而尽。对奴隶制问题，我们可能会有自己的看法，我们可以支持或反对南方，但毫无疑问的是，杰弗逊·戴维斯及其他南方领导创建了一支陆军，他们似乎正在创建一支海军，更重要的是，他们已经创建起了一个国家。"格莱斯顿并不知道，帕默斯顿已经改变了主意。

与此同时，政客们和波托马克河的指挥官麦克莱伦彼此仇视，相互争斗。激烈的党派矛盾加剧了军事的分歧。总统希望战事取得一个重大进展，而麦克莱伦则像往常那样，夸大敌军实力并隐瞒他们的严重损失。麦克莱伦知道，他的反对派随时准备落井下石，暗中捅刀，因此绝不情愿为政府承担军事风险。直到战役结束五个星期后，他才慢吞吞地渡过波托马克河，由哈珀斯费里向沃伦顿开去。

罗伯特·李从容不迫，他沿着谢南多厄河谷一路退去。他曾在10月中旬再次派出“杰布”·斯图尔特对麦克莱伦军队进行侦察，侵扰北军运输线，并获取了大量重要情报。如今，在麦克莱伦大军进逼之际，他毫不犹豫地把他军队一分为二，命杰克逊留在河谷对华盛顿施以威胁， 他则和朗斯特里特屯兵于库尔佩珀的法院附近。一旦形势紧迫，他就打算退守戈登斯维尔，等待杰克逊的军队赶来会合。现在，麦克莱伦终于打算出手了，他准备趁杰克逊返回之前以压倒性的力量击败李军。但是这时，林肯总统却在背后给了他重重一击。1862年11月7日晚，总统命令麦克莱伦将军队指挥权移交给伯恩赛德将军，而他最能干的下属波特则遭到逮捕。政府在绝望之际对他们委以重任，但现在已经足够强大时，便将他们一脚踢开。麦克莱伦反对废除奴隶制，这一观点也永远不会改变。在共和党中占据主导地位的激进派恨不得将他除之而后快，他们相信，麦克莱伦绝不会为联邦带来一场彻底的胜利。共和党人怀疑这位将军同情南方并想伺机与敌和谈，而且同样担心他会成为强有力的民主党总统候选人。林肯听信了共和党人的谗言，认为麦克莱伦现已成为政府的一块绊脚石。一直以来，他总是站在麦克莱伦一边，为他抵挡住政客的攻击和非议，但现在，他觉得是时候做出让步了。林肯本人对麦克莱伦并无敌意，他绝不是包藏祸心之人。

麦克莱伦被解职的消息传来，北军士兵差点一哄而反。麦克莱伦做事得体，他利用自己的影响力来帮助他的继任者树立权威，但从此再未被政府起用。罗伯特·李在战后告诉他的小儿子说，麦克莱伦是他迄今为止遇上的最好对手，但这样的将才却最终被联邦所抛弃。麦克莱伦的缺点不可忽视，但他在与罗伯特·李和杰克逊的交锋中不断汲取了经验教训。他的解职在联邦军队中造成了不利影响，除他之外，官兵们从未爱戴过任何将领。等待麦克莱伦的还有一系列激烈的政治斗争，而在这种以人数定胜负的较量中，他并不占据优势。波特将军虽然在马里兰战斗中功勋卓著，但却因在第二次马纳萨斯中表现不佳而受到军法审判，最终被驱逐出联邦军队。这种不公正的做法在多年之后才得到纠正——法庭对波特的案件重新审理，重新恢复了他的荣誉。

我们看到，在这场胜负难分的战斗中，林肯总统曾多次敦促发动正面进攻。“向里士满进军”正是他内心深处的迫切呼声。现在，他终于找到了敢于承担大任的伯恩赛德。伯恩赛德极富人格魅力，但却远远算不上是优秀的指挥官。他打心眼里不愿接受军队的指挥权。在上任之后，他仅执行了一个简单的计划，就是在地图上选择了一条连接里士满的最短道路，并将部队集结于道路沿线的，位于拉帕汉诺克河岸的弗雷德里克斯堡附近。

为做好这一计划，他整整花费了两个星期。在此期间，李将军已得到了杰克逊及其他部队的增援。迄今为止，李一直是在空旷的田野上运动作战，即使在安蒂特姆河面对优势数量的敌军时，他也没有构筑阵地。但而今，他却利用了两周时间在弗雷德里克斯堡的高地上来巩固己方的防御。南军筑起胸墙，在顶部铺上原木，用石头搭建堡垒，在外面覆上一层坚土。约一百五十门大炮安置就绪，众多的射击掩体也堆砌起来。同时，南军还在防线后面的灌木丛辟出了条条道路。12 月 11 日，伯恩赛德占领弗雷德里克斯堡，之后，北军大部渡过拉帕汉诺克河，准备发动攻势。伯恩赛德拥有十一万八千人，而李军只有八万人。13 日，北军开始发动进攻，伯恩赛德首先指挥部队分批攻击南方的左右两翼，继而又攻向敌军中心阵地。北方士兵显示了顽强无畏的精神。他们一队接着一队，一批接着一批，迎着猛烈的炮火冲上山坡。随着落日西沉，联邦军收兵而回，损失近一万三千人。南军以杰克逊部伤亡最重，总共伤亡六千余人。伯恩赛德只想着身先士卒，拼死决战，于是下令第二天继续进攻。但是，前线官兵和华盛顿方面的普遍意见阻止了他的行动。很快，伯恩赛德便被约瑟夫 · 胡克所取代。

李本不想在弗雷德里克斯堡与联邦军交手。此地与联邦阿奎亚港的海军基地十分接近，南军绝无可能对其发动反攻。他向戴维斯总统申请，让他在三十英里外的北安娜河对岸与伯恩赛德对决，那里有充裕的作战空间，他可派遣杰克逊和斯图尔特对敌军交通线进行猛烈袭击，一举将北军击退。尽管戴维斯与邦联将军关系融洽，但依然全盘否定了他的计划，因此李只得采取消极防御的做法抵御人多势众的北军。弗雷德里克斯堡的战果也很快丧失殆尽。如果两位总统放手让麦克莱伦和罗伯特·李自由作战，即便结果不会改变，局面也不至如此混乱不堪，而战斗时间和伤亡人数也必然会减少许多。

1862 年底之前，西部地区一直没有发生决定性的战事。约瑟夫·约翰斯顿将军在七松林之战中负伤，痊愈之后，于 1862 年 11 月被任命为邦联军西部地区的最高司令官，但是，却未能完全掌控各类部队的指挥权。在田纳西州，南军布拉格将军率领四万四千人在莫非斯堡附近与联邦统帅威廉·罗斯克兰斯的四万七千士兵对峙。彭伯顿将军控制着密西西比河区域，麾下除维克斯堡和哈德逊港的卫戍部队之外，还有大约三万名野战军。此外，在更靠西的阿肯色州，霍尔姆斯将军从当地征集的五万军队正驻扎在小石城附近，这里没有哪支联邦军队能与其相匹敌。格兰特进攻密西西比及维克斯堡的迹象日益明显，于是约翰斯顿敦促阿肯色的军队渡过密西西比河与彭伯顿将军会合，如此一来，邦联军就将获得人数上的优势。但是，杰弗逊·戴维斯否定了这个明智且势在必行的方案，他知道，如果阿肯色的军队开进密西西比河以东地区，很可能会激发西部各州的不满情绪。此举必定阻碍重重，但若非如此，则前景堪忧。于是，总统严令布拉格将军从查特怒加调来一万军队加强彭伯顿在维克斯堡的防御力量。这一命令很快得到了执行。

12 月初，格兰特再次尝试进攻维克斯堡。来自莫非斯的谢尔曼将军奉命率领三万人马，与波特海军上将的舰队一起进入亚祖河，占领维克斯堡北部高地。12 月 29 日，谢尔曼攻打契卡索断崖上的南军工事，不到一个小时就丢掉了近两千人马，狼狈而回，南军只损失了一百五十名士兵。作为报复，谢尔曼溯阿肯色河而上，在邦联军的阿肯色大营俘虏了五千名南军士兵。12 月 31 日，遭到削弱的布拉格军在田纳西州与联邦军队展开血战，战事主要集中在莫非斯堡一带，双方士兵均展现了极大的勇气。罗斯克兰斯指挥的联邦军伤亡九千余人，有近四千人及二十八门大炮被南军俘获，而布拉格也付出了一万多人的代价。联邦军队牢牢控制着田纳西及其首府政府纳什维尔，布拉格见无机可乘，只得带着失落不已的军队前往查特怒加过冬。

南北双方在各州依然势均力敌。尽管联邦海军宣称，在必要之时它有能力突破南方的军事封锁，但密西西比河道却仍然对联邦军关闭。莫非斯堡激战胜负难分，使人印象深刻，而契卡索断崖之战无疑以南军的胜利而告终。但现在，这种平衡的局面即将发生重大变化。

第十三章　钱瑟勒斯维尔与葛底斯堡

1863 年春天，波托马克军团与北弗吉尼亚的军团依然在拉帕汉诺克河两岸遥相对峙。素有“勇士乔”之称的胡克将军在安蒂特姆河战斗中脱颖而出，他曾因顶撞上司而遭到贬谪，而今终于得到林肯的提拔而成为部队的统帅。林肯对他十分信赖，认为他是一名优秀的战士，也希望他能成为一名出色的指挥官。显而易见，再次起用麦克莱伦已不可行，因为这样会削弱总统的权威。在 1 月底胡克走马上任之时，他就发现联邦军队正处于一个尴尬境地。由于先前的不满情绪持续发酵，三千余名军官和八万多名士兵擅离职守或逃之夭夭。如果再发生一场像弗雷德里克斯堡那样的大战，部队无疑将遭受灭顶之灾。部队的重组和整顿工作直到 4 月才最终完成，增援部队已经到达，在回家过完圣诞的离队者们也纷纷归来。胡克现在已经拥有了一支十三万人的大军，士兵们精力充沛、斗志昂扬，整装待发。胡克将他们编为六个师，同时还组建了一支一万人的骑兵部队。胡克对自己的成果十分满意，宣称自己统领着“地球上最优秀的军队”。

北军很快就要大举进攻，对这一点，罗伯特·李心知肚明。在备战行动中，戴维斯总统的消极防御及分兵防守的政策严重束缚了李的行动。虽然只有通过封锁线的船只可以进入南卡罗来纳州的威明顿港和查尔斯顿港，但持续的战争的压力已使这两处港口的防御变得至关重要。在戴维斯总统看来，1862 年 3 月在北卡罗来纳新伯尔尼登陆的联邦军队，与詹姆斯河口处的，距离里士满只有七十五英里的北军其他部队都对两处港口及其连通里士满的铁路构成了威胁。鉴于海岸沿线的地理条件，这些敌人原本被交由当地部队解决。罗伯特·李虽然对拉帕汉诺克河附近的给养困难耿耿于怀，但此刻却接连派出了以朗斯特里特为首的三支部队前去与敌周旋。此举不得不说是一个错误。朗斯特里特一直谋求独立的指挥权，此时，他开始自作主张，毫无意义地围困萨福克郡。如此一来，李下属的九个师就缩减为了六个。他的四个骑兵旅中，有两个在詹姆斯河南岸征收粮草。他的步兵人数不及敌军一半，而骑兵数量也仅为敌人的四分之一。他因此放弃了经由谢南多厄河谷进军的宾夕法尼亚的设想。这个计划虽说酝酿已久，但现在也只能等待时机。

联邦军在人数上占有优势，因此胡克决定兵分两路采取行动。他的计划是，提前两周派出骑兵部队由上游浅滩渡过拉帕汉诺克河，绕到李军左侧，之后再调集三个师威胁李军左翼，而约翰·塞奇威克则率领另外两师由敌军右方渡河。即便如此，胡克手上还有一个师留作预备队。胡克希望，罗伯特·李会在巨大压力之下放弃防线，全军撤退。这样一来，他就可以紧随其后直逼里士满。4 月中旬，他的计划开始执行。二流指挥官乔治·斯通曼指挥的联邦骑兵队因河流水涨而耽搁了时间，只好同右翼主力一起渡过拉帕汉诺克河。

起初，胡克军一切进展顺利。他的三个师约七万人的部队顺利横渡拉帕汉诺克河，并于 4 月 30 日早些时候渡过了上游支流拉皮丹河。他们向东一路挺进，直插李军侧翼和后方防线。驻守拉帕汉诺克河渡口处的邦联军被迫撤退，留作预备队的联邦部队畅通无阻地过了河。 30 日夜晚，一支九万人的联邦军队已在钱瑟勒斯维尔防御工事的后方集结起来。联邦骑兵虽然人数不多，但实力却不可小觑，此时，他们已开始向南军后方四十五英里处的弗吉尼亚的铁路中枢快速挺近。这条铁路是罗伯特·李的主要供给线，骑兵的任务就是要切断并捣毁李军的供应命脉。同时，塞奇威克将军也指挥着弗雷德里克斯堡背面的两个师越过河去，准备对杰克逊的三支部队发起进攻，这三支南军由朱巴尔·厄尔利将军指挥，此刻正守在前次战斗的壕堑里。

李将军现在受到两路敌军的钳形夹攻，其中任何一路都是他所难以应对的。同时，他后方的交通线也遭到袭击，给养被切断。如果这两路难缠的大军同时发动进攻，那邦联军必然会全军溃散。30 日晚上，南军的形势已是岌岌可危。而正是罗伯特·李在紧急关头的一系列行动，为军事史上留下了浓墨重彩的一笔。

这位伟大指挥官与他的得力副将被压缩在这个巨大的包围圈中央，但依然满怀信心。两路敌军分别位于李军两翼，它们一时无法联系。而对于李军而言，如果不弃守重要阵地，就无法撤退。在这种形势下，罗伯特·李自然要采取各个击破之策。那么，要先迎战哪一路敌军呢？杰克逊主张首先攻打塞奇威克，把他赶入河去。然而李将军深知，只有打败北军的主力部队，才能够最终力挽狂澜。而今，胡克正亲率北军主力杀将而来，李将军一得此讯，便立刻做出部署，他只留下一个师牵制塞奇威克，率领其余大部人马前往击敌。与此同时，“杰布”·斯图尔特施谋设计，在漫长的战线上与四倍于己的斯通曼骑兵相周旋，为李军主力减轻压力。在此次大战中，斯通曼率领的北军骑兵受到牵制，没有发挥任何作用。

钱瑟勒斯维尔位于一片林莽的边缘。此处灌木丛生，藤枝缠绕，道路不通，人车难行。胡克将部队聚拢之后，于5月1日下令沿特思派克及普兰克公路向东挺进。强大的联邦骑兵队在南侧三十英里处的路易莎郡法院大楼附近截断了弗吉尼亚的中枢铁路。胡克拥有三个通信气球和为数众多的信号站，甚至还能通过战地电报与塞奇威克联络。然而，在清晨时分，拉帕汉诺克河谷晨雾缭绕，气球和信号站上看不见任何东西，而发报机也出了故障。当胡克行进到荒野中时，他迎面撞上了大批敌军，并随即遭到了攻击。这些南军正是杰克逊的部下，与他的将领一样英勇善战。“勇士乔”在担任副将时曾名噪一时，但现在作为统帅却感到力不能支。他原本以为，他的谋划天衣无缝，能顺利逼退罗伯特·李的大军，但此时他却懊恼地发现，自己正面临南军的全力打击。他立刻调转马头，令部队撤退至钱瑟勒斯维尔城下预先备好的防御工事中。5月1日黄昏时分，茂密的树丛中涌出了密密麻麻的敌军，一窝蜂地拥到了北军坚固阵地的前面。在此期间，驻守弗雷德里克斯堡的塞奇威克没有从电报机里接到任何命令，因此，当厄尔利军勇敢地攻向浸满北军鲜血的高地时，他依然感到迷惑不已。虽然外面炮声隆隆，但他却没有采取任何行动。他何以认为朗斯特里特尚未抵达战场呢？其实这是完全有可能的。这时，天已经渐渐黑了下来。

李将军与杰克逊商讨了一番，知道己方只剩下一天时间。如果在5月2日这天南军仍无法以二比一的优势击败胡克，那么他们就可能被人多势众的北军前后夹击。正面攻击是行不通的。他们唯一的获胜机会就是将为数不多的军队再次分割开来，前往包抄胡克的右翼。为实现这一目的，南军派出了一个小队前去探路。深夜时分，杰克逊的一个参谋报告说，发现了一条 用于向铁厂拖运木材和铁矿石的私家小路。杰克逊马上提出率军出击，李将军迟疑片刻后表示赞成。这意味着，杰克逊将带领二万六千人绕到胡克右侧展开攻击，而罗伯特·李将指挥一万七千人的部队与近八万人的联邦大军一决高下。

清晨4点，杰克逊领兵出发。他的行动应该极为隐秘，防止被敌军察觉。但是，一个意想不到的情况出现了，大约8点钟，榛树林中的一些联邦士兵突然发现，有大队的南军正在向他们漫长阵线的右侧移动。但是，这种暴露反而帮了杰克逊的忙。丹尼尔·西克尔斯将军下属的两支北军在踌躇片刻之后，便急忙发动攻击，并试图弄清这些“不速之客”的意图。北军部队与杰克逊的后卫交上了火，一番激烈战斗之后，袭击者们消失在茫茫的森林之中。此时，西克尔斯也亲率领两支部队赶来，他们断定南军正在撤退，于是满怀希望地追去。西克尔斯认为，他已经把南军部队拦腰斩断，而事实也的确如他所言。此际，罗伯特·李与杰克逊所部已经一分二，只有获得胜利，才能重新会师。如果胡克开动大军向李进攻，就必能迫使其退到离杰克逊更远的塞奇威克一边。塞奇威克目前已经攻上了弗雷德里克斯堡的高地，而八英里以外的三万北军也成功将厄尔利驱赶到了李将军的后方。但是，胡克自信地以为，躲在坚固壁垒的后面就能确保万无一失，而自己的战略计划也定能实现，因而眼睁睁地错失良机。傍晚六点，杰克逊军才终于到达目的地。此时他的位置不仅是在胡克右方，还正好位于右翼部队的背后，与在四英里外的北军左侧的李部正好遥遥相对。他展开部署，继而发动攻击。杰克逊的袭击来势迅猛，此时，第十一军团的士兵们正躲在工事后方吃饭或打牌，不想身后的树丛中冒出了南军的阵列。在南军突如其来的打击下，不到一个小时，人数超过敌军一倍的十一军团全军溃退。

眼看黑夜将至，但杰克逊依然发现了大好的战机。距此地半英里处，便是北军的重要渡口，这也是胡克大军的唯一退路。同时，在这半英里的道路上，没有部署任何像样的防御力量。杰克逊将渡口选作了目标，他必须趁夜间占领此地，并全力坚守直至黎明。一旦此举大获成功，便足以使敌军主力全军尽没，如果胡克军在第二天仍未战胜杰克逊，那么只能在荒野林莽和隆隆炮声中忍饥挨饿。对这一点，杰克逊心知肚明。他在下属军官的陪同下骑马出营，沿着普兰克公路前往前沿阵地进行观测。他时常不顾个人安危亲临前线，但这次却没那么幸运。当杰克逊一行准备折返大营时，对他忠心耿耿的卡罗来纳士兵在黑暗中将其误认作敌军骑兵，于是向他们开了枪。杰克逊的左臂和肩膀中了三弹，摔下马来。他痛苦不堪，当被送至野战医院后，已经由于流血过多而近乎昏迷。本应率领希尔师进攻渡口的参谋长也在这一事故中丧生。刚刚移交指挥权的希尔看到上司中弹，急忙冲上前去，结果也被击中。立刻中弹。骑兵指挥官斯图尔特需要几个小时才能到达这里，也无人知晓陷入昏迷的杰克逊下一步将如何行动，小事就是这样扭转整个局面的。

斯图尔特整整一夜都在战斗，取得了辉煌战果。5 月 3 日，暴怒的南军士兵高喊着“记住杰克逊”的口号，疯狂地攻向联邦军的阵地。敌军很快退却了。南军占领了榛树林，与李将军合兵一处。但是，昨晚的良机已一去不返，胡克已派大队人马守住了退路，他现在一心只想撤退，甚至没想在前线牵制李军。他在 5 月 2 日的战斗中已丧失了斗志，3 日时，一颗炮弹又打在了其住所的房梁上，令他惊惧不已。他能逃脱此劫也许算是上帝保佑了。

罗伯特·李转向塞奇威克，后者现在正位于河流南岸。塞奇威克在 3 日苦战了整整一天，次日却发现自己仅剩下了两万军士，而且处在背水而战的境地。两万五千南军向其发动进攻，但是，这些南军士兵也已被数日的激战搅得精疲力竭。塞奇威克虽遭失败，损失惨重，却利用弗雷德里克斯堡的浮桥成功逃离战场，很快同胡克将军及其他部队会师。九天之前，这支声势浩大队伍还对自己的胜利信心十足，如今却狼狈不堪地回到原地。联邦十三万人的大军损失了一万七千余人，而六万南军损失了一万两千五百人。联邦军的规模依然是南军的两倍。

钱瑟勒斯维尔战斗是罗伯特·李和杰克逊共同指挥的经典之战。他们的配合堪称完美。正如李将军所言："杰克逊是无与伦比的优秀将领，他像指南针一样，精准无误地指向我的作战目标。"而杰克逊也曾说过："我将毫不动摇地跟随李将军的脚步。"然而现在，一切都结束了。李将战功归于了他的亲密战友杰克逊，他写道："如果我能掌控命运的话，我宁愿为国家利益而代替杰克逊受难。"杰克逊在医院躺了一个星期，他的手臂被截肢，肺部又出现感染。到了 10 日，有人告诉他准备后事，他虽然有些惊讶，但很快坚强地表示应允："很好，很好，没有问题。"在临终之际，他喃喃地说道："让我们越过河去，在林荫下好好休息。"杰克逊的死对李将军和南方邦联而言无疑是一个致命的打击。

然而无论如何，数月的战局似乎对联邦十分不利。北方普遍产生了气馁的情绪。联邦士兵情绪低落，脱逃情况时有发生。在许多州，人们以暴力抵制征兵，当局被迫从前线调回许多部队维持秩序。在纽约的反征兵骚乱中就有数百人丧生。素有"铜斑蛇"（一种毒性很强的蛇）之称的和平党领袖克莱门特·法兰迪加姆在国会扬言："你们没有征服南方，也永远不可能征服。你们耗费了无数金钱，战场上血流成河……失败、死亡、税收、坟墓，这些才是你们唯一的奖杯。"印第安纳州和伊利诺伊州的立法机构更是威胁要承认南部邦联。《芝加哥论坛报》的编辑，林肯总统的好友梅迪尔写道："每个人都觉得，战争将会导致灾难性的结局，使联邦颜面扫地。"遭到挫败的民主主义者及厌战思归的战士们也无法继续得到金钱补偿。这确实是最黑暗的时刻，但林肯却依然没有丧失信心。

海上与大洋彼岸的战事也使北方头痛不已。邦联的小型海军在墨西哥湾和大西洋海岸积极出击，取得了一连串的胜利。在公海上，南方委托英国建造的商业袭掠船使北方航运业蒙受了沉重的损失。最著名的要属南军的"阿拉巴马"号，它于 1862 年 6 月由英格兰墨西河溜入公海，并凭借假名在海上大肆劫掠。尽管美国大使在伦敦提出抗议，但依然无济于事。“阿拉巴马”号在海上肆无忌惮将近一年之久，次年 6 月，在英吉利海峡被联邦巡洋舰拦截，双方在瑟堡附近的海面上展开激战。一些法国的艺术家见证了这个惊心动魄的场景，其中一位名叫马奈的画家留下了一幅关于此战的传世名作。“阿拉巴马”号败北，很快沉没海中。联邦政府敦促英国对南军袭掠船造成的损害予以赔偿，双方为此进行了旷日持久的谈判。直到南北战争结束六年之后，英美两国才最终达成协议，格莱斯顿政府同意向美方支付一千五百万美元赔款。

1863 年的上半年，华盛顿当局一直焦虑不安，英国为亚拉巴马州建造了两艘新式铁甲舰即将下水，它们配备了九英寸口径的线膛炮击及强劲的水下撞角，集“梅里马克”号及“莫尼特”号的优点于一身。这两艘船以造船厂的名字命名，被称为“莱尔德撞角舰”。对此，美国外交部三番五次向英国外交大臣约翰·罗素勋爵提出严正抗议，要求英方采取措施，禁止将莱尔德撞角舰交付亚拉巴马州。罗素最终意识到，作为中立国的英国为南军建造船舶，无疑将开启一个坏的先例，可能会在未来战争中对己方造成不利影响。于是英国政府在 9 月份时下令没收船舶。南北战争期间英美两国的最后一次外交危机就这样收场了。

现在，轮到罗伯特·李在采取攻势了，他决定将酝酿已久的入侵宾夕法尼亚计划付诸实施。但是，密西西比河流域的维克斯堡眼下正陷入重围，除非约瑟夫·约翰斯顿够能得到大力援助，否则该城将会很快沦陷。有人提议，在弗吉尼亚采取守势，让罗伯特·李和朗斯特里特率领两个师前往密西西比，同时，将其他部队派到田纳西州中部，打败纳什维尔以南的罗斯克兰斯部队，威胁商业重镇路易斯维尔和辛辛那提。这样一来，格兰特可能会迫于压力放弃对维克斯堡的围攻。李将军直截了当地拒绝了该案，他明确向军事委员会指出：“丢失密西西比和弗吉尼亚的风险不可避免。”他的主张占了上风。5 月 26 日，即钱瑟勒斯维尔战役三周之后，进攻宾夕法尼亚的计划得到批准。北弗吉尼亚军队被编为三个军团，每个军团下设三个师。军团长分别由朗斯特里特、理查德·尤厄尔和希尔担任。此役，李的战略目标与一年前大同小异，他要将波托马克军团逼入绝境，一举歼灭。在他看来，这是南方获得独立的唯一希望。

6月3日，南军开始行动。朗斯特里特的部队在库尔佩珀集中，另外两个军团则穿越此地进入谢南多厄河谷，径直向波多马克河进发。朗斯特里特军的正面和侧翼由斯图尔特的骑兵掩护，同时沿蓝岭东脊而上，穿越北部隘口，尾随前面的两个军团进入河谷。起初，一切进展顺利。9日，双方骑兵在布朗迪车站遭遇，发生了小规模交火。阿尔弗雷德是联邦骑兵的新任指挥官，在他的领导之下，士兵们斗争昂扬。

战事起先对南军十分有利。10日，尤厄尔率军由库尔佩珀前往河谷。尤厄尔颇有“石壁”将军杰克逊的风格，他的大军一路攻城略地，进展神速，接连扫清了温彻斯特和马丁斯联邦驻军，俘敌四千人，缴获28门大炮。15日，尤厄尔军越过波多马克河。他命令部队在黑哥斯顿驻留一个星期，等待后续部队渡河。同时派遣骑兵旅推进到宾夕法尼亚州的钱伯斯堡征收粮秣。22日，罗伯特·李命他开进宾夕法尼亚州，“如果可能”，攻克华盛顿以北一百英里的哈里斯堡。

27日，尤厄尔抵达卡莱尔，次日，他的前哨距离哈里斯堡以不足四英里。另外两个军团已经抵达了钱伯斯堡。罗伯特·李领军沿坎伯兰山谷挺进，他的右翼是南部山脉，正好作为大军屏障。但直到现在，他对胡克的动向一无所知。他接受了斯图尔特的建议，急行军穿过的山脉，在宾夕法尼亚州与尤厄尔会合。斯图尔特于25日启程，他相信胡克军仍驻扎在山脉东侧。他计划快速穿越这一危险区域，从利兹堡附近越过波多马克河。但斯图尔特所不知的是，胡克已在同一天清晨拔营而起，正在向波多马克河进发。在这种形势下，斯图尔特不得不第三次绕到联邦军北后，在距华盛顿不到二十英里的地方渡河。斯图尔特未能碰上尤厄尔的右军，直到7月2日下午，才带着精疲力竭的军队与李将军会师。因此，在整整一周的时间里，李将军的一只“眼睛”未能发挥作用，而在此期间，情况已经发生了很大变化。

当李军开始向北挺近时，胡克就迫不及待地建议进军里士满。林肯对此做法并不赞成，他明智地指出，联邦军的目标不是里士满，而应该是罗伯特·李的军队。林肯的想法正中李的下怀。胡克在渡过波多马克河后，在弗雷德里克附近设立了指挥部。这样，一来可以掩护华盛顿，二来可以对李军的交通线构成威胁。在钱瑟勒斯维尔之役后，哈勒克和斯坦顿已达成一致，坚决不允许胡克指挥下一场战斗。胡克无法调动哈珀斯费里的驻军，一怒之下递交了辞呈，当局随即准许。6 月 28 日上午，第五军团的指挥官乔治·米德将军被任命为最高统帅，他决定亲率全军北上，阻止李军越过萨斯奎哈纳河，同时掩护巴尔的摩和华盛顿。米德是一个可靠、坚毅的指挥官，不愿参与政治事务。可以相信，他不会犯下什么愚蠢的错误，但也同样不会做出什么伟大壮举。他预计李军将从南边的摩萨斯奎哈纳而来，对巴尔的摩发起进攻，于是，他打算在威斯敏斯特十英里外的派普溪一线迎敌。

罗伯特·李没有得到斯图尔特的消息，因此感到十分困惑。但是，出于对他的信任，李推断胡克军必定还在波多马克河南部。28 日，当他在得知实情之后，便下令部队向南部山脉以东的卡什敦集结。他从容不迫，“在行军时，尽可能不让部队过度疲劳”。在战斗爆发之初，他与朗斯特里特一致同意采取战略进攻与战术防守相结合的策略。只有在形势有利的情况下，他才会将部队投入战斗。然而，事情总是那么不遂人愿。

6 月 3 日，希尔的一个旅从卡什敦向八英里外的葛底斯堡进军。一方面是为了搜集军鞋，另一方面是为进行侦查，看看尤厄尔军是否在次日经过此地。南军发现，葛底斯堡已被刚刚进入此地的联邦骑兵占领。于是，南方旅在未查明敌人虚实的情况下调头而退。这支联邦骑兵的指挥官是布福德，教名为拿破仑，他似乎是北军中第一位认识到葛底斯堡战略重要性的人。他看到，此地是数十条道路的交汇点，因此便将部队调至城西，在河流后面筑起了一个坚固的阵地。同时，他向第一军的指挥官发出火速增援的请求。在第一军出发后，第十一军也随后赶来。

7 月 1 日，联邦军与南军先头部队发生激烈交火。这时，尤厄尔也从东北方赶来，率军直逼北军侧翼，将第十一军团赶到了葛底斯堡以南三英里处的“公墓岭”高地上。在第一天的战斗中，双方总共投入了五万人。四个南军师重创了北军的两个军团。不久，战争演变为了罗伯特·李与米德之间的速度竞赛，看谁能最先集中优势的兵力。无论李或米德都没有想在此地展开决战，但此时，他们都被迫卷入了内战中前所未有的、最为惨烈和宏大的战斗。如果不打败米德，李将军的部队和辎重就将陷在此地无法自拔，同样，如果不获全胜，米德的联邦军也会处于十分尴尬的境地。

李清楚地看到了联邦军的要害所在，于是计划在第二天派尤厄尔军对公墓岭的希尔军展开攻势。但是，这一方案遭到了反对者的阻挠。匆匆赶到的朗斯特里特建议，将邦联军队调到米德军左侧，摆在华盛顿与米德之间的位置上。在斯图亚特部队未能到达的情况下，朗斯特里特的计划无疑是十分轻率的，如果这样做，军队的后勤补给将会面临严重困难。 最终，李正式下令朗斯特里特在黎明时分进攻联邦军队。朗斯特里特对这一任务十分反感，于是拒不从命。直到下午四时，另一个旅前来增援时，才勉强将部队投入战斗。但是在此期间，联邦军的两个军团也赶到此处协助防守。李本以为联邦的左翼正位于埃米尔堡公路附近，预计朗斯特里特的军队会沿路而行，逼迫敌军撤向中央。但意料之外的是，联邦军指挥官西克尔斯已自行决定将军队位置前延，因此他的侧面并未与联邦军防线相接。朗斯特里特察觉到了这一点，虽然他知道，李并不了解当前实情，但在上司的严令之下只能发动进攻。数小时的激战之后，他取得的唯一战果就是迫使西克尔斯退回了米德的主战线。在这一天，希尔的大部分军队没有参加战斗。尤厄尔本应一听到炮响就攻向公墓岭北脊，但直到下午六时才开始行动。7 月 2 日全天，南军进攻部队之间没有任何像样的配合。李将军的计划未能实现，而邦联军各部也在各自为战。即使这样，他们仍给联邦军造成了重创， 在 2 日晚间的军事会议上，若不是众将极力劝阻，米德早就下达了全军撤退的命令。

战斗第三天，罗伯特·李依然不屈不挠，争取胜利。他投入了一万五千名士兵，他们将在一百二十五门大炮的掩护之下直插米德军左翼的中心。一天前，希尔的一个旅就是从这里打开了缺口。尤厄尔的军团同时从北面出击。如果乔治·皮科特将军突破了联邦阵线，那么南军大队就将一拥而上。进攻的时间再次被定在了黎明时分。然而，次日拂晓，联邦军队率先发起了攻势，他们夺回了昨晚撤出的一些阵地，并在半日的苦战之后，将南军全部赶下了卡尔普山。尤厄尔经此一战，已是疲惫不堪，因此没有采取任何行动。朗斯特里特依然极力主张绕个大圈，去包围米德左翼。但是，由于他的军团在 7 月 2 日的战斗中遭受了重大损失，这个计划变得更加不切实际了。

整个上午在一派宁静之中过去。下午一点，南军炮兵对北军阵地展开空前猛烈的轰击。朗斯特里特认为这一行动将招致灾难，因此不愿亲自指挥，只委托炮兵指挥官亚历山大给皮克特发去信号。两点半时，从里士满拉来的弹药即将告罄。亚历山大催促皮克特说："上吧，否则我就没有足够的弹药掩护你了。"皮克特看到朗斯特里特满脸阴郁，默不作声地站在一旁，于是上前请示："将军，我可以发起冲锋了吗？"朗斯特里特勉强点头同意，皮克特向他行了个军礼，随后便率领四十二个团攻向北军阵地。这片血肉搏杀的战场而今已得到了南北双方的妥善保护，时至今日，我们依然可以看到这块寸草不生的平缓高地，这里的许多大炮至今还保持着射击姿态，南军步兵就是由此涌上了北军阵地。南军士兵以排山倒海之势奋勇冲杀，战旗在风中猎猎飘扬。这是孤注一掷的进攻，就如滑铁卢之役当晚的老兵们那样以血肉之躯抵挡着压倒性的敌军和炮火。待敌人冲到七百码的距离之内，北军的大炮才开始轰鸣起来。一阵狂轰滥炸之后，南军的冲锋队伍中出现了一条条血路。但是，士兵们毫不动摇，依然义无反顾的攻上前去。可怕的炮声再次响起，罗伯特·李在后来描述说，那声音"有如撕纸一般"。

皮克特的士兵仍在前进，他们在阵地的战壕、石墙或栅栏等处与人多势众的北军展开搏杀。这些北军士兵虽然不像对手那样气势逼人，但也情愿为他们的事业疆场浴血。皮克特师中的三名将领要么战死，要么身负重伤。阿米斯特德将军亲率百余将士攻入了北军阵地中央，牺牲时，一手还扶着缴获的敌军大炮。将军的战死之地，至今仍得到美国民众的尊崇。

但是，大战役所需的后备兵员在哪？突破防线所需的协同力量在哪？储备来完成这个出色的工作在哪里？在哪里同时攻击和岩石的控制整个前面？李将军在葛底斯堡如同拿破仑在滑铁卢那样优势全无。先前无往不胜的进攻者们有的被杀，有的被俘，其余的人则避开冷酷无情的炮火，越过尸横遍野的战场奔逃回家。战役结束之后，南军进攻部队仅剩下了不到三分之一的士兵。李将军骑着他的战马“旅行者”巡视了部队，他说：“都是我的错。”对此，将士们却并不接受。朗斯特里特后来在回忆录中做出了这样的辩解：“我策马返回炮兵阵地，期待着反攻开始。这时，炮弹的碎片如雨点般落在我的周围。我不由自主地涌起一个念头，希望能有一发炮弹准确命中，让我从这种可怕的责任中解脱出来。”

北军没有发动反攻。葛底斯堡战役就这样结束了。二万三千名北军及二万多名南军士兵死于枪林弹雨之中。就像在安蒂特姆河战斗那样，李决意天明时再度开战。但是，他也深深地意识到了，此战胜负已分。他将部队集中起来，不愿落下任何一名士兵，一望无际的马车队伍载着伤员，摇摇晃晃地行驶在十六英里长的，凹凸不平的道路上。“将我带回弗吉尼亚吧。”“看在上帝的分上杀了我。”4 日晚，李军开始撤退。米德没有追击，他的军队已在数日的战争中耗尽了精力。波托马克河洪水泛滥，李军架设的部分浮桥已被来自弗雷德里克城的袭击者摧毁。整整一周，南军被迫在河岸边的战壕当中苦苦等候。朗斯特里特提出在此等候敌军进攻，但李深思熟虑之后，并没有同意这样做。直到 12 日时，米德才终于率军出现，他计划 14 日发起攻击。然而，李在 13 日晚已经紧急行动，连夜带着伤员和俘虏渡河并安全上岸。他只丢失了两门大炮，但却输掉了整场战争。

华盛顿政府对米德的行动迟缓十分不满，这是不无道理的。倘若拿破仑处在李的位置上，他可能会发起最后一击；倘若他站在米德的角度，也肯定不会眼睁睁地看着敌军溜之大吉。林肯只将米德提升为少将，以表彰其在葛底斯堡的良好战绩。李军沿着谢南多厄河谷撤退，返回了其在拉帕汉诺克河和拉皮丹河以南的基地。经此一役，南军元气大伤。

从某种程度上讲，李将军在葛底斯堡战役中的表现令人钦佩，他的部分战略目标得到了实现。但是战败造成的损失远远超过了他的功绩。李所投入的七万五千人中，有二万八千人战死沙场，不但造成了不可挽回的损失，也使下一步的行动计划化为泡影。自此，南军不再奢求在北方领土上以一役之功来谋取独立。李一直认为自己的军队是战无不胜的，尤其是在钱瑟勒斯维尔战役后，他几乎是以一种轻蔑的眼光来看待波托马克军团。他无法区分无能军队和无能将领率领的优良军队。北军在拉帕汉诺克河之败应归咎于指挥无方而非军队本身。如果此战是胡克指挥军队，罗伯特·李很可能再次将他击败。在钱瑟勒斯维尔战役中伴其左右的幸运之神，这时却站到了敌人一边。由于斯图尔特长期没有归队，罗伯特·李在战役紧要关头对敌军动向一无所知。正是在这一时期，李犯下了致命的错误，将部队调往了山的东脊。李的军事才能没有得到发挥，他因斯图尔特的失踪而忐忑不安，“进退失据”。就连他的下属也察觉到了将军的焦虑情绪。最重要的是，李身边已没有了杰克逊那样的优秀将领，朗斯特里特的抗命不遵使他丧失了所有取胜的机会。南军在葛底斯堡的溃败，朗斯特里特难辞其咎。

1863 年，东部战场再没发生战斗。冬天，南北军队在拉皮丹河两岸遥相对峙。

在西部战场上，同样是一番枪林弹雨、血肉横飞的场景。如果罗伯特·李获得决定性胜利，他就能毫无顾虑地挥师挺进，迫使纽约或大西洋海岸的各大城市投降或缴纳金钱。虽然西部战场土地辽阔，但却并不比东部重要。然而，最终征服南方的战斗，却是从西部开始的。1862 年至 1863 年间，格兰特被提升为联邦军统帅，西部地区的重要性自此凸显出来。此时，北军的目标已经指向了密西西比河流域。1862 年，一位忠于联邦的南方人，海军上将法拉格因战功卓著而崭露头角。4 月，他率领包括装甲战船和木质军舰在内的各色船只，突破了扼守新奥尔良水路的军事要塞。新奥尔良是邦联的商业中心，也是其控制下的最大城市。第二天，该城就被北军攻陷。法拉格继续沿河而上，于 5 月 18 日到达维克斯堡。他发现，这里很难得到联邦陆军的支援。于是，在 6 月 25 日，他再次穿越海岸要塞，前往莫非斯与联邦舰队会合。因此到 1862 年底，南方海岸炮兵无法阻止联邦船只的消息已经人尽皆知。至于人们经常谈论的新兴武器—“鱼雷”，也未能阻挡联邦海军的脚步。用法拉格的话说：“让鱼雷见鬼去吧 !”此言确实不虚。此后，联邦舰队可以在密西西比河上任意航行，付出的代价却微乎其微。这对于河流沿岸作战的北方士兵而言，无疑是一个有力的支持。在密西西比河流域仿佛是另一个独立的战场。邦联的西部各州要求戴维斯总统和里士满政府给予高度自治权，同时又呼吁其提供帮助。华盛顿当局对西方战场的看法，与一战时同盟国和协约国对东线的看法极为相似，他们认为，那里是次要战场，但也必不可少。它不是胜利的必由之路，但如果弃之不顾，胜利便姗姗来迟。

1862 年 12 月，在渡河征伐失败之后，格兰特便将他的军队重新集结在密西西比河的右岸。他仍将维克斯堡视为首要目标，但亚祖河季节性的洪水阻碍了大军行动，除了渡河之外别无良策。格兰特制造了许多假象，成功蒙蔽了率军驻守维克斯堡的邦联将军彭伯顿，一鼓作气将他的四万五千人大军送过密西西比河，在维克斯堡三十六英里的大湾炮台一带登陆。格兰特发动突袭，击溃了彭伯顿的军队，5 月 3 日就已在大湾的高地上建立了坚固的落脚点。他的左边有宽阔的布莱克河作为屏障，同时可以和联邦舰队保持联系。四天之后，谢尔曼指挥的第三军团也加入了他的队伍。现在，格兰特开始向维克斯堡及其与杰克逊城相连的铁路一带谨慎推进。约瑟夫·约翰斯顿将军得到戴维斯总统派来的增援时已经太晚，他不顾病体沉重，率军匆匆奔赴战场。他唯一的念头是将彭伯顿的军队从困境中解救出来。

他命令彭伯顿向他靠拢，以免陷入格兰特三个军团的围攻。然而，彭伯顿拒绝从命，按照的他设想，只要派兵截断格兰特军与大湾之间的交通线，就能轻而易举地迫使联邦军撤退。他不仅抗命不遵，还严重误判了战局。格兰特像 1862 年在里士满的麦克莱伦那样掌控着水道，并不依赖于任何一个固定的基地。他很快放弃了大湾的交通线，用右翼打退了约翰斯顿的援兵，并开始以优势兵力围攻彭伯顿。两军在冠军山大战一场，彭伯顿损失六千余人，狼狈退回维克斯堡。在海军的支援下，联邦军在城北设立了新的基地，并接连发起了两次猛烈进攻。在其中一次攻势中联邦军失利，折损四千人，于是便转入了常规的围城战。不久，大批增援部队到来，联邦军队的规模骤然增至七万人。约翰斯顿只有二万四千人马，对陷于重围的彭伯顿爱莫能助。维克斯堡弹尽粮绝，于 7 月 4 日被迫投降，超过三万驻军和野战部队成为联邦军的俘虏。这与李在葛底斯堡的溃败几乎是同一时间。五天后，路易斯安那州哈德逊港的七千守军迫于饥饿，向联邦军的班克斯将军投降。自此，整个密西西比流域全部落入联邦的控制之下。“万河之父可以再次安然入海了”，林肯说。征服密西西比再次对邦联造成了重大打击。

目前，战争的焦点开始转移到西部地区。在维克斯堡大局落定之前，富有才干的联邦将领罗斯克兰斯组织了六万人的坎伯兰方面军，在取得莫非斯堡大捷的地方监视布拉格的动向，布拉格军现在驻扎在他与查特怒加市之间的铁路沿线。查特怒加是重要的交通枢纽，北方有宽阔且深的田纳西河为屏，南面是高耸连绵的阿巴拉契亚山脉，不仅是密西西比河流域的战略要冲，也是通往繁荣发达，至今未受战火殃的佐治亚州的必经之地。在这期间，邦联骑兵绕到北军背后偷袭他们的交通线，作为报复，联邦则攻击了田纳西南部重要的钢铁和弹药工厂。在相互角力的过程中，南方处于有利地位。但是，在 6 月底，罗斯克兰斯开始沿铁路线向查特怒加推进，而伯恩赛德也率领另一支四万人的军队进攻查特怒加以东一百英里的诺克斯维尔，战场的形势出现了明显逆转。诺克斯维尔很快陷落，邦联的一条重要铁路干线也被伯恩赛德切断。罗斯克兰斯调虎离山，将布拉格诱出了纳什维尔－查特怒加沿线的防御阵地，于 9 月 4 日兵不血刃地轻取查特怒加。

罗斯克兰斯展示出了高超的战略技能，但也做出了一个错误的推断。他自信地认为，面前的敌军不过是些胆小如鼠之辈。布拉格将军战绩不佳，总是做出错误的决断，其下属军官也对其颇有怨言，但他也不失为一个强硬的对手。查特怒加南部的阿巴拉契亚山脊宛若伸开的五指，布拉格的军队安静地驻守在拉斐特附近，他已得到了增援，兵力增加至六万人。9 月 12 日，罗斯克兰斯意识到一个严峻的事实，他的三支军队现在正分散在六十英里的战线上，三倍人数的布拉格军正虎踞其中。布拉格傲慢不逊，指挥不力，因而错失良机。如果换做是罗伯特·李或杰克逊，定会在西部战场赢得一场重大胜利。罗斯克兰斯急忙收缩部队，令军队向查特怒加方向集结，但是已经太迟了。他不得不在极为不利的环境下与布拉格军展开战斗。

9月18日，布拉格跨过佐治亚州边界，在奇克莫加河一带向联邦军发起进攻。朗斯特里特从弗吉尼亚带来了两个师和一支炮兵部队，其他各路援军也相继赶来，加入进攻者的行列。现在，邦联军在人数方面拥有绝对优势，布拉格也因此显得信心十足。七万南军向拥有五万五千人的联邦军队展开攻势，战斗持续了整整两天，双方士兵浴血奋战，视死如归。布拉格一直试图包抄联邦军左翼，切断罗斯克兰斯与查特怒加的联系。但联邦军左翼部队的将领乔治·托马斯却从中军和右翼调来了增援部队。朗斯特里特率领二万弗吉尼亚老兵的攻打联邦阵线的薄弱环节，将包括主将和军团长在内的三分之二罗军官兵打得落荒而逃，只剩下托马斯部仍然坚守战场。朗斯特里特请求布拉格将左翼的所有剩余部队投入追击，但是总司令却不改初衷，继续挥军攻击托马斯的部队。这时，托马斯部队已经连夜筑起了防御工事，用原木和铁轨在森林中搭建了胸墙。夜幕降临，战场尸横枕藉，其惨烈程度不亚于葛底斯堡的战场。托马斯因此赢得了“奇克莫加河岩石的美誉”，他的部队成功摆脱了敌人的纠缠，前往查特怒加与联邦军其他部队会师。

双方在战役中的伤亡都十分惨重，一万六千名北军及超过二万名南军士兵死伤或失踪。南军缴获了四十门大炮，获得了战场的主动权，暂时粉碎了敌人的企图。此战本可以和拉米伊、滑铁卢甚至坦能堡之战相媲美，但却只取得了马尔普拉凯之战那样的结果。

现在，布拉格几乎已对罗斯克兰斯在查特怒加的坎伯兰军团形成了封锁和包围态势。他控制着卢考特山及传教士山脉上的两个制高点，并在一段时间内阻断了田纳西河上的所有北军供给通道。十月初，饥饿难耐的坎伯兰军团似乎将要开城投降，同时，驻扎在诺克斯维尔的伯恩赛德军队也在朗斯特里特的威胁之下岌岌可危。

华盛顿政府对尤利塞斯·格兰特将军的依赖日益严重。虽然此人的缺点和弱点显而易见，但优势也十分突出。在联邦人困惑、动摇、失望、疲于作战或流血牺牲之时，格兰特高大坚毅的形象闪耀在血雨腥风之中。从多纳尔逊要塞到维克斯堡，胜利一直与格兰特形影相随。 他俘获了众多敌虏，收复了大片领土。居功至伟者，舍他其谁？10月16日，联邦授予格兰特指挥俄亥俄州、坎伯兰州和田纳西河流域军队的权力，他的副手谢尔曼中尉升任田纳西州军队指挥官。

由于战场失利，罗斯克兰斯被解除了职务。华盛顿政府容不下败军之将，罗斯克兰斯自然也不例外。然而，他在西部战场扮演了至关重要的角色，军事生涯也没有污点。早在奇克莫加河战役之前，罗斯克兰斯就失去了哈勒克将军的宠幸。当时，可怜的哈勒克正好站在残酷政治斗争的风口浪尖上，他试图向军队转达政客们的要求，又得向政客表明军方的意愿。1863 年 2 月，他同时写信给格兰特和罗斯克兰斯说，谁能第一个立下大功，就将谁提升为总司令。格兰特没有做出回应。格兰特对他的信没有回答，而罗斯克兰斯则回信严厉地责备道："对爱国者和有尊严的人无须利益诱惑，他们自会恪尽职守。"因此当他摔倒时，一下子狠狠地跌在了地面上。

经过一系列艰苦卓绝的斗争，格兰特收复了田纳西河流域，向传教士山脉和卢考特山发起猛攻，将布拉格军队完全驱出了查特怒加。同时，他也为诺克斯维尔的伯恩赛德军队解除了封锁。邦联的边界再次大大向南收缩。维克斯堡陷落之后，邦联领土被密西西比河分为了东西两个部分。查特怒加的失守再次将邦联东部沿阿利根尼山脉分割开来。1863 年 12 月，南方力量收缩至佐治亚州，整个密西西比河流域都被置于了联邦的控制之下。如果戴维斯总统能在钱瑟勒斯维尔战争后，甚至早在 1862 年时就任命罗伯特·李为邦联军队的最高指挥官，如果他能利用他的权威和影响，使那些忠勇顽强、崇尚独立的南方诸州全力支持李将军的行动，那么战争局势很可能完全改写。到 1863 年底，南方人的所有的幻想都破灭了。他们知道自己输掉了战争，邦联会被征服，家园会被夷为平地。然而，他们依然不屈不挠，继续抵抗，这是美国人传统精神的体现。对北方而言，成功已是近在咫尺，这证明了他们完全有能力解决分裂问题。即将失败的一方虽然失去希望，但仍然在誓死抗争。他们宁可使一代人毁于战火，让每一寸土地化为焦土，每一个农场灰飞烟灭，每一座城市尽成炮灰，每一名士兵血洒疆场，也不愿在历史上留下屈辱的投降记录。任何人都可能被更强大的力量所征服，死亡不管以何种形式到来，终归一死而已，无人能逃脱死亡的命运。令人难以置信的是，在 1863 年战争结果已是板上钉钉的情况下，战火又继续燃烧到了 1864 年，甚至 1865 年。“如果有本事就杀了我们，毁掉我们的一切吧！”南方人叫道，而北方人则坚定地回答说：“如您所愿。”

第十四章　联邦的胜利

南方战败已成定局，在战争的最后阶段，北方的任务就是镇压和征服。经过钱瑟勒斯维尔和葛底斯堡之战、维克斯堡之战和查特怒加之战，南北双方在同年冬季再次偃旗息鼓。北方趁机积聚力量，准备执行最后的使命。南方人则对戴维斯总统的战争指导权提出质疑。他不仅亲自控制着统一邦联的各项事务，管理经济、政治各项生活，还高高在上地指挥邦联的军事行动。他顽固地推行消极防御的政策和战略，大大降低了军队的获胜概率，直接将邦联引向了失败。现在，邦联当局要求罗伯特·李和朗斯特里特为1864年制定总体军事规划。

他们建议坐拥两万人马的博勒加德将军撤出南卡罗来纳的堡垒，加入朗斯特里特在东田纳西州的队伍，两军协力攻入肯塔基州，进攻路易斯维尔的铁路线—这条铁路是联邦军主力唯一的供给通道。据悉，联邦军队可能会由查特怒加向南推进，对约瑟夫·约翰斯顿的军队发动攻击。因此，约翰斯顿应和所有西部的邦联军队合兵一处，向北部的俄亥俄河挺进，只有在必要时，才与联邦军队展开战斗。据李与朗斯特里特所言，此种做法能将联邦在西部的力量分割开来。至于东方战场，李和北弗吉尼亚军团挑起重担。在一次军事会议上，这项宏大的战略计划被提交给戴维斯总统，但布拉格极力推崇另一个替代方案，结果没有任何一个计划被正式确定下来。西部的约翰斯顿必须尽其所能守住局面，而李将军也只能继续守在里士满。

3月9日，林肯总统将尤利西斯·格兰特提升为中将，同时任命他为联邦军最高统帅。北方的指挥权终于统一起来，而且有了可堪大任的统帅。格兰特的战略残酷而简单，总而言之就是一种“消耗战”。也就是说在激烈的战斗中依靠人数优势与敌相拼，最终夺取胜利。米德在名义上保留了波托马克军团的指挥权，他得到的命令是：“罗伯特·李的军队走到哪，你就跟到哪。”西部战场的谢尔曼是格兰特的战友及亲密友人，这次随他一同升迁，他收到了同样的命令，不过还有另一点补充：“迎击约翰斯顿的军队，将其一举歼灭，然后竭尽所能插入南方腹地，毫不留情地破坏它的战争资源”。打破它，和进入内陆国家，造成的所有伤害可以反对他们使用战争资源。如果拥有内线作战优势的约翰斯顿或罗伯特·李显示出合兵一处迹象，那么必须采取措施，不能让其得逞。

格兰特还制定了三个辅助计划：一、在海军的协助下进攻墨西哥湾的莫尔比；二、从门罗要塞向里士满推进；三、占领作为南方粮产区的谢南多厄河谷，断绝南军进攻华盛顿和马里兰的惯用路线。在实际行动中，前两个计划遭遇失败，谢南多厄计划直到1864年末，北军派出了菲利普·谢里丹的两个军团和三个骑兵师后，才最终获得了成功。

随着春天的临近，格兰特调集全部力量，准备在拉帕汉诺克河和拉皮丹河的旧战场与李一决高下。此处，钱瑟勒斯维尔战役的痕迹依然清晰可见，“石壁”杰克逊也未曾被人忘却。从5月份起，格兰特指挥十二万大军与李将军的六万人对抗。他从“勇士乔”一年前使用过渡口越过拉皮丹河，在旷野之上与南军浴血搏杀。经过5日和6日的两天激战，格兰特军被击溃，伤亡一万八千人，李军损失一万人左右，其中大部分是在一次激烈的反击战中阵亡的。随后，格兰特军向左侧运动，试图切断敌军到里士满的退路，从8日到19日，南北军队进行了一系列混战。在这场被称为“斯波特瑟尔韦尼亚镇之战”中，联邦军队再次损失了一万八千多人，是对手的伤亡人数为其两倍之多。惨重的损失并未使格兰特有所动摇，他命令部队继续向左侧运动，在南安娜河及帕门基河畔的广阔荒野之上，两军展开了旷日持久的厮杀。联邦士兵虽然英勇顽强，但却一直无法击溃李军右翼，而李将军的忠勇之士也无法胜过两倍于己的敌兵，他们只能徒增伤亡人数而已。根据格兰特的战略思想，这场战争虽然代价昂贵，但只有持续足够长的时间，才能收获预期的战果。”他在写给华盛顿哈勒克的一封信中强调：“我提议奋战到底，即使搭上整个夏天也在所不惜。”但是，其他一些因素动摇了军队的士气。

科尔德港是1862年“七日之战”的战场，联邦军司令驱军穿过枯枝交错的大片树林，攻向憔悴不堪、饥饿难耐但却士气高昂的邦联军队。在战争期间，李将军与骑马前来观战的邦联邮政部长进行了交谈，部长问道：“如果他们打破你的防线，你有多少后备力量呢？”“一个团也没有”，李将军答道，“自开战以来一直如此，如果为了保留兵员而收缩防线，敌军就会包抄我的侧翼；如果为此目的而削弱防御力量，敌军就会令我们一败涂地。”但是，就在当天晚上，格兰特停止了他的人海战术，在短短一小时之内，七千名勇敢的联邦将士血洒疆场，其他士兵再不肯发起进攻，去做无谓的牺牲了。最高统帅身兼重任，不应该武断地将士兵们推去送死。无数联邦士兵倒在前沿阵地上，死者在烈日之下很快腐烂发臭，伤者喊叫着要水喝。但是，格兰特并未腾出空闲来掩埋尸体，救死扶伤。直到三日之后，罗伯特·李写信给他，说如果北军愿意暂时休战，他将欣然接受。格兰特借此机会提出正式停火要求，双方停战了几个小时。然而，在我们所经历的世界大战中，这种人道之举却未有发生，令南北战争相形见绌的众多伤员无助地躺在冰冷的战场之上，经历漫长的煎熬和挣扎后慢慢死去。然而，对于那个相对文明、崇高时代的美国人而言，科尔德港口之战的惨状也是令人发指且难以忍受的。

北弗吉尼亚军团重创了联邦军队。格兰特一个月内损失的人马几乎相当于整个北弗吉尼亚军团。现在，格兰特被迫转变策略，开始采取运动战术。他照搬了麦克莱伦两年之前在同一战场使用的策略，熟练且大胆地向前推进。李军势单力薄，难以阻止，眼睁睁地看着格兰特大军穿过半岛，乘船渡过詹姆斯河，在南岸建立起一个新的基地。格兰特像先前麦克莱伦所计划的那样，想从后方踢开里士满的大门。他在彼得斯堡受挫，在得到增援后，便随即调集十四万大军围困该城，并进攻里士满的东侧防线。他移动至詹姆斯河南部，打算包抄李军右翼，但再度失败。到6月底，无计可施的格兰特只得转而利用铁锹、地雷、大炮与敌展开 堑壕战。双方在阵地中相互对峙，这种状况一直持续到 1865 年 4 月。格兰特的这种战法虽然最后达到了目的，但终归是一种无能的表现。即便如此，堑壕战依然是一种颇具威胁的战术形式。

在西部，拥有两倍人数优势的谢尔曼 5 月份挥师南下，沿着查特怒加到亚特兰大的铁路深入佐治亚州。他的对手是约瑟夫·约翰斯顿，指挥着三个强大的南方军团。两位将领棋逢对手，在战场上进行了针锋相对的较量。谢尔曼避开正面进攻，向敌军侧翼迂回运动，接连攻克了南军坚固据点。前沿的激战持续不断，约翰斯顿麾下的一位军团长列奥尼达斯·波尔克将军在一次小规模冲突中被敌军大炮击中，当场殒命。约翰斯顿只对凯内缩山脉发动了一次正面进攻，以两千五百人的代价击退了南军。与此同时，北军的猛进势头和南军的畏缩不前使约翰斯顿丧失了戴维斯总统的信任，当这位南军名将正准备固守桃树溪之时，戴维斯派约翰·霍德将军接替了他的职务。邦联军队已无法忍受长期的撤退，要求当局设法改变局面。但是南方军界普遍认为，撤换约翰斯顿是戴维斯总统在任期内犯下的最严重的错误之一。约翰·霍德感到自己肩负重任，必须发起攻势。于是便在桃树溪、迪凯特和东点发动全面进攻。他的做法使邦联政府和麾下的军队备受鼓舞。邦联一方为保卫国土主动向北方入侵者发起进攻，遭受了不可挽回的损失。仅在迪凯特，就有一万名士兵战死沙场，而敌人的损失还不到三分之一。随后在东点，又有五千南方将士殒命。这时，西部邦联军队和里士满政府开始相信，约翰斯顿的战略可能是正确的。霍德接到命令，重新转向防御。在受困几个星期之后，被赶出了亚特兰大。四个月的战斗之后，谢尔曼把战线向邦联境内推进了一百五十英里，以三万二千人的代价歼灭南军三万五千人。可以说，谢尔曼取得了重大胜利。

在此基础上，另一场胜利也随之而来。事实上，1864 年最重要的冲突是选举博弈。令人惊讶的是，在残酷内战如火如荼进行的时候，大选仍然按部就班地进行。林肯总统的第一届任期已到，必须将自己交由所辖诸州的公众选票进行评判。没有迹象显示他所捍卫的体制比这段不和谐的插曲更为重要。曾经受到冷遇的麦克莱伦将军现在是民主党的候选人。8 月，他在芝加哥发布了自己的竞选纲领："四年以来，凭借战争重塑联邦的努力已经失败……必须立即作出努力与南方停战……在和平的基础上统一联邦。”他的和平建议又称“和平纲领”，被共和党人毫不留情地斥为卖国宣言。事实上，它只代表了部分民主党人的观点，甚至可以说是荒谬可笑的。南方只要一息尚存，就绝不会同意恢复联邦，这个事实人尽皆知。林肯内阁的财政部长萨蒙·蔡斯是个才能出众的人，他获得了共和党提名，成为林肯的重要竞争对手。

这是共和党内一些心怀不满之人为扳倒总统而采取的步骤之一，他们计划以更加精明强干的蔡斯取代林肯之位。林肯的政敌对其虎视眈眈，对他的活力和精神视而不见。对那些情愿血战到底的联邦人来说，这无疑是十分艰难的时刻。格兰特指挥下的波托马克军团遭遇沉重损失，里士满外围的战斗又陷入了僵局，这一切都给北方民众的心中蒙上了一层不祥的阴影。但是，联邦军攻占亚特兰大及法拉格特海军上将攻陷最后一个南军港口莫尔比港的消息又再次鼓动了人心，而政客们也对如何利用公众情绪了然于心。1864 年 11 月，四百万公民进行了投票，林肯仅获得了四十万的多数票。

林肯的优势十分微弱，这表明，支持他以强硬对抗南方各州的政策已不像从前那样深入人心。但这并不意味着所有的民主党人都希望不惜代价地换取和平。麦克莱伦已经明确表示，如他当选，南方返回联邦是停战谈判的前提条件。但是，以男性普选权为基础的美国宪法设定了间接的总统选举制度，除新泽西、特拉华、肯塔基之外的联邦各州都是林肯的坚定支持者，他得到了二百一十二名代表的投票，而麦克莱伦只得到了二十一票。

为了安抚或迷惑那些和平主义者，林肯支持与邦联举行非正式的和平谈判。《纽约论坛报》的霍勒斯·格里利是总统的代表，他与南方特使在尼亚加拉瀑布城进行会谈。格里利很快发现，他没有被赋予签订合约的权力。此外，由于林肯提出了废除奴隶制及南方重归联邦等条件，谈判无论如何都将归于失败。于是，现在彼此敬重的南北两方，及早已相互钦佩的两支军队便在残酷的精神和物质斗争中迎来了第四个冬天。

虽然亚特兰大已被联邦军攻陷，但胡德领导下的四万四千名大军仍在这一地区积极活动，破坏谢尔曼的交通线。同时，胡德还有一万人的骑兵部队，其指挥官南森·佛利斯特是邦联日薄西山时熠熠闪耀的新秀人物。佛利斯特几乎目不识丁，但却拥有令人钦佩的高级军事指挥才能。在他看来，战争的艺术包括“以优势力量先发制人”，此话十分经典。这些力量都在谢尔曼周围和背后大范围运动。

11 月 12 日，谢尔曼将军说服焦虑不安的华盛顿内阁放弃交通线，开始穿过佐治亚州向亚特兰大海岸大规模进军。在北方封锁了南方海岸，关闭了南方棉花的出口大门之后，邦联的妇女带着顺从恭敬的奴隶在地里种植了谷物，这些食物足以令佐治亚州度过黑暗的寒冬。谢尔曼将大军从正面展开，一路向前推进，他们就地取给，毁坏了沿途所有农场、村舍、城镇、铁路和公共设施，大军所到之处，一切尽成废墟。胡德此举为自己留下了恶名，当地人对他的愤恨至今未平。用谢尔曼自己的话说：“战争是地狱。”他的做法正是此语的最好验证。但是，人们也不应认为，谢尔曼军的行为能与 20 世纪的世界大战及中世纪的野蛮战争的暴行相提并论，调查研究表明，他的部队几乎没有肆意杀人或强奸妇女的残暴之举。但是，该军的所作所为仍在美国这一地区留下了挥之不去的阴霾。

与此同时，指挥西部邦联军队的胡德不仅切断了谢尔曼的交通线，使其与联邦当局失联达一个月之久，还率领近六万人的军队直接侵入了北方占领区。他闯进了田纳西州，受谢尔曼之命监视他的将领托马斯被迫退兵。南军将士对家乡的遭难深感愤怒，他们以近七千人的代价将联邦军赶出了富兰克林，大有再次突入俄亥俄州的势头。但是，在 12 月 15 日的纳什维尔之战中，胡德军被托马斯将军打得溃不成军，丢盔弃甲撤回了南方。谢尔曼几经摸爬滚打，终于率军抵达了大西洋岸边的萨凡纳城下，他将胜利的捷报当作“圣诞礼物”，于第一时间送到了再次当选的林肯手中。

现在胜利已近在眼前。谢尔曼计划在 1865 年对南卡罗来纳州实施比佐治亚州更为严厉的惩罚。这个州在这些年来傲慢嚣张，使美国人民蒙受了灾难。也正是这里的暴民在萨姆特堡开火轰击联邦星条旗。林肯的内阁部长愤怒地要求将查尔斯顿从地球上抹去，将其变为一片盐碱地。谢尔曼军气势汹汹地向前推进，与此同时，守卫里士满外围的罗伯特·李也已是强弩之末。格兰特军现已推进到了詹姆斯河南岸，但李仍然派出厄尔利将军率领一支生力军前往谢南多厄河谷。1864 年 7 月，厄尔利的作战风格颇似杰克逊，他很快击败了北军指挥官，华盛顿仿佛再次听见了敌人进逼的隆隆炮声。但是，不久之后，谢南多厄河谷的南军便被谢尔曼以压倒性的力量扫荡一空。里士满前方的彼得斯堡防线曾长期抵挡了联邦军的进犯，现在，一颗巨大的地雷在彼得斯堡壁垒底部爆炸，在豁口处引起了一阵厮杀，南军四千人倒在了血泊之中。但是对于李将军来说，这种损失已是其无法承受的了。

从 1865 年 2 月开始，南方已经处在了崩溃的边缘。戴维斯总统重新任命罗伯特·李为总司令。同月，南北方尝试进行了新一轮谈判。邦联副总统斯蒂芬斯在詹姆斯河口汉普敦水道的一条汽船上与美国总统谈判。一个前所未有的怪异场景在此上演，对立两方的最高领袖竟在激战期间举行谈判。此外，这位南方的代表还是林肯多年前的老友。但是，在原则性的问题上，双方都不肯丝毫退让。杰弗逊·戴维斯指示说，要缔结一个“使两国能够和平相处的条约”。林肯提供了慷慨条件，但前提是美国再次归于一统。结果如他所料，南方不可能自愿返回联盟，北方也不会甘愿做出让步。

同时，李将军立即恢复了约瑟夫·约翰斯顿的西部军队统帅职位。在战争中，各州和军队的最高指挥权授予没有定则可循，一切都取决于具体形势及个人状况。但是，如果确有出类拔萃的将领涌现，政府当局就应该明智地授予其全方位的军队指挥权。第二次马纳萨斯战役后，或者说最近的钱瑟勒斯维尔战役之后，罗伯特·李显然成为了南军最负盛名的统帅。但那已是 1862 年春天的事了，现在是 1865 年春。邦联军的每一次反攻都被击溃。北军对大势已去的邦联大肆蹂躏，格兰特大军最终打到了坚固设防的里士满城下。

4 月 2 日，礼拜天，菲弗福克斯战役结束，彼得斯堡防线也被联邦军突破。戴维斯总统正坐在里士满教堂的长椅上，一名信使从过道上走来：“李将军请求立即疏散。”这意味着邦联政府必须向南转移，成为流亡政府。它的辖地仍有数百英里，依然可以行使权力，没有崩溃，也没人逃跑。但一切都将归于终结，军队会节节溃败，国土将片片沦丧。李还有一个计划，他计划将军队迅速从里士满撤出，前往南方与约翰斯顿会合，打垮谢尔曼，然后在转身迎战格兰特并击溃波托马克军团。一切都是为了维护尊严。所幸的是，最后的痛苦得以避免。罗伯特·李率队从里士满出发，随即受到三倍于己的敌军追击。谢里丹率领骑兵部队截断了他的后路，并破坏了其后方的铁路线。

李军的粮秣很快出现短缺，士兵们配给的食物已不到原先的二分之一，同时还遭到敌人的三面围攻。格兰特大胆地发动攻势，希望迫使李将军认识到，邦联此时已是无力回天。在弹尽粮绝的窘境之下，李将军终于屈服。他骑着"旅行者"战马前往阿波马托克斯郡府了解和谈条件。格兰特简明扼要地写下了几句话："北弗吉尼亚军团的军官和士兵的必须在交出武器后，方可假释回家，在遵守法律的前提下可不受侵扰地生活。李的军官们可以保留他们的佩剑，士兵们可以从联邦的马车上获得食物。"格兰特同时补充道，"你的部下应该留下他们的马匹和骡子，他们在春耕时用得着这些牲畜。"这是格兰特将军职业生涯中最为光彩的一天，在美国历史上留下了浓墨重彩的一笔。长久以来以"刺刀守卫邦联"的北弗吉尼亚军团两万七千名官兵投降。尽管戴维斯总统强烈反对，两周之后，约翰斯顿也接受了谢尔曼的类似条件，宣布投降。戴维斯本人被一个骑兵中队俘获。南方各州的武装抵抗从此完全被镇压下去。

林肯在格兰特的陪同下进入了里士满，当他回到华盛顿时，获知了罗伯特·李投降的消息。身为征服者和主人，林肯高高在上，无比尊荣，四年的稳定辉煌的权力之路似乎就摆在他的眼前。他经历万般磨难，克服千难万险，拯救联邦的高昂热情和钢铁意志依然未有动摇。现在，他考虑的主要问题是如何医治联邦的创伤。他拥有无人企及的雄心和智慧，同时还拥有至高无上的权威。对那些叫嚷着绞死杰弗逊·戴维斯的人，林肯说："局外之人不应评判审判。"4 月 11 日，他声明要以宽宏的态度和宽广的胸怀对待被征服者，敦促以调解的方式解决问题。14 日时，他又在内阁以仁慈的口吻论及李和其他南部邦联领导人，并指出要以宽恕和友善为本。但是当天晚上，他坐在福特剧院的包厢中看戏时，一位谋杀团伙的狂热演员偷偷从后面溜了进去，向他的头部开枪射击。这个恶棍跳下舞台，大声喊道："这就是暴君的下场！"这位暴徒的马靴被星条旗绊住，摔伤了脚踝，但他还是设法从现场脱身，逃到了弗吉尼亚州。他在弗吉尼亚被捕，被枪毙在一个谷仓之中。国务卿苏华德也在家中遇刺，同样成为了暗杀行动的受害者，但所幸伤势轻微，没有致命危险。

林肯一直没有恢复意识，在遇刺的第二天，他溘然长逝。南方被征服者就这样失去了他们唯一的保护人。一些人也试图效仿他的宽宏大量，但终究没有一人能够压制北方人强烈的政治仇恨。对北方民众而言，刺客的子弹要比南方炮轰更为罪恶。然而，即便是满怀愤怒，北方人也未对南方仇敌施以报复。杰弗逊·戴维斯和其他几个南方领导人确实被关押了一段时间，后来都被释放，得以安然地度过余生。但是，林肯的死亡使联邦丧失了一位伟大的旗手，一个可以领导重建工作的唯一领袖，一名能够指引得胜之师继续前进，赢得人民永远敬仰的英明统帅。

仅凭武力，是无法完全征服敌人的。

轰轰烈烈的南北战争就这样落下了帷幕。它华丽宏大，无法避免，可以说在整个战争史上都甚为罕见。七十五万人血洒疆场，北方欠下了累累债务，南方在战火中毁于一旦，美国的社会发展也陷入了衰退。战争削弱了美国人的天赋秉性，生活和历史上的许多传统也荡然无存。但是，正如约翰布·莱特所言："战火硝烟褪尽之后，弥漫在整个大陆的可怕阴影也终被一扫而空，一去永不复返。"

第十二部

维多利亚时代

第十五章　德意志的兴起

当美利坚合众国正要陷入南北战争的磨难，而焦躁的拿破仑三世正在法国巩固他的统治之时，一个历史性的时代正在莱茵地区悄然开始。1861年，普鲁士威廉一世继承腓特烈大帝的衣钵，登基成为普鲁士国王。在他执政的最初几年，他的三项公开任命，对欧洲史和整个现代史产生了不可估量的影响。他任命冯·毛奇伯爵为总参谋长，冯·罗恩伯爵为国防部长，更重要的是，他把奥托·冯·俾斯麦从巴黎使馆召回，任命为普鲁士首相。俾斯麦后任北德意志联邦首相，直至德意志帝国首相，他以非凡的天才与冷血的信念推进着德意志的统一和普鲁士化，消灭了普鲁士身边的敌人，最终在 1871 年把威廉推上了德国皇帝的宝座。他将辅佐或说是控制威廉一世及其两个继任者，直到他同年轻的威廉二世皇帝发生冲突，不得不在 1890 年退出政坛。俾斯麦在体魄上、性格上和经验上都为他即将担负的重任做好了准备。他担任过普鲁士政府官员和波美拉尼亚地方议会的议员，然后受命为普鲁士驻法兰克福联邦议会的代表。他游历很广，并在管理波美拉尼亚的巨大家产时积累了实践经验。他在成为首相以前担任的最后两个职务，是驻彼得堡大使和驻巴黎大使。他在仕途早期便对事业的目标和手段有了根深蒂固的信念，而他也并不讳言，甚至有时坦率得有些残酷。他的理想和目标是绝对的君主专制，对自由主义和议会制则是深恶痛绝。

普鲁士必须摆脱软弱和自由的倾向，才能完成领导和控制德语民族的使命，这也意味着与奥地利的较量是不可避免的。

以密集、高明而不择手段的外交活动为依托，俾斯麦经过精心准备，祭出了锻造德意志的铁锤。第一锤是在 1864 年发动了丹麦战争，使石勒苏益格和荷尔斯泰因两个公国成为普鲁士的附属国。第二锤是 1866 年的七周战争，打败了奥地利，它在德意志的盟友也受到蹂躏。最后一锤就是 1870 年的普法战争。

俾斯麦一直认为保证普鲁士东部边界的安全至关重要，只有这样他才能在其他方向上自由行动。他在法兰克福说过："普鲁士必须永远保持同俄国的友谊，而且在所有欧洲国家中，与俄国结盟是成本最低的。"普鲁士没有参加克里米亚战争，很快它又有了进一步向俄国沙皇示好的机会。1863 年，波兰人英勇但是冲动地发动了毫无胜利希望的反抗俄国的斗争——这个悲情的民族在历史上经常做出这样的事情。俾斯麦支持并鼓励俄国人，甚至允许俄国军队到普鲁士领土上追击波兰起义者。他所反对和恐惧的波兰独立运动再次被扑灭，而俄国人接收到了普鲁士的诚意和进一步合作的暗示。

同年，俾斯麦抓住机会向普鲁士西北方向扩张，控制了基尔港和丹麦半岛的颈部地区。没有直系继承人的丹麦国王去世后，关于石勒苏益格和荷尔斯泰因继承权的历史性争议又爆发出来。丹麦国王统治着这两个公国几个世纪，因为他们是神圣罗马帝国授予的封地。如今神圣罗马帝国已经瓦解，而这两个公国，虽仍是维也纳会议界定的松散德意志联邦的一部分，地位却不甚明确。丹麦人占石勒苏益格人口的半数，所以希望把它并入丹麦的版图，荷尔斯泰因的人口则都是德意志人，而王位继承问题激化了民族矛盾。来自于其他家族血统的新丹麦国王有权继承这两个公国吗？当时也有另一位竞争者在争夺公国的继承权，而德意志人爱国主义情绪高涨，誓要让这两个公国留在德意志祖国之内。

俾斯麦深谙浑水摸鱼之道。当时德意志联邦已经在这个问题上同丹麦人发生冲突，当丹麦的新国王获得这两个公国主权时，汉诺威人和萨克森人组成联邦军队，占领了荷尔斯泰因，俾斯麦借机拉着奥地利介入了这场纠纷。奥地利仍是德意志联邦的成员，而且考虑到自己还占有意大利属地，他也对偏远省份民族主义的胜利心怀敌意。一八六四年一月，奥地利和普鲁士联军向哥本哈根发出最后通牒。到了七月，丹麦战败，石勒苏益格被占领。强大的普鲁士新军在这场战争中没有派上太多用场，所以它未来的受害者们尚未领教它的威力。

英国在这场纠纷中没有发挥实际作用。帕默斯顿主张干预，他曾参与一八五二年关于《柏林条约》的谈判，英国在条约中承诺维护丹麦的完整。在普奥出兵之前，他在下议院说："我们确信，至少我个人确信，如果有人以武力侵犯丹麦的权利，破坏她的独立，那么他们需要面对的将不仅是丹麦一国。"但当时的英国内阁顾虑重重，意见不一，没有准备好以实际行动支持这一模糊的承诺。维多利亚女王坚持已故丈夫的观点，支持普鲁士崛起。另外，帕默斯顿自己是在英国对拿破仑一世的战争期间开始内阁生涯的，他对法国怀有戒心。他担心，如果爆发全面战争，拿破仑三世会借机占领莱茵兰，并在欧洲大肆扩张。实际上，法国拒绝了英国要采取联合行动的试探性提议。法国知道，英国只能向大陆派出两万军队，如果同普鲁士和奥地利作战，英国的贡献很可能仅限于用海军封锁波罗的海这个简单而非决定性的任务。拿破仑三世希望不借助战争，就能向普鲁士索取补偿，但是他的双重外交计策最终落空了。再说到俄国，它本来就欠着俾斯麦一份人情，对事态发展又采取观望态度，所以拒绝介入。在这种情况下，帕默斯顿预感到，他所能做的只是呼吁会谈和调解。英国这种光说不做的行为在历史上也不是第一次了。帕默斯顿的话使丹麦人产生了错误的安全感，于是在争议中坚持一些虽然有一定正当性，但法理上并不占上风的要求。由于英法袖手旁观，德意志人为他们客气地称作"现实政治"的政策开创了危险的先例——"现实政治"是说只要有实利可图，便可不顾国际事务中的道义标准。在这次纠纷中，受害的小国丹麦没有被消灭，和平条件并不算太苛刻。在当时和后来，俾斯麦都深知稍稍宽待战败国的价值。

丹麦战争的结果很快便为下一步更为重要的步骤提供了借口，那就是迫使奥地利脱离德意志联邦，由普鲁士取而代之，领导德意志。石勒苏益格和荷尔斯泰因成为普鲁士和奥地利的共管领土。俾斯麦充分利用这种尴尬的安排，把抗议频繁的局面留给义愤而且长期饱受其害的奥地利人。同时他也在寻求其他势力的支持。一八六五年，他到比亚里茨会见了拿破仑三世。关于这次会见，没有准确的记录保存下来。估计俾斯麦重申了他一段时间以来对法国驻普鲁士使馆的暗示：如果法国允许普鲁士对奥地利采取任何行动，那么法国向“任何讲法语的地方”的扩张都可望得到普鲁士的同情。这里显然指的是比利时。而且，法国可以在普鲁士行动的最后阶段出面调停，甚至可能在德意志南部得到一些土地作为回馈。拿破仑三世没有做任何承诺，也没有回绝。俾斯麦对此心满意足，他的许诺也没有写在纸上。

意大利的友谊也同样重要，因为它也在走向统一。加富尔和加里波第几乎把整个半岛统一在萨瓦王朝统治下。但是威尼斯、里雅斯特和蒂罗尔南部仍在奥地利人手中，意大利人渴望收复这些地区。一八六六年四月，维克托·埃曼努尔国王同普鲁士签署了一项秘密条约，约定如果普法战争在三个月之内爆发，意大利将进攻奥地利。

一切已经安排就绪。法国同意中立，俄国会提供便利，意大利成为盟友。英国在这个问题上无足轻重，但它一向支持意大利的解放运动，而且多年来同奥地利的关系一直不好。向奥地利及其在德意志联邦内的盟友进行挑衅以挑起战争的部署准确地开始执行了。

在战争爆发后的十天里，汉诺威、黑森和萨克森均被普军占领。乔治三世的孙子汉诺威国王逃到英国，他的国家被并入普鲁士。有权选举神圣罗马帝国皇帝、在一七一四年为英国提供一个新教王朝的汉诺威王国就这样消失了。普鲁士后来把汉诺威王国的资金谨慎地用在其他德意志地区的统治阶级身上，以缓和他们对普鲁士的不满。普军主力接着南下进入波希米亚，同时，俾斯麦的特务在奥地利的后方煽动匈牙利人的敌对情绪。普军巧妙地利用铁路进行部队的战略集结，经过一个星期的调兵遣将，决战在萨多瓦开始了。双方都投入了二十多万军队。普鲁士人使用一种新式的后膛装填步枪，凭发射速度快占据绝对优势。奥地利人企图以近战弥补武器的劣势，跟很多其他民族一样，他们自以为在拼刺刀的肉搏战上拥有过人的勇猛，事实并非如此。毛奇及其将军们多年努力的成果显现出来，奥地利军队被打垮了。

三个星期后，普鲁士军队已推进到维也纳城下。在俾斯麦执意坚持下，维也纳免受被占领的耻辱，这一次议和的条款又是比较仁慈的。俾斯麦已经考虑到下一步战略，他认为未来同奥地利的友谊至关重要。他说："胜利时适可而止，这不仅是慷慨，也是极其明智的政策。当然，享受这种宽容的一方也要提供物有所值的补偿，让胜利者能从中获益。" 奥地利失去的唯一领土是威尼斯，它被割让给意大利。奥地利终于被排挤出德意志，而它未来的野心不可避免地转向东南方向的斯拉夫人。七周战争结束了。普鲁士在德意志获得了五百万人口和二万五千平方英里的土地。欧洲大陆的力量平衡发生了根本变化，而法国将经历悲剧性的震颤。

拿破仑三世试图向普鲁士索要一些好处作为他保持中立的回报，结果无功而返，这一行为还被鄙薄为"要小费"政策。对法国对德意志南部提出领土要求，俾斯麦断然予以拒绝，并发表了他和拿破仑三世的谈话记录。这引起人们对法国的戒心，也加强了他在德意志非普鲁士控制区的地位。法国人终于意识到他们的危险处境。依照俾斯麦制定的有条不紊的计划，普法战争将一触即发。法国陆军大臣尼埃尔元帅急忙开始改组法军，拿破仑三世也四处网罗盟友。一切都是徒劳的。此外，由于拿破仑三世的健康状况每况愈下，决策权被削弱，加上国会和报界的任性和傲慢，法国人心烦意乱，朝着他们的命运之礁径直碰去。

随后的四年里，普法两国间形势日益紧张，双方不断扩军备战，擦枪走火的事件时有发生。英国政治家对这个局势洞若观火，竭力调解，但是由于英国对普法两国都不做明确承诺，这种努力必然失败。不论从鲜明的国家利益，还是从对某一方的好感来说，英国都没有动力明确选择立场。拿破仑摇摆不定的野心让伦敦感到难以信任，而对于俾斯麦，用英国驻柏林大使的话来说，他似乎已决意选择"强权政治"的道路。

俾斯麦又一次孤立了他的敌人。尽管法国极力示好，奥地利仍然漠然置之。意大利自一八六六年便与普鲁士结成盟友，此时更无意反戈。法军仍然为教皇镇守着罗马，如果法国战败，这些部队将不得不撤回国内。俄国在俾斯麦的怂恿下，趁机撕毁了限制它进出黑海的协定。俾斯麦也不担心英国的反应，他曾说："英国对我来说是什么呢？一个国家的重要性，取决于它能投入战场的兵力。"尽管如此，他在 1870 年给《泰晤士报》寄去了一份明显是法国在四年前提出的条约草案，其中，法国试图以支持普鲁士为条件换取比利时。英国作为比利时的保护人，看到这份草案自然更无意偏向法国了。

1870 年夏，俾斯麦动手了。西班牙的一场革命推翻了波旁王朝，使西班牙王位空缺了将近两年。西班牙临时政府在欧洲各国的王族中寻找合适的国王人选，最后选中了普鲁士国王威廉家族的古老一支、霍亨佐伦－西格马林根公爵领地的利奥波德王子。王子起初选择了拒绝，但西班牙人在俾斯麦的建议下再次发出邀请，这一次，王子接受了。法国人反应强烈，议员在国会里发表了煽动性的讲话，法国驻普大使奉命要求普方撤销利奥波德王子的允诺。法国外交大臣称这种安排"损害了法国的地位，破坏了欧洲的势力均衡，并危及了法国的利益和荣誉"——若在今日，他毫无疑问会把这称为"包围"。威廉国王足够耐心地处理了法国的抗议，私下建议利奥波德王子改变决定，在四十八小时以内，利奥波德表示同意。法国报界为此欢呼，可是，法国又犯了得寸进尺的致命错误，法国大使受命要求普鲁士保证不再提出利奥波德作为西班牙国王的人选。即使对于威廉国王来说，这个要求也未免过分，他礼貌而坚决地回绝了法国大使。当他正式得知利奥波德已经发表了弃权声明时，便写信给法国大使说，他认为这个问题已经解决了。

俾斯麦对威廉国王的外交政策感到失望。他认为自己努力的成果将付之东流，他的国家将蒙受羞辱。他在失望中同毛奇和罗恩在柏林进餐时，收到国王从埃姆斯发来的知会事态进展的电报，国王还在电报中给予了俾斯麦如若需要可以自行决定公布这些情况的权力。俾斯麦抓住这个机会——他没有篡改事实，而是巧妙地缩减了电文，给人留下法国人的要求遭到无礼驳回，他们的大使受到断然拒绝的印象。聚餐者都知道这份公报将不可避免地挑起战争，因而感到心满意足，俾斯麦还把它比作"刺激高卢牛的红布[1]"，而罗恩兴奋地说："神仍站在我们这边，不会让我们在屈辱中灭亡。"一星期之内，法国对普宣战。整个事件颇为戏剧化，但后来披露的事实表明，法国内阁早就决定，如果威廉国王不彻底妥协，法国必将开战。法国差劲的军事情报工作使一些法国领导人以为他们的战备工作胜过普鲁士，而接下来四十天里，这个错误的自信将被残酷地粉碎。

普鲁士在战场上投入了五十万军队，还有五十万后备部队。巴伐利亚在之前二百年的欧洲事务中一直支持法国，现在投入十五万军队同法军作战。这场战争短暂而激烈，法国人倾力投入战争，表现出本民族的英勇无畏，他们的步兵武器与普军比起来也毫不逊色，但是，他们在运用新式的军事辩证法、运输和军需供应系统方面，尤其在参谋和训练上，已远远落后于对手。

法国出师不利。皇帝亲自修改了动员计划，但计划的执行缓慢而混乱。军官到处寻找并不存在的部队，阿尔萨斯的预备役人员受命到比利牛斯山的军营中进行装备，以便编入仅仅几英里以外的正规军团，可是许多人几个星期以后才赶到团里，那时这些团已被击溃或正在撤退。

德意志人兵分三路，其中两路共有三十五万人，从不同路线向法国的梅斯要塞会合，普鲁士王储率领二十二万军队奔向斯特拉斯堡。三路大军之外，有一支骑兵先行推进以迷惑法军，并为自己的参谋部搜集准确的情报。大多数野外战斗是迅猛推进的普军先锋部队随机进行的，而主力部队严密的组织性也使他们得以充分发挥。八月四日，普鲁士王储在维桑堡打败了麦克马洪元帅指挥的阿尔萨斯兵团的一部分，两天以后，两军在韦尔特激战，法军主力被迫退向南边的夏龙。同时，拿破仑三世指挥的莱茵河兵团被迫退到梅斯，在梅斯把指挥权交给巴赞元帅，然后到夏龙去找麦克马洪。

八月中旬，两只德意志部队出乎意料地成功插入梅斯和巴黎之间。巴赞进行了三次血战，战事在八月十八日的格拉夫洛特到达高潮。在这次激战中，

---

1 高卢即法国的别称。

德意志人的骑兵以巨大的代价打破僵局，巴赞随后撤进梅斯要塞，那里还有十八万法军精锐，却可耻地坐视毛奇的作战计划迅速得逞。麦克马洪和皇帝率军援救梅斯，而普鲁士王储绕过斯特拉斯堡，在色当附近拦截法军，迫使他们撤进比利时边界的这个古老的军事要地。德意志军队的炮火优势明显，此时更巧妙的战术是将法军阵地围在当中，从四面开火。色当完全不适于在现代战争中进行防御，德意志人占领高地以后，法军根本无法抵挡。经过绝望的挣扎，拿破仑三世被迫带领十三万军队投降。开战仅六个星期，他就向普鲁士国王缴械了。当时俾斯麦也在场，他们上一次见面是五年前在比亚里茨，那时他们的身份都是外交家。

三个星期以后，德意志人包围了巴黎。又过了几天，巴赞出于愚蠢和厌战，甚至更糟的原因导致很多法国人认为他是不必要地交出了梅斯要塞。一八七六年，法国法庭认为他放弃梅斯完全是由于怯战或叛国，判处他死刑，不过，这个判决后来没有执行。

战争似乎结束了。法国皇帝成为俘虏，皇后逃到英国，巴黎陷入重围。“国防政府”仍在守卫巴黎，然而，尽管出现了冈贝塔乘着气球逃出城，到外省组织反抗这样的英勇事迹，卢瓦尔河畔和瑞士边界上残余的法国军队一直未能取得任何进展。一八七一年一月，巴黎陷落了。

停战谈判在凡尔赛进行。这一次，俾斯麦颇为斤斤计较，每做出一点让步，都要法国付出巨大代价。和平条款在当时看来相当苛刻，普鲁士人要求法国赔偿五十亿法郎的黄金，以便在相当长的时间里制约法国经济。这笔钱三年才还清。战胜国的军队在巴黎街头招摇行进，阿尔萨斯和东洛林被割让给德意志，仇恨的种子由此在法国人心中生了根。

条约的最终版本过了几个月才签字。在此期间，法国遭受了军事惨败的一颗可怕的苦果。根据停战协定，巴黎的卫戍部队被大幅削减，于是，革命党人在三月控制了巴黎。这场“公社”式的运动最初的动机是爱国主义，他们号召被普鲁士军队的耀武扬威深深刺痛的巴黎人民团结起来，继续战斗。法国临时政府平息叛乱时三心二意，以失败告终，随即撤到凡尔赛，任凭红旗在巴黎飘扬。俾斯麦释放法国战俘，让他们帮助镇压巴黎的起义，巴黎陷入全面军事行动。

当麦克马洪率领政府军开往巴黎时，公社运动的性质起了变化。他们的支持者对抗击普鲁士入侵者失去了兴趣，而逐渐变成了凶残嗜血的社会革命者。包括巴黎大主教和许多教士在内的人质被枪杀，宏伟的国家建筑被焚为废墟。麦克马洪的部队被迫陷入巷战，逐个争夺街垒，经历内战一切可能的残酷才接近了巴黎市中心，而他们也对公社成员进行了无情的报复。到秩序得到恢复时，战斗已持续了六个多星期，这期间有成千上万的人丧生，仅被处决的估计就有二万五千人。这场运动丝毫没有波及法国的其他城市，但它受到国外共产党人的称颂。住在英国的卡尔·马克思把这场运动视为他宣传了半生的阶级斗争理论的明证。作为一七八九年和一八四八年革命的翻版，公社运动给法兰西政治体系留下的伤痕至今可见。

在实现停战的那个月，德意志的统一大业终于完成了。从秋天开始，德意志外交官们便在凡尔赛忙碌着，一八七一年一月十八日，普鲁士国王威廉一世在镜厅接受了各盟邦君主推举，成为德国皇帝。这个称号的具体字眼引起了一些争执。俾斯麦向来不介意为实质利益牺牲一些形式，他选择这个称号很可能是为了照顾小国的感情。威廉对此感到不快，因为他本希望被尊为“德意志皇帝”，在离开镜厅时，他有意忽视了他的宏伟帝国的构筑者。

早在普奥之间的萨多瓦之战那一天，英国的迪斯雷利就对他的选民阐述了超脱于欧洲事务之外的好处。事实证明，他确有洞见。五年以后普法战争中，英国仍可以当一个善意的、苦恼的同时又置身事外的旁观者。十九世纪六十年代，英国皇家海军装备了强大的蒸汽动力铁甲舰，上面配有发射炮弹而不是子弹的线膛炮。用木船和帆船统治海洋的时代终于结束了。海军从美国南北战争的海战中吸取了经验，但英国常备陆军按照欧洲大陆的标准还是不值一提。十九世纪的战争持续的时间都很短，工业化国家军事力量之强大尚没有机会充分展现。

俾斯麦的毕生事业在凡尔赛达到了顶点。普鲁士在国内克服了重重困难，对外蓄意挑起了三次战争，终于完成了德意志的统一，使德意志成为欧洲大陆上最强大的两个国家之一。同时，代价也是惨重的。法国人下决心复仇雪耻，迫切地寻求盟友和支持。在维也纳确立的“欧洲协调”原则彻底破裂。之后的很多年里，人们曾多次努力试图恢复这一原则，也曾取得一些短暂的成绩。但是，欧洲强国渐渐形成两大阵营，英国则不安地袖手旁观。这两大阵营的分歧逐渐变得彻底不可调和，最终在二十世纪爆发出来。英国对形势变迁的认识有些迟缓。迪斯雷利虽有些夸大其词，但的确是有先见之明的，他说，普鲁士军队的胜利意味着一场德意志革命，这将是“比上一个世纪的法国革命更为重要的政治事件”。武力保卫和平的时代到来了。在格拉德斯通和迪斯雷利主政英国的时代，英国忙于国内事务以及爱尔兰自治和帝国统治的问题。然而，欧洲本土和殖民地事务明显互不相干的时代即将彻底结束。只要俾斯麦领导德国，他就会小心翼翼地避免触怒英国。同时，在殖民地问题上的冲突使英法关系日趋紧张。直到德皇威廉二世免去俾斯麦的首相职务并大力奉行敌对政策时，英国才完全警觉到日耳曼人的威胁。

第十六章　格拉德斯通与迪斯雷利

现在让我们开始讲述英国历史上一个漫长、连贯、不断发展的时代，即格拉德斯通和迪斯雷利担任首相的时代。这两位伟大的议会活动家在1868–1885年之间交替掌权，在这近二十年里，他们的领导地位没有受到任何有效挑战。在迪斯雷利于1881年去世之前，他和格拉德斯通的交锋一直是英国政治舞台的中心。二人都站在各自党派权力的顶峰，他们富于技巧的雄辩把公众的注意力吸引到议会程序上，较量的每一个回合都引起全国性的讨论。其实他们的政治分歧并未超过一般的两党分歧。他们之间尖锐的冲突和根深蒂固的敌对情绪如此根深蒂固，很大程度上源于他们迥然不同的脾气秉性。迪斯雷利私下写道："后人将对格拉德斯通这个无耻的疯子做出公正的判断。他是个异乎寻常的嫉妒、记仇、虚伪和迷信的混合体；他无论是在说教和祈祷，喋喋不休或舞文弄墨上，都有一个显著的特点——从不是一个绅士！"格拉德斯通对迪斯雷利的评价也同样尖刻。他说，迪斯雷利的理论是"虚伪的，但是，他的为人比他的理论更虚伪……为保持自己的影响力，他不惜腐化公众的意见，在谈判中贪得无厌，煽动人们的激情、偏见和自私的欲望……他通过支持皇室不符合宪法的倾向来削弱王权，同时又毫无底线地迎合民主思潮，以削弱宪法"。就这样，他们在下议院针锋相对——格拉德斯通音色铿锵，目光如炬，陈词感人肺腑，迪斯雷利则气质浪漫，措辞精妙灵活，传神达意。

格拉德斯通在 1868 年出任首相时，人们仅仅认为他是谨慎而又节俭的执政官，也已经成长为坚定的自由党改革家。其实这只是他的才能的一个方面。逐渐使他成为那个时代最具争议的人物的原因，是他经常同时能激起自己和选民的义愤填膺的道德感。在讨伐巴尔干国家和爱尔兰的两次运动中，他的口号便是良知与道德标注高于政治决策——致力于宣扬这样的信条使他不可避免地被斥为伪君子，因为这些口号对应的政策往往明显地有利于自由党。其实，这些指责是错误的，格拉德斯通的讲话常常充满传道士精神，他宁可分裂自由党，也不愿放弃道德是非。在他转念支持爱尔兰自治之后不久，他就对助手威廉·哈考特爵士说："我即使众叛亲离，也要坚持到底。"这种精神不利于团结，导致了自由党分裂，但它为格拉德斯通在他追随者心中赢得了史无前例的地位。

为了对付格拉德斯通，迪斯雷利需要动用自己的全部勇气和得天独厚的超群智慧。许多托利党人不喜欢也不信赖他的改革观点，但他摆布同僚的手段十分高超，就统治政党的艺术而言，无出其右。他对所有事情的态度，都有愤世嫉俗的成分，他的性格中，丝毫不见对道义的热情。劳动阶级中的大部分人为了现实利益而依附于教会、王室、帝国和贵族，迪斯雷利认为这些趋利避害的行为都可以为党派所用。他一生都没有被典型的英国生活方式完全同化，至死保持距离，这使他年轻时就可以对英国社会做出独立的分析，这很可能是他能更加深刻地理解和评价当时政治情况的原因。他长期被自己的党派掣肘，却最终领导它在大选中获胜，登上他所一直渴望的权力高峰。

两人最深的矛盾莫过于格拉德斯通认为，迪斯雷利为了保守党的利益掌控女王，而且他滥用个人魅力，危害宪法。格拉德斯通就任首相时，维多利亚女王过着半退休的生活，还没有走出 1861 年阿尔贝特亲王逝世造成的悲痛。格拉德斯通试图让君主重回公众视线，于是善意地建议让女王的长子担任爱尔兰总督，但这都招致了女王强烈的反感。他始终对女王十分尊重，却无法与女王建立亲切温情的关系。女王有一次曾评价说，他对她讲话，好像是在公开会议上一样。迪斯雷利没有犯这样的错误，他宣称："英国宪法的原则并没有否定君主的个人影响，如果真的有，则人性本身也要阻碍这种理论的实现。”他经常给女王写信，帮助她摆脱在丈夫死后所陷入的孤独和避世，迎合她参与政策制定的愿望。在一八七七年五月东方危机的高潮中，他在汇报内阁各种看法的报告结尾写道：“政策应由陛下来定，首相将坚决执行。”女王感到这样的态度无比受用，她抱怨说，格拉德斯通执政时什么都不告诉她。如果他在 1880 年以后多向女王汇报，女王的不满可能会转移到在野的保守党身上。但是从那时起，她开始对自由党政府不甚友善，她不喜欢格拉德斯通，对其党内日益强烈的激进主义倾向十分反感。不过这种情况倒也并没有导致什么恶果，格拉德斯通小心地避免女王个人成为政治议论的对象，不让公众知道他和女王的不和。他曾发牢骚说：“女王足以毁掉任何人。”不过尽管难以体谅，他还是耐心地为女王效劳。无论如何，基于公众选举组成政府的制度，在发展过程中必然削弱国王的个人权力。尽管维多利亚偶尔表现出参与政治的倾向，她仍是立宪制下的君主。

格拉德斯通经常说，他在 1868 年至 1874 年之间领导的内阁是“有史以来最好的执政工具之一”。在他的积极推动下，这届内阁进行了一系列拖延已久的改革。这是个黄金时代，自由主义力量仍在激进而且不受束缚，个人主义原则和自由放任的经济思想在搜寻并摧毁着十八世纪统治制度的残余。行政系统、军队、大学和司法界纷纷受到攻击，旧地主势力的开始崩溃。随着公共事务逐渐不断地转移到有才华且勤奋的人，詹姆斯 · 米尔所说的“邪恶利益”的权力逐渐缩小。自由主义是原则，放任政策是方法，政府权力的过度扩张毫无必要，而中产阶级终于得到了同他们的经济实力相称的政治地位。格拉德斯通的上台适逢其时，大选的决定性胜利和一个准备好迎接改革的国家为他提供了机会。一向派系力量均衡的自由党空前地团结在他周围。他的政策在执行中遭遇了一系列明显的滥用，但它的规模和范围把激进派、温和自由派甚至辉格党人都团结在了一起。他从爱尔兰问题开始改革。他在哈瓦登的家中接到女王的诏书时说：“我的使命是平定爱尔兰。”尽管遇到强烈阻力，甚至违背了自己早先保卫私产和国教信仰的原则，他坚决在 1869

年取消了爱尔兰新教教会的国教地位，次年又颁布了《土地法》，试图制止无理驱逐佃户的现象。然而，平定爱尔兰绝非易事。

在英格兰，政府面临的工作也一点不少。担任财政大臣罗伯特·洛在1867年的选举改革之后说过："我们必须教育我们的主人。"选民至少应该能够读写，政府也为他们提供了获得更多知识的途径。由于选举权的扩大以及自由主义者对教育重要性的共识，全国小学体系被建立起来——这是通过1870年W．E．福斯特的《教育法案》得以实现的。当然，像以后几十年里的所有教育措施一样，这个法案的实施也因教派激情和纷争而打了折扣。同时，政府机构终结了裙带关系的泛滥，新的行政系统通过考试竞争吸收人才，非常重视考生的智力成就，晋升靠的是能力，而不是财产和家庭关系。次年，牛津大学和剑桥大学取消了所有的宗教限制，接纳天主教徒、犹太人、持异议者和不信教的年轻人。古代错综复杂的司法制度对诉讼当事人来说是个噩梦，也是律师的饭碗，现在这套制度通过法院合并实现了机构简化和现代化。《司法条例》标志着这个漫长而必要的改革的完成。几个世纪以来，起诉人往往必须就同一个问题在两个法院同时起诉，如今建立了唯一的最高法院，有合理的分支机构，程序和方法也统一起来。爱德华一世时代遗留下来的官职在彻底的改革中被一扫而空，这一切都伴随着稳健的行政管理，而最符合格拉德斯通心意的是紧缩开支和低税的政策。

克里米亚战争带来的磨难和耻辱证明了伟大的威灵顿公爵的战术在低水平的人手中根本无法发挥作用。普鲁士对法国的胜利震动了军事和行政人士。陆军部亟待改革，这个任务由最出色的军队改革家，格拉德斯通的国务大臣爱德华·卡德韦尔执行。总司令剑桥公爵反对任何改革，女王最终万般无奈地在上院签署命令，让他服从国务大臣，改革这才迈出了第一步。鞭笞制度被废除，《兵役法》引入了短期服役，以便建立有效的预备役。1871年，卡德韦尔进一步推进改革，经过同军方的激烈斗争，禁止了购买军阶的做法。步兵重新配备了马蒂尼－亨利式来福枪，部队建制以郡为基础进行了完全改编，虽然总参谋部尚未建立，陆军部进行了彻底的调整。

所有这些成就都是在英明而忙碌的六年中取得的，那之后，趋势变得摇摆不定。这在英国历史上屡见不鲜，重大的改革总是会触犯巨大的既得利益。国教徒的利益受到几条议案的损害，非国教徒没有从《教育法案》中受益，军队和法院痛恨卡德韦尔的激进改革。劳动阶级只收获了《投票法案》，该法案让他们能秘密而不受威胁地行使刚获得的投票权。以一千五百万美元的代价就“阿拉巴马号”争端与美国达成和解虽系明智之举，但对于在帕默斯顿政权下节衣缩食的人民来说却难以接受，他们开始怀疑格拉德斯通没有尽力保护英国的利益。自由党戒酒派推行的《售酒特许条例》未获通过，却激怒了酿酒的利益集团，使他们和保守党结成了联盟。格拉德斯通不久便抱怨说，他被“杜松子酒和啤酒的急流”冲倒了。迪斯雷利的雄辩之才此时已达到他政治生涯的高峰，他如此描绘了格拉德斯通内阁：“女王陛下的这些新大臣像一些瘾君子磕了药似的，还没解决爱尔兰的劫掠和混乱，就开始攻击每一个机构，利益集团和阶级，并动员全国……随着时间推移，人们不难看出，政府是在打了鸡血似的胡来。最后这种非常态的刺激消逝了，癫狂也衰竭了，他们萎靡下来。有些人陷入忧郁，他们杰出的领袖则时而威胁，时而叹气。当我坐在内阁成员席对面时，大臣们使我联想到南美海岸的一段并非十分独特的景色，在那里可以看到一些已经喷发的火山，暗淡的山峰上没有一丝火焰，但那里仍然很危险，偶尔会地震，大海也时时发出低吼。”

尽管如此，格拉德斯通领导的第一届政府在英国历史上还是地位甚高。不过当国会在 1874 年解散时，自由党在理念上已乏善可陈。格拉德斯通新的竞选纲领是废除所得税制度（当时的所得税是每镑三便士），后来他为没能实现这个目标而抱憾终身。可是全国都反对他，使他竞选失败。之后他开始半退休状态，也认为自由主义的伟大改革已经完成。他的大多数辉格党朋友同意这种看法，激进派却不这样认为。但他们的看法都错了，这位“长老”不久将在风暴中重返政界，而这场风暴将以前所未见的剧烈性撕裂英国公众生活的忠诚与传统。

当强大的对手格拉德斯通在哈瓦登伐树和写文章研究荷马悠闲度日时，迪斯雷利抓住了机会。迪斯雷利早就盼望登上权力的顶峰。他当了二十五年下议院保守党领袖，如今已年过七十。他的身体状况一直不稳定，晚年时，妻子去世让他倍感孤独，还忍受着痛风和其他小病。他说："权力，它对我眷顾得太晚了。……有些日子我早上醒来感到自己能够改朝换代，可是这些抱负都已过去了。" 他面临的问题总是很困难，一八四一年至一八四六年执政的皮尔政府是个插曲，导致了本党的灾难，可除了这段插曲，托利党已经近五十年没有掌权了。它被贴上"反应"党的标签，它的成员被讥为埃尔登、西德默思和其他托利党老顽固的继承人，如今它必须应付民主选民。虽然迪斯雷利倡导扩大选举权，但不能改变这对托利党来说仍是"轻举妄动"。不过，迪斯雷利毫不迟疑，他仍保持自己二十多年前发起的"年轻英格兰"运动的精神，从不相信英国的劳动者是激进分子或是现有秩序的摧毁者。他清楚地看到，虽然许多新选民被传统、政策连续性和改良型社会进步这样的概念吸引，但是在下院普通议员死板的保守主义影响下，这种感情并不会发酵为选举的优势。他不仅需要争取选民，还必须改革自己的政党。

格拉德斯通下台以前很久，迪斯雷利就开始为竞选做准备。他致力于社会改革和新的帝国观念问题，这两者都如尖刀般都刺中了格拉德斯通的要害。格拉德斯通对帝国事务从来缺乏兴趣，他热衷于保卫工人阶级的政治权利，对他们的物质要求却毫不关心。迪斯雷利则宣布："大臣们关心的首要问题应该是人民的健康。"自由党人嘲笑这是"污水政策"。迪斯雷利在执政后的第一次国会会议期间，着手履行自己的诺言。他很幸运地拥有出色的同僚，其中内政大臣理查德·克罗斯尤其能力卓越。会议通过了《工会法案》，给予工会几乎有了百分之百的行动自由，《工匠住宅法》是解决住房问题的首次尝试，通过《食物和药品销售法》和《公共卫生条例》，英国终于建立了较为完备的卫生法规。迪斯雷利成功地使大多数保守党人相信，选民的真正需要在于改善卫生条件和住房条件，以及在工业化的社会里自由组织，而且，保守党完全能够满足这些需要。矿工领袖亚历山大·麦克唐纳说："保守党在五年里为工人阶级争取到的福利超过自由党执政的五十年。" 格拉德斯通为福利改革的实现奠定了行政基础，但是迪斯雷利真正开启了促进社会福利的日程。

保守党新纲领的第二部分，即帝国主义，也是在迪斯雷利上台之前就开始部署了。格拉德斯通致力于从各方面裁减军费开支，对欧洲事务过于谨慎，对帝国事务不甚关心，这一切都让空前关心帝国荣光的公众十分反感。迪斯雷利的观点跟新的潮流很合拍。他在谈到殖民地问题时说："我认为，如果允许殖民地自治，那么这应作为巩固帝国的伟大政策的一部分。在允许自治的同时，应实行帝国的关税制度，保证英国人民有权使用属于君主管辖的无主土地，还应制定细致的军事法规，明确英国保护殖民地，以及必要时要求殖民地给予支援的方法和责任。另外，还应该在伦敦建立代表委员会作为殖民地同宗主国政府之间稳定的纽带。可是，这一切政策主张都被忽略了，因为提供政策建议的人，在我看来的确真诚地认为殖民地，甚至我们同印度的关系，都是英国的负担。他们用经济收益衡量一切，完全忽视了道义和政治考量对一个伟大国家的意义所在，也忽略了这些正是人与动物的根本区别。

"然而，自由派执政时，试图通过这样的政策瓦解大英帝国，结果如何呢？完全失败。为什么呢？是因为殖民地对宗主国的感情。它们决定任何人都不应毁灭大英帝国。我以为，任何大臣，如果错过了尽可能振兴殖民帝国的机会，忽视了可能成为英国这片土地力量与圆满之源泉的各殖民地的善意，那他就是玩忽职守。"

起初，迪斯雷利的政策执行得一帆风顺。苏伊士运河已开放了六年，改变了英国的战略地位，好望角不再是通往印度和远东的必经之路。而对于这条水路明显的重要性，外交部令人好奇地反应迟钝，不止一次地错过了控制它的机会。1875 年，迪斯雷利代表英国政府以四百万英镑买下了土耳其驻埃及总督伊斯梅尔的运河股票。这位总督已经破产，也愿意卖出股票，他的持股接近发行总数的一半。于是，通往印度之路得到了保护，对英国海军优势的潜在威胁被消除，另一个深远影响是英国不可避免地卷入了埃及的政治事务。次年，维多利亚女王欣喜地被拥戴为印度女皇。无论是格拉德斯通，还是下一代的帝国主义者，都决不会采取这样的行动。但是迪斯雷利以东方式的，几乎是神秘主义的态度看待帝国，强调帝国的象征意义，重视帝国的外在形象，这一切使他的政策充满想象力的光彩，后人再没能做到。他的目标，是让那些曾经被他称为“挂在我们脖子上的磨盘”的殖民地像钻石一样闪烁光彩。但是，欧洲出现的新风暴打断了对这个闪光前景的关注。

1876年，东方问题再次爆发出来。英国军队在克里米亚战争中作战不力，外交官在和谈中也表现不佳。大部分巴尔干国家仍然处于土耳其的统治之下。所有改善奥斯曼帝国对基督教省份的统治的努力，都因苏丹的固执和这个任务的艰巨而失败。斯拉夫人、罗马尼亚人和希腊人因憎恶土耳其人而团结起来，起义不能给实现永久和平带来什么希望，他们曾长期把希望寄托在沙皇身上。英国政府非常矛盾，尽管有坎宁支持希腊小王国独立的先例，英国政府并未认真考虑过建立独立的巴尔干国家的可能。支持土耳其势力，或者让俄国势力进入巴尔干并通过君士坦丁堡进入地中海地区，二者之间似乎可以选出一条上策。威胁已然长期存在，而如今的起义，使迪斯雷利面临着英国自从拿破仑战争以来所遇到的最困难而危险的局面。

波斯尼亚和黑塞哥维那爆发了叛乱。四十年以后，一个刺客的子弹在这里开启了第一次世界大战。德国、奥地利和俄国结成三皇同盟，它们提出应强迫土耳其作出重大改革。迪斯雷利和他的外交大臣德比勋爵反对这些计划，他们说：“其结果必然是土耳其的瓦解。”为了强调英国对土耳其的支持，一支舰队被派往达达尼尔海峡。但是这些外交努力很快被土耳其人在保加利亚犯下暴行的消息葬送了。迪斯雷利被崇拜土耳其人的英国驻君士坦丁堡大使的错误报告所误导，误判了暴行对公众舆论的震动。七月，迪斯雷利在接受议会质询时，竟怀疑：“暴行是否真的大规模实施了。我相信，（土耳其）是一个很少诉诸酷刑的东方民族，他们往往更倾向于用更迅速而有效的方式处决罪犯。”这种揶揄的口吻把一向酝酿在格拉德斯通思想之中的强烈道德观念变成了激烈而愤怒的行动。

在著名的《保加利亚暴行与东方问题》小册子里，格拉德斯通猛烈抨击了土耳其人和迪斯雷利政府。“让土耳其人以唯一可能的方式带走他们的祸害吧，即让他们离开吧。我希望，他们的警官、村长、指挥官、副总督、总督，总之所有人统统从他们践踏和亵渎的省份彻底离开吧。只有这样彻底的被祝福的解脱，才能告慰无数的亡灵，以及被蹂躏的妇女、少女与儿童的贞洁。……连欧洲监狱里的罪犯，或者南海诸岛的食人族，听到这些暴行都不可能不暴怒难耐。这长久的罪恶刚刚才被了解审视，尚未受到正义的惩处，施暴者的邪恶与凶狠的激情依旧盘旋着，在被鲜血浸透，弥漫着血腥味的土地上，在被罪恶与残忍玷污的空气里，随时可能重演更凶恶的惨剧。没有哪个政府曾经更罪孽深重，更不可救药，无意悔改。” 这篇檄文发表之后，格拉德斯通和迪斯雷利的关系愈发紧张，迪斯雷利甚至公开形容格莱斯顿的所作所为比保加利亚暴行还要可憎。

年底，各大国在君士坦丁堡开会。英国代表索尔兹伯里勋爵在这次会议上初露外交才能。他是伊丽莎白女王的伟大仆人威廉·塞西尔和詹姆斯一世的大臣罗伯特·塞西尔的直系后代，名字也叫罗伯特·塞西尔。二十多年来，他在上、下两院一直批评自己的党领袖，后来，经过长期的思考和反省，他加入了迪斯雷利政府。在执政期间，二人渐渐合拍，索尔兹伯里的尖锐而广博的知识补充了迪斯雷利敏锐的洞见。作为印度事务的国务大臣，以及后来的外交大臣，他确立了自己作为保守党领袖接班人的地位。君士坦丁堡会议上，与会国为土耳其起草了一份改革纲领，但土耳其人拒绝接受，部分原因是他们认为，索尔兹伯里的改革热情并没有完全反映英国首相和政府的观点。代表们各自回国，欧洲等待着俄国同土耳其之间战争的爆发。到 1877 年夏天战事爆发时，英国舆论的态度已迅速转变。格拉德斯通对土耳其人的批判早在纠纷发生前就发表了，现在他却被斥为亲俄分子。尽管土耳其人英勇抵抗，在保加利亚的普莱夫纳尤其前仆后继，但每个月大批俄军仍得以向达达尼尔海峡缓慢推进，英国的舆论情绪则随之高涨。到 1878 年 1 月，俄军终于兵临君士坦丁堡城下，英国舆论也达到了沸点。当时杂要剧场里最流行的歌曲是：

我们不想打仗。
啊！若须上阵，
我们有军舰、士兵，还有金钱！

我们曾同俄国熊较量，

我们是真正的英国人，

决不让俄国人占领君士坦丁堡。

多番搪塞之后，英国派遣一支铁甲舰队驶入金角湾。这支舰队在马尔马拉海同俄军对峙了半年，并无战事，俾斯麦描述当时的形势，为如同鲸鱼同大象对视。

三月，土耳其与俄国签订了《圣斯特芬诺条约》。奥地利外交大臣安德烈愤怒地称该条约为“正统的斯拉夫布道”。它使俄国实际上控制了巴尔干国家，这显然是其他列强不能接受的。战争的阴霾再次降临，反对备战的德比勋爵因此辞职。索尔兹伯里勋爵继任外交大臣，他立即开始召集列强代表们于六、七两月在柏林开会。安德烈、比肯斯菲尔德、俾斯麦和俄国大臣戈恰科夫这个难以匹敌的外交家四人组主导了会议，结果是俄国放弃了它在《圣斯特芬诺条约》中暂时获得的大部分利益。俄国保留了罗马尼亚的比萨拉比亚，把领土扩大到多瑙河口。可是，它打算控制的大保加利亚地区被分成了三部分，其中只有一部分获得真正的独立，另外两个地区被还给了土耳其苏丹。现在必须称之为哈布斯堡帝国的奥匈帝国获得的补偿是占领并统治波斯尼亚－黑塞哥维那的权利。英土两国还单独达成协议，英国从中得到塞浦路斯，但需保证土耳其亚洲部分的完整，相应的，土耳其苏丹再次承诺进行适当的改革。比肯斯菲尔德从柏林回国，宣称他实现了“体面的和平”——他确实暂时避免了战争，俄国在巴尔干受阻之后，把目光从欧洲转到远东。许多人指责柏林会议的安排为 1914 年的第一次世界大战埋下了隐患。事实上当时摆在各国面前的东方问题根本无法彻底解决，任何妥协都是暂时的，而客观地说，柏林会议为欧洲带来了三十六年的和平。

在之后的几个星期里，比肯斯菲尔德的事业达到了顶峰，但很快，命运女神对他收敛了笑容。1879 年，他在南非和阿富汗的激进政策导致英军一个营在伊桑德尔瓦纳被祖鲁人消灭，英国驻喀布尔公使馆的人员遭到屠杀。虽然英国政府及时采取了报复行动，这些小规模灾难还是导致了格拉德斯通对政府的新一轮猛烈抨击，这轮抨击在 1879 年秋随着“中洛锡安攻势”达到高潮。他谴责“现在激烈的外交政策，实际上狭隘、狂躁、咄咄逼人和一意孤行……迎合人们的自恋和自负”。他主张英国摆脱自私自利的污点，追求一条崇尚道德和正义的道路。英国的目标应该是使受压迫人民实现自治，支持真正的“欧洲协调”精神。他的一贯主张，就是国家政策必须与道义标准相符合。他在达尔凯思说：“请记住，在全能的上帝眼中，在冬雪飞扬的阿富汗山村中的神圣生命，跟你们自己的生命一样不可侵犯。”这种道德诉求激怒了保守党人，他们立论的基础是要不遗余力地保卫和促进英国的国家利益和责任，他们也坚持认为比肯斯菲尔德的政策把国家的力量和威望推上了新的高度。

但是，格拉德斯通的雄辩让精疲力竭的比肯斯菲尔德政府疲于招架。更糟糕的是这个政府在执政的最后几年遭遇了经济危机，工业处境艰难，农业更是受到毁灭性打击。到 1880 年三月，比肯斯菲尔德辞职时，选举结果已经十分明朗。尽管女王曾在写给她的私人秘书亨利·庞森比爵士的信中形容格拉德斯通说，“那个半疯的狂热分子很快就会毁掉一切。” 她还是被迫接受他第二次出任首相。

当迪斯雷利和格拉德斯通的角力占据着政治舞台的中心时，另一场意义深远的运动在议会政治的水面下酝酿成型。1867 年的《改革法案》赋予各自治市的每个成年男性居民选举权，为 1832 年改良后持续至今的十八世纪政治体制画下句点。大批新选民的出现，呼吁着新的政治形式。在大城市里，选民的规模使旧的竞选策略变得无效，两个新的需求迫在眉睫，一是政党要制定能够说服选民去投票的政策，二是要建立有效的组织机构来确保赢得选票。格拉德斯通对这个新时代的复杂性认识迟缓，这位出众的鼓动家对日常党务感到厌烦。迪斯雷利则不然，他既制定了政策，也建立了组织。十二年前，他就任命约翰·戈斯特管理党务。在戈斯特的指导下，保守党进行了彻底的改革，统一在全国联盟下的中央总部和地方组织网络得以建立。保守党的转型非常顺利，虽然在八十年代初将经历一些波折，迪斯雷利建立的保守党体系大部分保留至今。

自由党阵营的情况则完全不同。由于格拉德斯通漠不关心，而辉格党人心怀反感，自由党中央机构一直未能建立起来，改革的动力来自地方而非中央。1873 年，约瑟夫·张伯伦成为伯明翰市长，他在能力卓越的政治顾问施纳德霍斯特的协助下建立了党组织。虽然这个政党机制是以广泛参与为基础的，不久却被敌人指责为“党内统治机构”。“市政社会主义”政策使伯明翰市获益甚大，这主要体现在建设公共设施、拆除贫民窟和发展其他市政设施。这个运动扩大到其他城镇，一个自由党全国联盟成立了。其推动者的目标是使这个联盟成为自由党运动的“议会”，由它制定出激进主义纲领，最终以它自己阵营中产生的新领袖代替辉格党人。这是一种新现象。与宪章运动和反谷物法联盟不同，改革运动不再需要在党派边缘运作了，激进主义者现在有足够的力量来争夺控制权。当时各党派形成了对立的社会阵营，这种情况为上述变革提供了巨大助力，整个过程早在 1880 年以前就开始了，而格拉德斯通直到竞选时才意识到这些变化。他宣称：“我很遗憾地说，我们不能指望贵族，不能依靠所谓的地主阶级，不能依靠英格兰或苏格兰的国教教士……也不能寄希望于国家的财富或者地位。……这些力量基本都在我们的对立面……我们必须把它们当成死敌。”

在竞选时，张伯伦及其追随者提出了让辉格党，尤其是让格拉德斯通，难以接受的改革纲领。他们的获胜揭示并宣布了新的普选权为政党体系的结构带来的巨大变化。

格拉德斯通和迪斯雷利为弥合贵族统治和民主政治间的差距贡献良多。他们都认为政府应该积极主动，所以 1868 年至 1876 年之间的法令全书写满了各种改革措施。大选逐渐成为审查本届政府的成绩，评判两党未来承诺的活动。到 1880 年，竞选手段已同今日基本相同。格拉德斯通的“中洛锡安攻势”是首相候选人争取民众广泛支持的首次努力，它也凸显了竞选活动的变化。维多利亚女王看到他竟然从火车车厢的窗口发表关于外交政策的演说，感到十分震惊，但她的抗议只是一去不复返的旧时代的回音，格拉德斯通的做法才是成为“人民的威廉”的途径。

迪斯雷利在一年后去世。他几乎以一己之力完成了伟大使命，带领保守党走出 1846 年后的绝望，说服它正视民主制度的必然性，为它制定适应新形势的政策。他的成功证明了他在处理所有党派事务上的高超技巧。他使保守党成为民主政治中的强大力量，“像钟摆一样交替掌权”的两党制是从他执政时开始的。以成千上万劳动者投票支持保守党为特征的托利式民主成为了支配性的力量。选举权的扩大曾经是吞噬其赖以萌芽之过往的威胁，如今已自信前行。辉格党从历史中衰亡，而托利党却获得了新生和力量，前途光明，虽然他们自己并没有马上意识到这一点。这便是迪斯雷利的功绩，他将因此而名垂史册。

第十七章 美国的“重建”

在大西洋彼岸，北军的胜利维护了美国的统一，但艰巨的任务还在后面。当时最紧迫的问题是在战败的南方恢复秩序和繁荣。谢尔曼军队所经之处和弗吉尼亚山谷等南方大片地区受到摧残，亚特兰大、哥伦比亚、查尔斯顿、里士满和其他城市饱受战火涂炭。南方的生活陷入停顿。尽管南方妇女和忠实的奴隶为继续耕种做出了英勇的努力，但是由于北方的市场封锁，整个南方的农业生产陷入停滞。北方的封锁还造成了严重的日用品短缺，运输的瘫痪开始引起大规模饥荒。南方的信贷系统彻底崩溃，邦联的纸币和证券一文不值。整个南方沦入赤贫之中。在阿波马托克斯缴械投降之后，身心疲惫、饥肠辘辘的南军士兵开始返乡，一路上满目疮痍、遍地废墟。

重建南方是当务之急，而主要的困难是黑人的前途问题。虽然林肯于1863年在名义上解放了叛乱诸州的奴隶，数百万奴隶在后来的战争中仍然忠实地为昔日的主人劳动。战争结束以后，他们当中的许多人以为，获得解放意味着他们不必再劳动了。他们纷纷前往附近的城镇或军营，使种植园失去了劳动力，也为联邦当局造成严重的问题。黑人问题亟须解决的另一个原因是，在某些地区，他们在法律上仍是奴隶。林肯发表的《解放奴隶宣言》只是废除了邦联控制地区的奴隶制，这一宣言并不适用于已被北方占领的邦联地区和四个并未参与叛乱的蓄奴州。这些州里面，只有马里兰和密苏里废除了境内的奴隶制。这种状况必须尽快得到澄清，尤其因为许多地区表达了对林肯的宣言和 1862 年废除西部准州地区奴隶制的国会法案是否符合宪法的怀疑。因此，《宪法第十三条修正案》提出，禁止在美国统治的任何地区实行奴隶制。

但这里还有个麻烦。美国宪法规定，修正案必须经过四分之三的州批准方能生效。美国这时有三十六州，所以第十三条修正案至少要在南方十一州中的某些州被通过才能有效。而且，曾经脱离联邦的各州的地位必须明确，既然它们脱离了联邦，它们是否应该以同征服者平等的地位返回联邦呢？如果应该，有哪些条件呢？

战争未结束时，林肯把关于叛乱诸州法律地位的讨论斥为“恶毒的抽象”。他只关心恢复这些州“同联邦的应有的实际关系”。1863 年十二月，他制定了关于这些州重入联邦的计划。除个别情况外，所有南部邦联追随者只要发誓效忠联邦，便可得到赦免。赞成废除奴隶制的州如有百分之十的选民发誓忠于联邦，便可建立州政府，然后重新加入联邦。林肯的“百分之十计划”从来没有得到执行。北军占领的三个邦联州在一八六四年重建了政府，但是国会拒不接纳它们派到华盛顿的参议员和众议员。

国会认为，重建的工作是它的职责，而不是总统的。控制国会的共和党激进派不想让南方轻而易举地回归联邦，他们想采取严厉的报复性政策，尤其希望立刻给予黑人选举权。激进派的报复态度有多方面的原因，其中最值得肯定的是对黑人利益的人道主义考虑，不过抱有此种同情心的只是少数。扎卡赖亚·钱德勒和撒迪厄斯·史蒂文斯等激进派领袖的动机就比较卑鄙了，对于他们来说，对奴隶主的恨要比对黑人的爱强烈得多，他们一向憎恨骄傲的南方贵族，处心积虑地想要羞辱他们，并把内战的责任全部推给后者。另外，一个更贴近的动因是激进派看出，如果黑人得到选举权，他们就能粉碎南方农场主的力量，并使北方商业集团保持在一八六一年赢得的对联邦政府的控制。激进派认为，让南方各州与北方民主党人结盟，恢复他们在国家事务中的发言权，是荒唐且不合时宜的，必将危及北方资本家在战争期间促成的关于关税、银行业和公共土地的法案。为了保护这些法案，激进派决定利用支持黑人选举权这个冠冕堂皇的理由，来确保本党继续掌权。

即便林肯活着完成他的第二任期，他也会在党内遭到强烈的反对。1865年4月，林肯在白宫的那次经典演说中勾勒了宽大的政策，几天后，一切都被杀死他的那颗子弹所葬送了。来自田纳西的新总统安德鲁·约翰逊在重建问题上同林肯意见一致，但他的政治天分差得很远。然而，在林肯遇难到年底这段时间，国会休会，约翰逊得以执行了同林肯的设想非常相似的重建计划。南方各州，只要通过由忠于联邦的选民选举出的议会来废除《脱离联邦法令》，拒付邦联欠下的战争债务，并废除奴隶制，便有资格重新加入联邦。如格兰特将军所说，南方迫切想要"尽快恢复在联邦内的自治地位，因而迅速做出了响应"。于是，南方着手选举立法机构和官员，选择国会参议员和众议员，批准《宪法第十三条修正案》。此修正案在1865年十二月生效。

国会于同月复会，拒绝接受南方选出的众议员，忽略约翰逊已经开展的工作，开始实施自己的政策。它采取的第一个措施，是建立重建事务联合委员会，负责搜集南方的情况。次年初，这个激进派控制的委员会报告说，以极端措施保护被解放的黑人是必需的。国会立刻采取了行动。它首先颁布了《被解放黑奴事务办公署法案》，延长了以前建立的帮助黑人过渡到自由人的机构的存在期限，并大大扩展了其职权。国会接着通过了《公民权法案》，授予黑人公民权，承认他们在法律面前的平等权。约翰逊以这两个法案侵犯了各州的权利，构成违宪为理由予以否决，而国会再次通过了《公民权法案》，使之成为法律，激进派同时还在努力把相关条款写入《宪法第十四条修正案》，以达到双重保险。

这时，约翰逊和激进派的矛盾已经公开激化了。1866年的国会选举中，他们进行了激烈的斗争。激进派远比约翰逊更善于说服选民，他们把新奥尔良的一场严重的种族骚乱当作南方虐待黑人的例子，还把不久前颁布的《黑人法规》说成是企图重新奴役黑人的证据。激进派领袖在北方选民中比约翰逊更有说服力，约翰逊在一次竞选旅行中几次有失体统的情绪失控，使他失去了很多支持者。结果是激进派获得压倒性胜利，在参众两院都获得三分之二多数的支持。这样，激进派执行自己重建计划的道路上的障碍就被扫清了，因为他们有足够的力量来推翻总统的否决。他们在1867年颁布了一系列严厉而且具有报复性的法案。南方被划分为五个军区，每个军区由一名北军少将管辖。前邦联统治区将实行类似当年克伦威尔对英国实行的军事管制。想要重新加入联邦，南方各州必须批准《宪法第十四条修正案》，在制定州的宪法时要明确黑人的选举权。事实上，当时北方也只有极个别州给予了黑人选举权。

激进派领袖们仍未满足，他们接下来试图弹劾总统，使之下台。如若成功，这个策略能很好地服务于激进派的目标，因为根据当时的法律，如果约翰逊下台，参议院议长将继任总统，而当时的议长本人就是著名激进派。根据宪法，总统如有叛国、受贿或其他严重罪行，即可被解职。可是约翰逊对激进政策的反对从未违反宪法，因此激进派也很难给他罗织罪名。在搜寻叛国和腐败罪证的努力落空之后，他们决定拿约翰逊在1867年8月试图将陆军部长埃德温·M·斯坦顿撤职一事当作弹劾的借口。斯坦顿是个不择手段的政客，早该被撤职。他经常把内阁的秘密泄露给激进派领袖，同时又声称坚决忠于总统。当约翰逊要求他辞职时，他表示拒绝。在以后的几个月里，他继续主持陆军部的工作，最后干脆躲在部里。斯坦顿引用《任期法案》为自己的行为辩解。此法案是不久前国会推翻总统否决后，坚决通过的，为的是削弱总统权力。它规定未经参议院认可，不得解除内阁成员的职务，否则便是应该惩罚的严重罪行。

1868年3月，激进派领袖说服众议院通过了要在参议院弹劾安德鲁·约翰逊的十一条罪状，其中唯一比较具体的罪名是所谓的违犯《任期法案》。这个法案本身是否符合宪法尚且存疑，而指责约翰逊违犯此法案更是激进派欲加之罪。虽然证据薄弱，弹劾却险些成功，激进派仅差一票就赢得了给约翰逊定罪所需的参议院三分之二多数的支持。共和党的七名参议员顶住了长期巨大的压力，拒绝把弹劾手段降格为党派斗争的工具，投票认为约翰逊无罪。

就这样，美国宪法中三权分立的核心原则极为侥幸地得以保存。假如弹劾成功，美国宪法的整个发展过程就会发生变化，权力会集中于立法机构一方之手，而总统的地位在国会中反对党占多数时就无法得到保证。不过此时，激进派已经拥有足够的力量，能够在约翰逊余下的任期中对他不屑一顾了。在1868年的总统选举中，共和党取得了进一步胜利，尤利塞斯·S·格兰特将军入主白宫。激进派取得了彻底的胜利，由于这位凯旋的北军指挥官不擅长政务，从而成了他们的工具。

南方的政治重建工作严格地按照1867年通过的严厉法案进行。在联邦军事指挥官的监督下，第一次有黑人参加的选举开始了。近一百万黑人登记成为选民，同时，超过十万的南方白人因参与叛乱被剥夺了选举权。黑人选民在五个州里占到了多数，然而他们仅仅是某些卑鄙的白人领袖所欺骗的对象。这些白人中的一部分是北方来的，被称为“旅行袋”投机者的冒险家，他们的主要目的是自己发财，并在黑人中为共和党拉选票，还有一部分是南方“无赖”[1]，纯粹为了谋取官职而甘心同大多数南方白人所憎恨的政权合作。1868年到1871年间，在黑人选票和联邦刺刀的支持下，“旅行袋投机者”和南方“无赖”领导的政府在南部所有州都建立了起来。当激进派认为这些州达到他们的要求时，便允许它们重新加入联邦。

激进派的统治把欺骗、言过其实、羞辱性的种族政策强加给南方，而这些政策只能靠联邦权力的极端运用才能维持。为了巩固“旅行袋”政府，国会提出了《宪法第十五条修正案》，规定不许以“种族、肤色和以前的奴隶地位”为理由剥夺任何公民的选举权。国会接着又通过了一系列法案，将议会选举置于联邦控制之下，并授权以军事手段镇压南方诸州的骚乱。这些措施是由南方白人的激烈反弹导致的，南部白人既使用合法途径，也通过用三K党之类的秘密组织威胁黑人选民的方式，来试图推翻“旅行袋”政府，恢复白人的统治地位。镇压措施曾一度奏效，但白人选民还是逐渐在各州夺回了优势，他们的成功一方面是由于他们自己的不懈努力，另一方面是由于北方人的感情发生了变化。到七十年代初，普通北方人完全意识到了黑人的政

1 指南北战争后加入共和党的南方白人。

治缺陷，并对各州“旅行袋”政府的腐败行为感到愤慨。北方商人希望结束这种不利于贸易的动荡局面。更主要的是，北方人对于以武力支撑腐败的少数派政府感到厌烦，他们开始抛弃激进派的纲领。

到 1875 年，激进派共和党人已经丧失了大部分控制地区，只有南卡罗来纳、佛罗里达和路易斯安那三州还控制在“旅行袋投机者”的手里。次年，这三个州重获自治的机会也到来了。1876 年总统选举以后，这三个州在选举结果是否有效的问题上发生了分歧，这个问题至关重要，因为尚无归属的十九张选票将决定总统竞选的结果。民主党候选人塞缪尔·J·蒂尔登获得一百八十四张选票，距多数只差一票，所以，共和党候选人拉瑟福德·B·海斯必须获得全部十九张有争议的选票方能获胜。这个争议被提交到了众议院，占据多数的共和党很明显会通过有利于海斯的决议。于是，为了安抚民主党人，尤其是南方人的情绪，海斯的支持者许诺说，只要海斯一上任，联邦军队就撤出南方。得到这一让步的抚慰，南方人放弃了反对海斯的立场。1877 年四月，即海斯就任总统一个月以后，也是罗伯特·李将军在阿波马托克斯投降十二年之后，最后一批联邦驻军撤离了南方。余下的“旅行袋”政府随即瓦解，白人在所有南部州都重获了控制权，激进派重建时期结束了。

这段时期并非一无是处，“旅行袋”立法机构推动了一些拖延已久的改革，在修桥铺路方面有所建树。但总的说来，这是一个可耻的阶段。一位美国历史学家评论道：“黑人和‘旅行袋投机者’所组成的政府是有史以来所有的英语国家里最糟糕的。” 这段重建时期在南方留下的痛苦与仇恨远远超过了四年内战。南方白人把共和党视为支持黑人政权的党派，因而在随后的五十年里几乎全数投民主党的票。黑人其实没能从重建中获得长期的好处，他们当时地位的改善只是那些自私冷漠的人用以谋利的工具，如今他们的境况大幅倒退，而且将久久不能恢复。

从重建时期结束到十九世纪的最后十年，美国的政治了无生气。人们，尤其是南方人，对内战记忆犹新，战争引发的怒火仍然可能苏醒。事实上，这种怒火确实时常爆发，尤其是在共和党的刺激下——他们在竞选时“挥动血衬衫”进行恐吓，指责民主党人是暴民和叛徒。但战争问题本身已经结束，不会反复。这段时间没有出现关键的政党分歧，没有新政策被提出，也几乎没有新的值得史学家注意的法案被添加到法令全书里。当时的政治人物也不比他们参与的事件更有魅力。一些可敬但平庸的人物先后成为总统，而他们执政的主要优点是在任期中没有出现倒霉的格兰特将军两次任期中发生的那些腐败现象。除了个别例外，国会里充满了一位史学家所描述的“一本正经的可怜虫”。

既然当时的政治乏善可陈，经济发展便是头等大事了。在南北战争后大约一代人的时间里，经济前进的步伐加快了，现代美国的轮廓呈现出来。在 1860 年至 1900 年之间，美国的人口从三千一百万猛增到七千六百万，这一定程度上是欧洲移民大量涌入的结果，因为欧洲移民在四十年里达到一千五百万。城市在迅速发展。人们勘探到并开发富饶的矿藏，以此支持庞大的新兴工业。人们说：“在美国历史上的其他任何时期均未发生过如此迅速而彻底的变化，使林肯和李将军时代的乡村共和国转变成了麦金利和罗斯福时代的都市工业化帝国。”

经济变化不仅改变了那些成为工业中心的地区，而且也改变了整个国家，甚至南方也经历了革命。由于战争和奴隶制的废除，南方的农业已荒废，而变化不可避免。在战争的摧残和重建时期的苛捐杂税的打击下，几乎所有南方大种植园主都被迫将种植园以低至荒唐的价格分割出售。成千上万的小农户因此得以扩大地产，更多的南方白人也变成了土地所有者。旧时的大面积种植园消失了，无数的小农场取而代之，种植的作物基本上同战前一样，而且黑人仍是种植棉花的主要劳动力。由于缺乏资本，很少有黑人有能力购置或租赁土地，于是，“实物地租”的新式租赁形式出现了。黑人，以及无地的白人，使用农场主的工具为他们耕种土地，最后留下收成的三分之一作为报酬。南方农业通过这些方式慢慢得以复苏，不过以前的邦联各州花了将近二十年时间才把棉花产量恢复到 1860 年的水平。此后，生产开始迅速扩张，到 1900 年，产量已比战前翻了一倍有余。

南方的大规模工业也是在这个时期开始发展的。南方纺织业在1860年以前规模很小，现在得以及时复苏并扩张。到十九世纪末，南方的纱锭数量已达到了二百万个，凭借原料产地和廉价劳动力的优势，在国内市场上已经敢于向新英格兰的地位挑战。同时，北罗来纳和弗吉尼亚的烟草工业繁荣起来，田纳西和亚拉巴马州发现的煤矿和铁矿推动了南方的钢铁工业的兴起。不过南方的经济仍是以农业为主导了，其工业的增长同北方相比不足为道。

南北战争有力地促进了北方的生产。联邦军队在战时需要大量的武器装备和衣服鞋袜等军需用品，于是北方制造商拿到了大量政府订单，开始了大规模生产。另外，在南方议员缺席期间，国会通过了北方工业家和金融家所要求的保护主义法令，然而，这种扶持加速了美国工业革命的到来。美国的矿藏一直极其丰富，煤炭储量占已探明世界储量的三分之二，有大量的优质铁矿石和丰富的石油，西部地下还蕴藏着大量的金、银、铜。美国人既有创造力，又天生善于改进他人发明，牢牢掌握着将本国原料转换为商品的力量，他们还建立了庞大的铁路网和运河网，来运输原料和产品。而且，美国从欧洲获得的，不仅是劳动力，还有资本。美国大量工业资本来自英国、荷兰和德国的投资者，同时，来自欧洲的伟大移民为美国的腾飞不仅提供了体力，还有智慧。

在这些有利的条件下，美国工业突飞猛进。每隔十年，工业产量都会创出新高，从匹兹堡地区的钢铁厂，到俄亥俄和宾夕法尼亚的炼油厂，从明尼阿波利斯和圣保罗的面粉厂，到芝加哥和辛辛那提的肉类罐头厂、从新英格兰的服装厂和鞋厂，到密尔沃基和圣路易斯的酿酒厂，这还只是列举的美国最大的企业。在每个领域都出现了工业巨头，以实力最雄厚的石油大王洛克菲勒和钢铁大王卡内基为代表。这些人凭借不屈不挠的精神和手腕，以及对竞争者的冷酷无情，建立起自己的经济帝国，从而掌握了巨大的财富，和对社会生活不可忽视的影响力。卡内基和洛克菲勒，连同金融界的摩根，铁路界的范德比尔特和哈里曼，是那个时代的代表人物，他们与政治舞台上那些乏味的演员形成鲜明对比。他们的商业手段是否道德有待商榷，但这些人在乱局中，建立了工业的秩序，把大规模生产的福利带到了最平凡的家庭。由于他们的不懈努力，到 1900 年时，美国工业集中到了一系列大财团手里，每个财团都成为所在行业的垄断组织，而这种局面不久便将受到联邦政府的挑战。但同时，美国从此摆脱了对欧洲工业制成品的依赖，甚至反过来打入了欧洲市场。就这样，至少在欧洲人眼中，美国经历了一个似乎是以百万富翁为典型代表的镀金时代。同时，这也是一个动荡不安的时代，伴随着成长的剧痛。大城市里充斥着贫民，尤以新移民为甚。猛烈而突然的金融恐慌时有发生，造成经济损失和破产；罢工此起彼伏，有时会演变成暴力行动；工人开始组织工会，与工业家进行顽强的对抗。这些新的社会现象，将导致二十世纪初的示威和改革。大规模工业化带来了巨大而持久的利益，而伴随而来的弊端却花费了漫长时日才会得到扭转。这一切，造就了生机勃勃、高歌猛进、矛盾重重的未来。

第十八章　美国的强国之路

在美国成长为世界领先的工业强国的过程中，美国人民在马不停蹄地把北美大陆的拓殖推向完成。经过了二百五十年的西进运动，到南北战争开始时，定居区的前沿已经从大西洋海岸推进到了约西经九十七度附近，而这条经线穿过了如今的内布拉斯加州、堪萨斯州、俄克拉荷马州和德克萨斯州。这条前沿线与太平洋沿岸的城镇之间是一片千里荒野，这里有辽阔达百万平方英里的大平原，很多印第安部落在这里生活，除此之外就是他们赖以生存的成群野牛。大平原上雨量稀少、林木匮乏，看起来并不适合农耕和定居，然而在不到一代人的时间里，白人已经渐渐消灭了自然的边界，在这里的大片区域扎下根来。1860 年，密西西比河以西大约只有五百万人口，而在之后的三十年里，人口增长到了将近一千八百万，联邦中州的数目从三十三增加到了四十四。到 1890 年，西部只有犹他州、俄克拉荷马州、新墨西哥州和亚利桑那州这四个州尚未成立。这四个州都是美国的政治版图趋于完善之后，在 1912 年加入联邦的。

白人在大平原的拓荒运动早期是在贵金属矿藏被发现的刺激下开始的。1859 年，人们在落基山东坡的派克斯峰发现了金矿，于是淘金者开始蜂拥而至科罗拉多州。随着新的金银铜矿在这一地区逐渐被发现，移民开始涌入内华达州、亚利桑那州、爱达荷州、蒙大拿州，最后到达了南达科达州的黑山。

这样的繁荣往往也是短暂的，所以那些闻风而至前来追求财富的移民并不总能建立永久定居地。当金银矿逐渐枯竭的时候，矿区的人口往往会外迁，留下一座座空空荡荡的“鬼城”作为他们曾经足迹的标志。然而金银矿的发现加速了西部政治组织的形成和铁路系统的建设，从而大大推动了大平原地区的开发。

在开拓大平原的过程中，铁路发挥了比其他因素更为重要的作用——这是美国铁路建设的伟大时代。南北战争刚结束时，美国的铁轨约有三万五千英里，这个数字在之后不到十年的时间里翻了一倍，到 1890 年，又翻了一番，而其中最了不起的成就是几条横贯大陆的线路。第一条横贯东西的铁路完工于 1869 年 5 月，在犹他州连接了太平洋联合公司从爱荷华州向西的线路和中太平洋公司从加州向东的线路。这项工程，是由国会通过两家拥有百万英亩公共土地的公司提供资金而得以实现的——这种融资方式在别的项目中也得到应用。到十九世纪末，另有三条横贯东西的线路和若干其他重要线路建成了。很多铁路公司直接参与了向西部移民的事业，因为它们意识到只有人们在铁路沿线定居，公司的投资才能得到回报，因此，他们针对美国东岸和欧洲的人民进行了大规模宣传。同时，由于向西部移民的交通费用很低，土地可以通过信用抵押获得，大量人口被诱惑，涌向大平原去追求他们新的家园。

到西部的移民还可以以低廉的价格向州政府购买土地，各州政府都从联邦政府手中得到了大片的无主土地，他们甚至可以根据《宅地法案》无偿地得到土地——这个法案规定，在西部定居的所有白人成年男子可以得到四分之一平方英里（一百六十英亩）的公共土地。虽然这个法案的漏洞使土地投机者从中渔利，但它毕竟使大批拓居者无偿地得到了土地，据一八九〇年的估计，有一百多万人获得了免费土地，而这些免费的田庄绝大部分在密西西比河以西。

只有扫除印第安人这个障碍，西进运动才能顺利进行。在南北战争时，印第安人已经在白人挺进的压力下退到大陆西半部。如今，随着他们被赶出最后的避难所，他们的历史又增添了悲惨的一页。所谓文明世界的扩张严重威胁着大平原上游牧部落的狩猎场，进而威胁着印第安人的整个生存，迫使他们以坚决而凶狠的行动抵御入侵者。

从北部的苏族人和克劳人，到南面的科曼契人和阿帕契人，他们都是出色的骑手和勇敢的战士。他们的弓箭比联邦军队起初装备的前装枪（muzzle-loading rifles）更有威力。可是，印第安人的最终失败不可避免。白人在组织、数量和战略上早就占着优势，温切斯特连发枪（Winchester repeating rifle）和科尔特左轮手枪（the Colt revolver）的应用又带给他们火力上的优势。压垮印第安人的最致命打击是大批野牛的猎杀——猎杀者主要是东部皮革加工商雇用的职业猎人。到十九世纪七十年代初为止，每年有二三百万头野牛被猎杀取皮，十年以后，一个博物馆的考察队去采集标本，他们在整个西部地区只发现了二百头野牛。大平原上的印第安人靠野牛过活，他们不仅食用野牛，而且还以它们充当衣服和燃料等多种生活必需品，在野牛濒于灭绝之时，游牧生活也无法维持下去了，印第安人只好依从政府的计划，被赶到印第安人居留地。

在半干旱的西部地区，尚未找到使农业有利可图的手段。淘金者离开之后，首先来到的继承者不是农民，而是牧场主。在南北战争结束以后的二十年里，他们经常把畜群从德克萨斯赶到中西部，把大平原作为这个漫长行程中的牧场。当他们经过印第安人居住区时，畜群经常受到袭击。然而，他们每年能把牛群从西南部的牧场赶到堪萨斯和内布拉斯加的养牛中心。这些牛在那里长膘到可以上市时，便被用船运到堪萨斯城或芝加哥的围场和罐头厂。农民仍然不肯来到大平原，在这广袤的草原上，几乎不见树木，没有木材可供修建房屋、谷仓和围栏之用。更严重的问题是，西经九十八度线到落基山脉之间的年降雨量往往低于二十英寸，而这是农作物所需要的最低限制。

此时，科学开始发挥作用。人们终于摸索出旱地耕作技术。实行深耕后，松软了的土壤可使水分上升到地表，经常耙地可以防止水分蒸发。人们从俄国引进了新的小麦品种，这些新品种有抗旱能力，也能抵抗大平原上常见的小麦锈病。但是，农业之所以能够在这里发展起来，主要是依靠发达的工业。

收割机、脱粒机和改进的铧犁，许多农业机械，使西部农民能够耕种大面积的土地，以弥补单位面积的低产。而且，人们发明了带刺的铁丝网。从此，长途赶运畜群的活动结束了，围栏的问题也得到了解决。

在十九世纪的最后二十五年里，许多农民迁到大平原。到了 1890 年，“边区”已经消失了。按照官方的说法，“边区”指的是每平方英里只有二至六人的地区。负责人口普查的总监说，在以前无人居住的地区“出现了许多互不联系的拓殖团体，因此已无边界可言”。大约三百年前在弗吉尼亚的詹姆斯镇开始的拓殖活动如今终于结束了。迄今为止，边界一直是美国的安全阀，从这里排出了强烈的野心和大胆而狂躁不安的情绪。如今这个安全阀已经关上，所以美国迅速发展所带来的问题和压力立刻变得极为严重。

经过重建时期后的蛰伏，美国政治忽然被平民主义（Populism）这个闹钟叫醒了。平民主义运动源于农民的强烈不满情绪，这一运动蓬勃发展，在 1896 年达到高潮，当时，已经与民主党合并的平民主义者积极投入了竞选。在美国历史上，这一年的总统竞选最为激烈，也最为惊心动魄。争论的焦点只是一个问题——是否同时发行金银两种货币的问题，亦即实行单本位制还是金银复本位制的问题，所以这场斗争也称为“本位制之战”。自南北战争以来，北方的金融家和实业家集团便控制了联邦政府的权力，并从中获利，现在农业利益集团狂热地希望夺取控制权。

南北战争以来，农业像美国生活的其他方面一样，经历了极大的发展。不到四十年间，农场的数目和耕地面积大约增加了两倍，小麦、玉米、棉花和其他农产品的产量也增加了类似的比例。然而，农民的生活却变得更加艰难——虽然农业产量增加，农产品价格却持续下降，同时，农业生产成本不断上升，大批农民举步维艰，许多人沦为佃农，求助于抵押贷款的情况成倍增加。

这一衰败现象的出现有很多原因。在一些地区，特别是深南地区和中西部，竭泽而渔的耕作方法造成土壤肥力枯竭；在其他一些地区，如大平原地区，农民面临特殊的自然灾害。然而这些都是农业生产中农民需要克服的正常困难，真正能解释农民此时所处之困境的另有其原因。首先，尽管人口增加和城市发展导致对粮食的巨大需求，但农产品产量总是过剩的。这一时期，加拿大、南美洲和澳大利亚都出现了类似的农业繁荣，他们同美国农民在世界市场上进行自由竞争，可是，美国国内的农业设备和生活必需品市场是实行保护主义的。联邦政府的关税政策，和垄断集团与托拉斯组织的强大力量，人为地把农民必须要从国内市场购买的工业制成品价格维持在高位，形成制造业对农民的盘剥。除此之外，农民还受到铁路公司的压榨。西部农民向市场运送农产品往往严重依赖定居地附近唯一的铁路线，因此不得不忍受铁路公司把运送工业品产生的损失转嫁到他们身上。有一段时间，农产品运费高到离谱的程度，以至于把粮食当燃料烧掉反而比卖掉更合算。铁路公司这样的剥削策略，加上其他一些类似的做法引起了农民强烈的不满。另外，最终压垮农民的最沉重的负担是借贷的高昂成本。农民阶层中举债者的比例极高，而这一时期偿还同一笔贷款所需要的农产品越来越多。西部的银行业并不发达，农民往往不得不向东部金融家借债，利息在百分之八到二十之间。与此同时，联邦政府采取的紧缩通货的财政政策，让农 民更为愤懑。在这个经济高速发展空前扩张的时代，联邦政府竟然依据商业集团提出的实行稳健货币政策的要求，决定紧缩通货，停止铸造银币，并收回南北战争期间发行的部分纸币。

联邦政府对农民及其依附者利益一贯的忽视是令人吃惊的，因为他们毕竟仍占全国人口的将近半数，但是农民自己在政治上也并不团结。南北战争以来积蓄的偏见，使西部人和南方人之 间形成了一道很深的鸿沟，南方人坚决支持民主党，而西部人则一般是共和党。如果不把农业问题同其他的政治问题切割开来，农民几乎不可能使联邦政府关注他们的任何需求，他们只有像“大财团”和工人那样组织起来，才可能把自己从更强大的经济集团的压榨中解救出来。

正是基于这样的原因，全国性的农业组织开始形成。它们之中的先行者，一个名为“农业保护者协会”的组织于1867年建立了，更流行的名字是“格兰其”，或者协进会。在起初的几年里，格兰其的成员并不多，但在1873年的经济萧条之后，这一运动迅速壮大了。两年后，几乎每个州都建立了格兰其组织，有两万个分会和八十万会员。此时，格兰其已不再是单纯的社交组织，许多州的格兰其通过合作式企业模式推销农产品和采购工业品，它们还希望通过合作式经营乳制品厂、谷物粮库、仓库、信贷机构甚至工厂，以摆脱中间商的剥削。在许多州，格兰其发展出了政治团体，名称各异的农民党在密西西比河上游地区涌现。这一切看起来与上层政界相去甚远，但美国通过其国内事务，第一次让人们看到，国家层面的重大决策必须取决于枝节的局部因素之间的交织和协调。这些格兰其政治组织控制了一些州议会后，通过了一些法案以规范铁路公司的不法行为，但是这些所谓的格兰其法案成效不大。事实上要想制定出严密的对铁路公司有强制力的法案是不可能的，由于司法界对铁路公司的支持，法案的执行极为困难，而最高法院在八十年代还做出一系列判决以严格限制各州的立法权。

到了七十年代末，农业的处境有所好转，格兰其迅速衰落了，标志着农民联合起来的初次尝试失败了。没过多久，形势再次恶化，称作“农民联盟”的新的农业组织在西北和南方开始出现。这些联盟很大程度上模仿了格兰其，进行了类似的社会和经济活动，与之不同的是，它们几乎在成立之初就提出了政治诉求，包括削减关税，放松通货，以及对铁路公司更严格的规范。随着运动的发展，这些要求日渐清晰和强烈，最终形成了平民主义的政治主张。

平民党人运动爆发于1887年开始的严重的农业萧条，并日趋激烈。当年严重的干旱导致农业普遍减产，进而导致大规模的抵押贷款违约，大批农民因此破产。此时农民终于清楚地看到不论民主党还是共和党都对此坐视不管，农民联盟运动因此迅速扩展，转变成了平民主义。

平民党的建立源于农民对现状的不满，它的主要支持者也是农民，但它也包括许多其他人群，其中有奄奄一息的贸易工会组织“劳工骑士团”，有美钞党和联邦劳工党等短命政治组织的幸存者，以及一群从主张妇女参政到提倡单一税的形形色色的政治极端分子。这些团体给平民党运动输送了一些政治怪胎，但农民集团本身也贡献了一大批五花八门、奇特荒诞的人物，其中有来自南卡罗来纳州，绰号“干草叉”的本·蒂尔曼，来自堪萨斯州，为“不穿袜子的苏格拉底”这样的昵称沾沾自喜的杰瑞·辛普森，以及大平原上的农民“少种玉米多闹事”的复兴主义者玛丽·埃伦·丽斯等等。这些平民党反抗运动的领袖对于美国政坛来说也算是前所未见。

1890 年，平民党在州级选举中获得大胜，便开始对两年后的总统选举寄予厚望。他们的竞选人是已解散的美钞党的前领袖，詹姆斯·韦弗。然而，许多农民虽然处境艰难，却还是不愿意放弃他们传统的党派忠诚。虽然韦弗拉到了一百万选票，民主党候选人格罗弗·克利夫兰依然小胜共和党对手本杰明·哈里森，连任成功，当选了总统。

克利夫兰第二届任期就任没多久（他在 1885–1889 年已任一届总统），经济灾难便开始了。金融恐慌使导致了无数企业倒闭，以及大城市里的大规模失业，暴力的工人罢工此起彼伏，农产品价格进一步崩溃。克利夫兰无力制止经济萧条，对他的不满在支持者中迅速蔓延。许多人不赞成他的关税政策，也不赞成他 1894 年在芝加哥利用联邦军队镇压普尔曼铁路公司工人大罢工的做法——那次罢工使全国的一半铁路陷入瘫痪状态，但是，他拒绝实行通货膨胀才是把绝望的民主党人赶入平民党阵营的关键原因。通胀政策的支持者认为，他的过错是利用职权 强行废除了 1890 年通过的《白银购买法案》。该法案规定将用于铸币的白银增加一倍，目的在于增加通货，提高农产品价格。可惜这两个目标都没有达到，金银复本位主义者认为，这是由于法案还不够激进，而唯一的补救措施是不加任何限制地完全放开银币铸造。克利夫兰则认为，这个法案引起了 1893 年的大恐慌，因此必须实行金本位制度。

此前，完全放开银币铸造的问题已经讨论了多年，《白银购买法案》的废除使它又成了人们争论的焦点，从 1793 年到 1896 年，这个问题成了亟待解决的首要大事。农民早就主张实行通货膨胀政策，他们认为通胀能有效提高农产品价格。为此，早年就有些农民向美钞党暗送秋波，因为美钞党承诺要实行通货膨胀政策，发行更多的纸币。现在，农业利益集团希望通过全面开放白银，甚至把所有矿产的贵金属来造币，来恢复繁荣，而对于商业界来说，这样做必将导致破产——他们指出，使用通货膨胀刺激经济，请神容易送神难，金本位制才是稳定经济的不二法门。由于这样的对立，是否实行通货膨胀政策就成了接下来一届总统竞选的关键议题。

起初人们并不确定平民党是会提出自己的候选人还是同民主党联合推举候选人。1896 年 7 月在芝加哥召开的民主党全国代表大会就这个问题作了决定——由于掌权者支持放宽通货，大会确定了无限量铸造银币的基调，并指定内布拉斯加州的威廉·詹宁斯·布赖恩作为候选人。布赖恩在会上慷慨陈词，攻击了金本位制的支持者，这篇题为“金十字架”的演讲至今仍是美国辩论演说的经典之作。面对这样的候选人和竞选纲领，平民党人表示满意并决定为布莱恩背书。虽然并没有完全放弃独立参选的计划，平民党人决定同民主党人并肩作战，对抗共和党候选人，金本位支持者威廉·麦金莱。可是布赖恩作为总统候选人有难以克服的短板——民主党内严重分裂，报界、企业界和金融界很多人也都反对他。他在竞选中充分发挥了他的演说才能和感染力，进行了顽强而积极的努力，然而这都是徒劳的。麦金莱几乎足不出户就赢得了竞选，比他多出了五十多万张选票。

布莱恩的失败对孤注一掷支持他的平民党造成了沉重的打击，虽然平民党在这之后又勉力支撑多年才正式解散，但这次选举之后它已经一蹶不振了。事实上，平民党支持者的大部分诉求后来在二十世纪新的改革运动中又被重新提出，并几乎全部成为法律。无限量铸造银币的要求始终没有实现，但是农民通过另一途径达到了目标。随着克朗代克和南非发现新的金矿，世界黄金供应量在十九世纪末急剧增加，货币流通量随之增加，到 1900 年，美国国会通过《货币法案》，实行金本位制时，几乎没有受到任何阻力，关于开放白银的争论也完全被人遗忘了。

到四年后，布赖恩再次在总统竞选中对阵麦金莱并败北时，人们的热情已经烟消云散了。萧条已经结束，经济强力复苏，美国人开始忽略国内事务，而把目光投向更广阔的天地，因为在这四年中，美国开始在世界事务中扮演与它的实力相匹配的角色。

自拿破仑垮台以来，美国人民一直专注于开发美洲大陆和发掘其自然资源，他们对外交事务并不关心。如今，定居西部的事业已经完成，经济发展稳定良好，美国人开始在新的领域中积极进取。到十九世纪九十年代，所有的工业化强国都开始为建立帝国的理想着迷，英国、法国和德国都在积极寻求新的殖民地和市场。欧洲的榜样力量影响了美国，加上一些其他的原因，美国人开始表现出强烈的进取心，其初次亮相，便是 1895 年与英国由于委内瑞拉的边界问题发生的纷争。

南北战争之后，英美关系一直非常冷淡。尽管格拉德斯通政府在亚拉巴马号索赔案中选择了和解，英国在南北战争中对南方的同情所造成的两国之间的隔阂仍然无法消除。此外，在白令海峡捕猎海豹，关于美国渔民在加拿大海域捕鱼权，以及对 1950 年签订 的《克莱顿—布尔沃条约》中提出的关于巴拿马运河议题的解释这些问题上，两国仍然龃龉不断。然而比起委内瑞拉的边界问题，这些争执都显得不值一提了。由于委内瑞拉这个南美共和国同英属圭亚那的边界多年都没有确定，美国多次试图调解，而英国则每每拒绝这样的提议。1895 年夏，美国国务院再次严肃提出动议，指责英国违背门罗主义精神，并要求英国明确答复是否愿意接受调停，克利夫兰总统称之为“二十英寸大炮式的照会”。英国的索尔兹伯里勋爵对此进行了冷处理，拖到十二月才作 出答复，表示拒绝斡旋，并指出美国政府对门罗主义理解错误。于是，克利夫兰总统通知美国国会说，美国将独自确定这条边界，并强制各方接受他的决定。

有几天时间，对英战争似乎一触即发，但美国人很快从最初的爱国主义冲动中冷静了下来，英国舆论的反应也颇为平静。在危机高潮之时，德国皇帝电贺南非总统克鲁格击退詹姆森的突袭的消息传到英国，复杂的帝国角力（后文详述）分散了伦敦的注意力，使英国人的怒气转向了德国。由于欧洲和南非事务的掣肘，英国政府无暇同美国在南美纠缠，便同意由美国进行调停。特别法庭基本上满足了英国对圭亚那边界的要求。这之后美英关系开始逐步好转，主要原因是英国对自身陷于孤立可能带来的危险和德国海军的扩张产生了警觉，进而试图缓和与美国的关系，而美国也乐见这样的改变。

然而，美国人表达对自身制度强烈自豪感的欲望是很难克制的，很快便在古巴反抗西班牙斗争中施展了出来。当古巴起义者在1895年奋起反抗时，美国主流舆论很快就对他们争取独立斗争表达了同情，西班牙人在古巴的残暴行径更是犯了众怒，受到愤慨的职责，比如韦勒将军把平民赶到集中营，致使数以千计的人死于疾病，纽约两家互相竞争的报纸对这些暴行大加渲染，影响了普通民众要求美国进行干涉。1898年，主张对西班牙宣战的民意达到沸点，在2月，在古巴执行保护美国人生命财产的美国军舰“缅因号”在哈瓦那港被鱼雷炸毁，舰上绝大部分将士殉难。事后，西班牙政府急忙向美国作出让步，希望平息事端，而美国的麦金莱总统本也打算接受，但鉴于公众群情激奋，民意难违，4月11日美西战争爆发了。

这场战争只持续了十个星期，美军接连取得压倒性的胜利，在古巴的美国远征军虽然对陆军部混乱的统筹和战场上指挥官的无能抱怨连连，却不断取得速战速决式的胜利，迫使岛上的西班牙军队全部投降。海战方面，海军准将杜威于5月1日在菲律宾的马尼拉湾海战中打垮了西班牙舰队主力，而西班牙的加勒比海舰队也在古巴的圣地亚哥港外被歼灭。8月，西班牙请求议和，12月，双方在巴黎签订和约，确立古巴独立，而美国获得了波多黎各、关岛和菲律宾。

对于美国来说，这场战争对于治愈南北战争的创伤贡献良多，一时间爱国主义浪潮席卷全国，北方人和南方人都为他们共同的国家所取得的成就倍感自豪，两边的年轻人争先恐后地参加远征军，在圣胡安山战役中并肩战斗。著名的原南军骑兵指挥官乔·惠勒曾说，为联邦共同的旗帜战斗一场的意义胜于多活十五年。这次战争还表明美国人民已充分意识到了美国作为世界强国的力量。在1898年至1900年之间，美国在世界殖民版图中的地位进一步加强，除了从西班牙手里夺取的领土，他们还得到了夏威夷、萨摩亚群岛的一部分和太平洋上无人居住的威克岛。美国虽然尚未放弃孤立主义，但确实从此不再仅仅埋首于国内事务，而是开始在国际舞台上发挥举足轻重的作用。美西战争也促进了美国同英国关系的新发展，因为英国是在这次战争中支持美国的唯一一个欧洲国家，美国人民对此心怀感激。在十九世纪行将结束之时，英美两国在世界事务中相互靠拢到建立并肩协作关系的基础由此奠定。至此，本书关于美国及其炫目前景的讨论将告一段落，让我们穿越大西洋回到威斯敏斯特，看一看英国的光怪陆离。

第十九章　爱尔兰自治

当格拉德斯通在1880年再次担任首相时，他的处境可远不如12年前在任时那么顺心。在他的第一任期中，他带领着坚定的内阁和团结的自由党通过了一系列改革法案。这一次人们也一样对他满怀期待——他在选举中大获全胜赢得多数，超过保守党对手137个席位。可是几乎议院刚刚开会时，议长便说，格拉德斯通面临着一个很难驾驭的团队，后来的事实也证实了这个判断。可以说，没有几届政府像格拉德斯通第二任期开始时一样被寄予那么高的期望，也没有哪届政府在任期结束时那么的令人失望。

问题的症结主要来自自由党的内部构成。自由党长久以来一直为其成员的多样化带来的力量感到自豪，但很快它就发现，辉格党人与激进派，右派与左派之间的分歧根本无法调和。在格拉德斯通的第一届任期中，不和谐的因素很少发声，但是到了第二届，老派辉格党人认为改革进行得差不多了，而格拉德斯通自己一定程度上也同意他们的观点，而对激进派的政策十分反感，对他们所主张的社会和经济改革政策也十分轻蔑。他写道，“他们（激进派）最喜欢的观点就是他们所谓的‘建构’，其实就是把个人的事务交给国家处理。”另外，他还认为辉格党人比约瑟夫·张伯伦这类激进派新秀好相处得多，像外交大臣格兰维尔勋爵等人原本就是格拉德斯通的多年好友和同事，更何况格拉德斯通始终认为，自由派的领导者天然就应该是为那些数不多有闲暇有教养的贵族。

可是到了组阁的时候，格拉德斯通却不得不安抚这些辉格党人。例如在格拉德斯通下野期间担任下议院自由党领袖的哈廷顿侯爵，从来就不赞成他猛烈攻击迪斯雷利的东方政策，而对于首相下一步的关注点和精力要投向那个方向，哈廷顿和他的朋友们都感到忧心忡忡。结果，激进派当中只有张伯伦一人进入内阁，出任贸易大臣这个当时不太显要的职务——这是格拉德斯通犯下的第一个大错。当时自由党内部日益激进化，一个辉格党人内阁是非常不合时宜的，不仅如此，内阁领导者还在重要的政治，帝国以及外交事务上陷入了与同僚的直接冲突，其中的重中之重便是爱尔兰问题。一个内部分歧如此严重的内阁必然无法有效地管理国家。格拉德斯通的传记作者约翰·莫利就曾写道，“这个内阁可不止是个联盟那么简单，还是个让人头疼的联盟，因为内部成员不单是有时意见不合，而且对纷争几乎保持着与对和谐同样的热衷。掌控这样一个政府的“长老”就是格拉德斯通——他在71岁时就得到了这个称号，他的能量与决心丝毫没有消退，激情与热情甚至逐年强烈。他在内阁中地位崇高，以至于一位同僚写道，没有他在内阁的时候，“我们简直像没有猫看着的一群老鼠”。

不过并不是只有自由党人，更确切地说是辉格党人，才被麻烦和焦虑困扰。民主运动的发展及其对传统既得利益的威胁，让托利党领袖也感到措手不及、惶恐不安，以至于他们开始忘却迪斯雷利长期以来费尽心思希望传授给他们的经验教训。托利党的下议院领袖，斯塔福德·诺斯科特爵士曾是格拉德斯通的私人秘书，一直对这位伟人心怀敬畏，而他的前座议员同僚们出于对普选权前景的恐惧，都绝望地把他们早年的信仰、实践包括胆怯当成救命稻草。在这样的乱局中，一批人数不多，但能力超群的人，凭借着鲜有匹敌的高超的游击战术加入了议会斗争。这群人就是“第四党”，其中包括伦道夫·丘吉尔勋爵、A.J. 贝尔福、亨利·德拉蒙德·沃尔夫爵士以及约翰·戈斯特。他们在议会中无情且毫不尊重地取笑格拉德斯通，但同时，迅速上位为团体核心的伦道夫勋爵把最猛烈的批评留给了自己一方的领袖。在致《泰晤士报》的一封信中，他指责他们“优柔寡断，错失一系列良机，鲁莽好斗，却无的放矢，害怕负责，却压制和打击兢兢业业的追随者，与政府勾结，同时贪婪、嫉妒，陈词滥调，毫无洞见”。伦道夫勋爵的谴责之声并不局限于议会内部，而且以“信任人民”的格言和“托利式民主”的口号，超越阶层，直达他们名义上的主宰者——普通民众。他的成功如此戏剧化，使他很快掌握了几乎与索尔兹伯里相媲美的权力。

这段时间的党派斗争是有些诡异的。激进主义和托利式民主这些新崛起的力量使传统的议会制度陷入了大混乱。各方争执的问题错综复杂，打破了党派的界限，这些激烈的冲突常常导致内讧和两败俱伤。张伯伦和伦道夫勋爵，虽然分属两党，有时分歧严重，但他们的共同点却远远多于同自己党内领袖的共识。这样的纷争直到后来格拉德斯通举起爱尔兰自治这把利斧才告一段落，首相迫使政界在这个重大问题上泾渭分明地选择立场，从而划清界限，结束了混乱的局面。

自由党人经常抱怨每次他们接替保守党掌权时，总会同时继承一堆复杂的帝国事务，而被迫陷于与他们自己反对帝国的纲领背道而驰的境地。1880年组阁后的情形也不例外，他们碰到的麻烦之一来自南非。南非的布尔人建立的德兰士瓦共和国早就陷于困境了，其内部处于崩溃与失序的边缘，东部边界受到祖鲁军事王国的压制。

为了使这个共和国支撑下去，迪斯雷利政府吞并了它，而这个决策最初没有受到多少阻力。迪斯雷利希望把南非的白人社会统一起来，形成一个加拿大式的自治联邦，但是时机尚未成熟。德兰士瓦的布尔人恢复独立的强烈愿望开始发酵，他们在寻找机会一举推翻英国的统治。1879 年，英军终于平息了祖鲁人的威胁，布尔人立刻感到时机成熟了，他们希望在自由党当政的时候获取独立也是件顺理成章的事。格拉德斯通个人曾经谴责过吞并德兰士瓦共和国的决策，但是自由党内有许多人更偏向非洲土著而非布尔人，格拉德斯通被说服了，也认为联邦制是解决南非困境的唯一办法，于是拒绝短期内对政策做出任何改变。1880 年底，布尔人发动叛乱，在马朱巴山击败了一小股英军。当时在南非的英国军队规模足以粉碎布尔人的武装，但格拉德斯通并没有屈从要求报复的呼声，而选择把冲突开始以前就已经在进行了的谈判继续下去。最终，双方于 1881 年达成了《比勒陀利亚协定》，并于 1884 年进行了修改，使德兰士瓦获得了实质的独立。这次自由党原则的实践奠定了布尔人在南非的势力，如果没有两个外在因素的影响，这一过程可能进行得更加顺利。一个因素是兰德河附近发现了储量极为丰富的金矿，导致大规模的繁荣的采掘城市在原本以农业为主的布尔人共和国里忽然生根发芽。同时，在开普敦，致力于建立一个统一的大南非自治领的塞西尔·罗兹进入了政界，这是个与生俱来具有梦想变为现实能量的人物。这两件事的长远影响当时还没有显现出来。

正如格拉德斯通所预见的，迪斯雷利购买苏伊士运河股份的举动虽然在当时是英明之举，但很快就招来了在埃及的各种麻烦。格拉德斯通上任时，埃及名义上由总督统治，实际上处于英法的控制之下。埃及总督通过卖出运河股票只是暂时摆脱了破产的危机，不久，英法两国任命了债务委员会专门处理总督的财务以及其他问题。英国派出的委员会专员伊夫林·巴林，即后来的克罗默勋爵，成为了帝国最杰出的殖民地总督之一。除了很短一段时间的间断，他主宰埃及命运长达三十年。在 1881 年底，英法两国对埃及的控制被阿拉比·帕夏团长领导的民族起义终结了。这次起义得到军队的支持，并迅速蔓延到全国。格拉德斯通试图应用“欧洲协调”原则平息混乱的局面，但这种努力是徒劳的，同时法国国内政局突变，对埃及事务有心无力，其他欧洲国家也作壁上观。1882 年 6 月 11 日，五十名欧洲人在亚历山大的骚乱中惨死，阿拉比开始在城中调整布防以威胁港内的英国船只。于是，一个月以后，在事先发出过警告的情况下，英军轰炸城市的堡垒，摧毁了阿拉比的火力。几天之后，英国内阁决定向埃及派遣一只由加尼特·沃尔斯利爵士带领的部队，这支军队到达埃及后接连获胜，于 9 月 13 日在特勒凯比尔彻底打垮了阿拉比的军队。这次胜利让格拉德斯通感到既欣慰又内疚。从自由党的精神来讲，英国现在应该撤退，但他们也不能让埃及陷于权力真空。趁势吞并埃及虽然是合乎逻辑，且在欧洲其他列强意料之中的选择，但自由党的纲领让他们自己觉得此举有愧良心，在这样的矛盾使格拉德斯通最后选择了一个更糟糕的解决方案，即英国仍然承担占领埃及的负担，而债务委员会继续掌握绝大部分管理权，这种安排导致欧洲列强都可以干涉埃及事务。1883 年，巴林就任埃及总督，成为这个国家的实际统治者，并开启了一系列人们翘首以待的改革，埃及进入了一个新时代。

插手埃及事务使英国卷入了更为复杂的苏丹纠纷。苏丹领土辽阔，从埃及边界沿着酷热的尼罗河岸，向南几乎延伸到赤道，绵延一千多英里，属于埃及总督的管辖范围。尽管英国顾问努力劝阻，开罗派去的官员在这片土地上的治理还是十分糟糕。在埃及人起义反抗英法那一年，苏丹人也起来反抗埃及人。苏丹人的领袖是马赫迪，一个穆斯林激进主义者，他很快击溃了一支埃及军队，并且不久便控制了苏丹的大部分地区。格拉德斯通称苏丹人是“正当地为自由而战的一个民族”，其实这对于马赫迪的武装力量来说是过誉了，这些人不如说是嗜血的恐怖主义者。面对这样的形势，英国政府只有两个选择，或是重新占领苏丹，或是完全撤出，他们选择了后者，埃及人对此也无能为力。英军作为埃及军队的指导者负责苏丹南部，1883 年底，英国决定撤回他们在那里的驻军，这个决定下起来容易，执行起来却很难。1884 年 1 月 14 日，英国内阁委任在对中国战争中成名的查尔斯·戈登将军到苏丹去负责撤退事宜。

戈登将军曾在苏丹服役，在打击奴隶贸易的尝试发挥了重要作用。他是个有良知的人，而这导致他日后付出生命的代价。1884 年 2 月，他到了喀土穆后发觉把苏丹留给马赫迪这样的极端分子将造成灾难，于是，他转而要求增派部队，并计划反攻。虽然因为戈登从来不是个轻易撤退的人，英国政府最初对戈登的反应可能有一定心理准备，但他们还是被前线的这一反转震惊了。戈登下定决心坚守喀土穆，意志坚定而任性地抵制格拉德斯通不进行新的殖民活动的决定，直到完成他自己提出的目标。伦道夫·丘吉尔勋爵首先在下议院提出了对戈登个人安全的担忧，他在三月坦率地质问道，“政府曾把他视为能让我们摆脱困境的唯一人选，现在难道要对这个人的命运置之不理，任其挣扎，袖手旁观吗？”议会给出的回答含糊其词，尽管戈登在苏丹多次告急求援，在开罗的巴林，以及当时最出色的军事家沃尔斯利勋爵，也都建议尽快支援，但政府始终无视其请求。5月，戈登被困喀土穆，英国政府仍然无动于衷地坚持着索尔兹伯里勋爵所说的“逃避政策”。

从春到夏，在英国要求救援戈登的公众舆论越来越强烈，人们还就此召开大规模会议进行请愿。戈登坚定的宗教信仰，对圣经的理解，对奴隶制的斗争，对救助贫苦人家儿童的贡献，以及他的军事才能，都使他如崇高的亚瑟王的骑士团一样，得到民众的爱戴。但此时格拉德斯通的心思并不这个问题上，他首先关心的是选举权改革，其次是坚定的无神论者查尔斯·布雷德劳夫的事。查尔斯·布雷德劳夫曾当选为议员，却拒绝上任，此事使下议院和首相愧疚了六年多，5月，伦道夫勋爵在下议院评论道，“我比较了他（格拉德斯通）对戈登将军和布雷德劳夫先生相关事宜所作出努力，如果他用在那位煽动人心的渎神者身上的那些高贵的道德观念，能有百分之一用来支持一位信仰基督的英雄，戈登的使命应该早就胜利完成了。”

最终，在陆军大臣哈廷顿勋爵的坚持下，政府勉强屈从了救援戈登的主张，因为哈廷顿勋爵把这件事上升到了民众对内阁的信心的高度。9月，沃尔斯利赶赴开罗，在一个月内集结了一万人的部队。他知道闪电突袭对于马赫迪大规模的长矛兵是不起作用的，速度虽然关键，却有陷入灾难的风险，即使有巩固的工事作为阵地，扭转局面至少也需要半年。10月，他从埃及边界出发，向喀土穆开始了八百英里的长途跋涉，路途的大部分是未曾测绘的尼罗河河段，伴随着急流险滩和酷热的天气。在苏丹北部，尼罗河急转向东。沃尔斯利知道时间非常紧迫，英国民众焦虑的目光正注视着他和戈登，以及他们两人之间的遥远距离。他的主力部队必须兼程向上游行进，克服无数激流的阻碍，直到突袭喀土穆。同时，他命令赫伯特·斯图尔特爵士率领骆驼队穿过一百五十英里沙漠到尼罗河畔，到达戈登驻地的北面。斯图尔特12月30日出发，行动迅速，在1月17日，他在喀土穆以北一百二十英里的阿布克里受到穆斯林军队的攻击。他的队伍不到两千人，而敌人至少有他的五倍，英军阵地在马赫迪的狂热士兵的猛烈进攻下被击溃，但英军取得了最后的胜利。两天以后，斯图尔特的先头部队在敌人的不断骚扰下抵达尼罗河，但他本人受了重伤，不得不由他人接任指挥官，形势非常严峻。1月21日，戈登从喀土穆派出的汽艇赶到了斯图尔特的部队，由于需要进行侦察和伤员处理，行进不可避免地被延误，导致了悲惨的后果。24日，26个英国人和240个苏丹人组成的一支队伍乘两艘汽艇向南开进，被穆斯林武装从岸上用滑膛枪扫射。28日，他们到达喀土穆，一切为时已晚，戈登的旗帜已经不在驻地飘扬，他牺牲了。喀土穆的保卫者奋力拼杀，但城市于两天前陷落了，戈登只身战死，没有等到同胞的支持和救援。全国大概有一半人认为是格拉德斯通谋杀了戈登，维多利亚女王在给格拉德斯通的电报中明白地表达了悲痛万分的心情。戈登成为了国家的烈士。虽然他违抗了命令，他在日记中也承认了这一点，但是不可否认，派他出征的政府最后抛弃了他。几乎取得成功的英国援军退回埃及。格拉德斯通后来承认，政府向喀土穆派出了一位“英雄中的英雄”，他同时具有这样人物的缺陷和美德，而政府为此付出了代价。

自由党在国内活动同样动摇了它的地位。当全国都在关注戈登的时候，政府却在推进它的最重要立法议程，即旨在扩大选举权，完成民主运动进程的《改革议案》。这个议案会赋予几乎每个成年男子选举权。另一个法案取消了剩余的小自治镇，把全国分成各出一名议员的选区，只有个别地区例外。这些都是1856年法案的自然延伸，但也使当时已经非常困难的形势进一步恶化。单一代表的选区制打破了每个选区各出一名辉格党议员和激进派议员的惯例。自由党人和激进派很自然地从中获利，张伯伦一次又一次地猛烈攻击他所谓的“既不种田，也不织布”的阶级，带着他所谓的“非权威性纲领”及其“三亩地一头牛”的著名许诺，他把主要攻势从城镇转向农村。辉格党人无法忽视这一挑战，可他们同激进派之间分歧的裂痕已经深到伤及根本，根本不可能再继续合作了。1885年秋天，上院托利党领袖、在任首相索尔兹伯里说，格拉德斯通“对团结的敦促实际是逼着人们虚伪”。

对英国政治未来走向的进一步猜测，被格拉德斯通宣布支持爱尔兰自治政策意外打断了。要理解这一公告的重要性和影响，我们得要回顾一下爱尔兰令人悲伤的历史。自从 1840 年的大饥荒以来，爱尔兰一直处于苦难之中。爱尔兰农民几乎一贫如洗，以西部地区尤甚。戈登将军曾在写给《泰晤士 报》的信中描写过他们的悲惨境遇，“根据各种材料和我亲历的情形，我必须承认，那些同胞的境况比世界上任何民族都惨，更不用说同欧洲其他国家相比了。‘他们’生活在比我们的牛住得都差得多的地方，每日挣扎着与饥饿做斗争”。爱尔兰自古以来便是个贫穷的地方，经过大饥荒和人口外迁，它的人口密度仍然过大，而英国政府的政策更让爱尔兰人的境况雪上加霜。当时的土地制度压垮了爱尔兰农民，农民对这个制度深恶痛绝，因为它绝对地偏向地主，而且支持没收农民认为属于他们的土地。这导致了农民强烈而深刻的仇恨，因为他们感到自己世代相传赖以生存的根基被剥夺了，而不是单纯由于贫困，也不是单纯的吃土豆、住草棚的生活问题。在 19 世纪的大部分时间里，英格兰人对这种仇恨情绪不以为然，对仇恨衍生出暴力反抗采取简单的武力镇压。在 1870 年前的 40 年里，英国政府颁布了四十二项强制法案，却没有一项法案保护爱尔兰农民免受退租的威胁和高额租金的盘剥。英国政府其实是有意为之，目的是迫使爱尔兰农民失去土地而成为像英格兰农民那样的短工。然而，爱尔兰并不是英格兰，爱尔兰农民固守家园，利用各种手段打击外籍地主。

我们千万不要认为不列颠对爱尔兰局势看得黑白分明。在爱尔兰的地主大部分是在爱尔兰经营已久英格兰的殖民者，他们在许多方面把自己视为来自母国的文明势力，他们常常要通过斗争保护自己的生命财产。天主教会对迷信的爱尔兰农民的严密控制逐渐渗透到政治和宗教领域，演变成对英格兰的敌意。从伊丽莎白女王时代开始，爱尔兰曾不止一次险些成为欧洲大陆进攻英格兰的跳板。烧毁草垛、刺杀地主和其他恐怖行动使英格兰人普遍接受爱尔兰地主的说法，他们很难理解，只有根本上的政策改革才有可能打破由无法平息的怒火、高压的镇压、更多叛乱结成的这个循环往复的僵局。

格拉德斯通第一次就任首相时，就对爱尔兰问题特别关注，到后来，这成为占据他全部注意力的重中之重。不过，他解决爱尔兰问题的尝试受到了极大的阻力。虽然英国政界上层很多领袖人物是爱尔兰贵族，但他们对爱尔兰人的问题并不感到同情。格拉德斯通在第一个任期里通过解散爱尔兰的新教教会，成功地缓解了爱尔兰人对外来教会的反感。1870 年，他的第二个措施是通过《土地法案》来防止无偿侵占农民土地的行为，但这个法案被证明失败了。又过了十年，他才清楚地意识到，只有对爱尔兰农民土地永久拥有权的真正保障才可能解决问题。

1873 年，艾萨克·巴特建立了爱尔兰自治联盟。联盟的目标是通过和平修改宪法的手段实现自治，它的领导人巴特是一位有能力、有教养，又受人爱戴的下院议员。他相信议会辩论的说服力。可惜英格兰对他的主张不买账，爱尔兰对他的方法也没有信心，很快，这一运动的实际领导权就交到了查尔斯·斯图尔特·帕内尔手里。帕内尔是地主，也是新教徒，在议会中资历尚浅。他的母亲是一位在同英国的战争中建立功勋的美国海军上将的女儿，从母亲身上，帕内尔继承了对英式运作方式和制度的厌恶和轻蔑。作为爱尔兰党派中的贵族，他是天生的领袖人物，具备纪律性的力量和很快把爱尔兰自治问题从辩论话题变为当前最重大问题的斗争手腕。他在推行自己的主张时意志坚定，藐视下院传统，迅速上升到让人无法忽视的地位，以至于一名英格兰政客说“同他打交道简直像对付另一个强国似的” 。

帕内尔的成功根植于爱尔兰自治的宗旨与农民动乱的爆发两者的结合。七十年代末，世界农产品的价格暴跌，加上连年歉收，使大批贫困农民因交不起地租而被驱逐的情况更加恶化。因叛国罪坐了七年牢的迈克尔·达维特 1877 年刑满获释时，这一驱逐进程才刚刚开始。达维特是一位非凡的人物，他热爱爱尔兰，他富有人道主义同情心，同帕内尔形成鲜明的对比。他坚信自治问题和土地问题是不可分割的，尽管面对着爱尔兰极端民族主义者的反对，他仍在 1879 年成功地创建了土地联 盟。这个联盟的目标是降低高额租金，推广农民的土地所有权。达维特曾得到美国爱尔兰人的物质支持，当帕内尔宣布支持土地联盟时，农民对土地的迫切渴望、实现自治的政治要求和美国移民对压迫者无法忘怀的仇恨最终汇聚到一起，形成了一个强大的同盟。

格拉德斯通当时都没能很快地认清楚这种局势，他当时满脑子都是再次就任首相后面临的那些重大的外交和殖民地问题。对于爱尔兰问题，他的政府第一个应对措施是提出了一个临时性的《补偿骚动损失法案》，当1880年7月上议院否决了这个法案时，爱尔兰迅速以恐怖行动进行报复，在当年最后一个季度里，发生了两千多起暴动。帕内尔向他的追随者们推荐了一个新式的武器，就是像过去隔离麻风病人一样孤立那些违反农民法律和传统的人，让他们痛不欲生。这种武器的最初受害者中有一位土地经纪人博伊科特上尉，他的名字已经成为英语中的一个典故。这段时期，土地联盟成就斐然，美国和澳大利亚的资金源源不断，而且由于土地联盟在爱尔兰有效控制的地区比都柏林堡的政府当局还要大，驱逐欠租农民的现象几乎消失了。

接下来，政府决定同时打击恐怖活动和改革土地法。1881年3月，政府颁布影响广泛的《强制法》，用莫利的话说，它授予爱尔兰总督“随意逮捕和无限期关押任何人”的权力。在《强制法》作为议案提交议会讨论时，帕内尔竭力采取抵制的策略。他在下议院的目标是要利用议会程序以习惯而非规则为依据的情况来使政府的工作陷于停滞。从1月31日到2月2日，下议院连续开会长达四十一小时，后来议长不得不通过“休会”来强制性地停止讨论。随后，会议通过了停止辩论的决议，从而初次打破了议会的传统程序。

在《强制法》之后，政府立即颁布了《土地法》，几乎同意了爱尔兰人的全部要求。《土地法》基于三条核心内容，首先，由一个仲裁机构决定土地的合理租金；其次，按时交租者拥有永久使用权；再次，佃户可以自由出售土地。这些条款之慷慨已经远远超出了爱尔兰人的期待，但是帕内尔在美国爱尔兰裔极端主义者的鼓动以及他自己能够逼迫格拉德斯通做出更大让步的信念下，决定阻挠新的土地法庭的工作。政府别无他法，只好在10月依据《强制法》逮捕了帕内尔。当被问到谁会接替他时，帕内尔回答说，“月光上尉”（一个著名爱尔兰裔劫匪的绰号）。他的预言得到了证实，他被捕后，谋杀和其他犯罪激增，到1882年春天，格拉德斯通认为强制政策已经失败了。

同时，帕内尔急切希望早日获释。由于爱尔兰极端主义者行动颇见成效，帕内尔必须再次树立自己作为领导者的权威。于是，他和政府在四月达成了所谓的“基尔曼哈姆协定”，约定他将利用自己的影响力终止暴力和恐怖，以换取政府实行《欠款法》来帮助那些由于欠租而不能受益于《土地法》的佃农。拥护强制政策的爱尔兰事务大臣W. E. 福斯特和爱尔兰总督考珀勋爵辞职，由弗雷德里克·卡文迪什勋爵和斯宾塞勋爵接替。5月2日，帕内尔和他的两名亲信被释放，和平的曙光似乎出现了，可是光明的前景被一个可怕的事件毁掉了。5月6日，弗雷德里克·卡文迪什勋爵到达都柏林，几个小时后，他和他的助理大臣伯克在凤凰公园双双被刺身亡。谋杀者是一个叫“无敌者”的组织，他们的目标本来是伯克，而且并不认识弗雷德里克·卡文迪什勋爵，后者是因保护同伴而被杀的。英格兰被震惊了，支持强制政策的派别渔翁得利，短时间平息乱局达成和解的一切希望都化为乌有。格拉德斯通竭尽全力想从他失败的政策中收拾残局，他现在相信帕内尔是爱尔兰的一股节制力量，与他合作是维持任何改革成果的唯一希望。首相的这一观点在内阁中仅有一两位支持者，帕内尔一方愿意等待时机，于是爱尔兰开始了三年相对安定和平的时期。

现在让我们回到1885年。6月8日，政府的一个预算修正案被驳回，格拉德斯通立即辞职了。这其中有自由党内部不和和分裂的原因，但更重要的是爱尔兰议员投票支持保守党反对派。伦道夫·丘吉尔勋爵让帕内尔感到一个保守党政府会停止强制政策，而这一默契足以获得爱尔兰议员的支持。经过了一些犹豫和困难后，索尔兹伯里侯爵组阁建立了在下议院占少数的保守党政府。伦道夫勋爵就任印度事务大臣，他的宿敌诺思科特进入上议院，迈克尔·希克斯·比奇爵士就任财政大臣和下议院领袖。最重要的任命是卡纳文伯爵接任爱尔兰总督。众所周知，卡纳文伯爵支持爱尔兰自治。8月1日，他在格罗斯维纳广场的一栋房子里会见帕内尔，给帕内尔留下政府打算实施一项自治政策。选举在即，帕内尔必须做出抉择。他通过自己的情人奥谢夫人向格拉德斯通传话，告知了保守党的许诺，格拉德斯通回答说，“应该这么说吧，要我们去跟伦道夫·丘吉尔勋爵的政治许诺竞价，我第一个反对。”真实情况是格拉德斯通此时已经转而赞同自治政策，但他不准备同帕内尔讨价还价，而是想把下一步棋留给索尔兹伯里。

到 11 月选举时，帕内尔没能从格拉德斯通那里得到明确的许诺，于是下令不列颠的爱尔兰人投票支持保守党。其实爱尔兰问题在这次选举中并不太重要，竞选斗争主要集中在对上届政府政绩的不满，张伯伦的“未经批准激进纲领”成为唯一的一个主要分歧。选举结果差的不能再差了。自由党在自治市里丧失了很多席位，在郡级由于刚刚获得普选权的工人们的支持而有一些斩获。在新的下议院里，自由党多数超过保守党八十六席。帕内尔实现了他的愿望，他的追随者队伍由于《改革法案》在爱尔兰各郡的实施而扩大，恰好也达到了八十六席。正如索尔兹伯里所形容的那样，“形势处于低潮，即保守党加帕内尔派等于自由党。”

在这种情况下，格拉德斯通仍然希望，帕内尔派同保守党的联盟能倾力合作，使爱尔兰自治法案能获得共识，得以通过，而不会受到上议院的过分阻挠——他还记得解放天主教徒、废除《谷物法》和 第二个《改革法案》等先例。帕内尔通过奥谢夫人传达的一切请求，格拉德斯通都回答说，自由党不便于在政府宣布其政策之前采取任何行动。12 月，他见到了索尔兹伯里的侄子，A.J. 鲍尔弗，并于 20 日写信给他说：“我确信这个问题只能由政府解决，而且从公共政策的角度出发，我尤其希望现任政府能处理这一问题。” 保守党人对这封信不以为然。几天前，政治局势已经有所改变，因为格拉德斯通对爱尔兰自治问题的立场已经被他的儿子赫伯特公开透露出去。这只所谓的“哈瓦登·风筝”放出后，隐藏在政治漩涡里挣扎着的各股力量立刻浮上了水面。格拉德斯通竭力试图避免的自由党分裂成为了现实。早已因为激进派势力增长而不满，进而疏离的辉格党人坚决反对爱尔兰自治。保守党人的态度变得更加强硬，因为他们感觉到格拉德斯通立场的突变将使他们获益，他们同辉格党人可能结成同盟的流言已经传播开来。对帕内尔来说，这种结果是一场灾难，保守党人由于他的支持而获得的那三十个席位，现在看来成了给敌人的赠礼。

格拉德斯通的立场和期待是否有实质性的意义是很难说的。卡纳文伯爵只代表他自己，并不代表保守党或内阁。他与帕内尔接触只是试探性的，政府也并没有做出承诺。索尔兹伯里拿到爱尔兰人的选票从而赢得了这次关键的选举，自然心满意足。然而，由于他的新教信仰，对联合王国的信念，对地主阶层和支持保守党的爱尔兰少数派的忠诚，他很可能从来都没有严肃考虑过爱尔兰自治问题。他作为一个领导者，完全不像皮尔或格拉德斯通那么喜怒无常，导致党派分裂的那些狂热根本与索尔兹伯里的性情格格不入。

到 1885 年圣诞节，局势终于明朗了。卡纳文在元旦辞职，索尔兹伯里政府在 1 月 26 日宣布提出一个最严厉的《强制议案》。格拉德斯通甚至几乎没有与同僚商量，毫不犹豫地在“女王演说”修正案中挫败了政府的议案。新政府将毫无疑问地支持爱尔兰自治，哈廷顿和其他辉格党领袖拒绝参与其中。这一切可能是不可避免的，但是格拉德斯通对张伯伦的处理方式使任何残余的成功的可能性灰飞烟灭。在国人眼中，张伯伦现在在自由党占据着仅次于其领袖格拉德斯通的地位，而后者过分地低估 了他的重要性，拒绝给予他殖民大臣的职位，而让他担任地方政府事务大臣。张伯伦对爱尔兰的看法在前一年有了迅速变化。他对帕内尔的信任被爱尔兰人转而支持保守党的背叛行为粉碎了，他们之间的私人关系也被他们的中间人奥谢上尉，即帕内尔的情人的丈夫所破坏。张伯伦反对关于自治的任何大规模计划，要争取到他的再次支持，格拉德斯通可能需要动用自己所有的策略和说服力。格拉德斯通也没有尝试去这样做，他起草《自治议案》时没有咨询张伯伦的意见，张伯伦的地方政府改革计划也被搁置了。3 月 26 日，张伯伦辞职了，从此成为格拉德斯通最难对付的敌人。

1886 年 4 月 8 日，格拉德斯通通过一次长达三个半小时的演说把《自治议案》提交到下议院。他说《自治议案》将给予爱尔兰正义，并为她的人民带去自由。这一演说即使放在格拉德斯通辉煌的议会生涯中来看，也是极为出色、让人印象深刻的一次，然而他对自由党的自由原则和自治原则的呼吁，面对的却是深深的反感情绪。他立场的突然转变，他为继续掌权而对爱尔兰选票的依赖，以及人们对爱尔兰暴行的苦痛记忆，都加深了他的反对者的恐惧和偏见。种族、宗教、阶级和经济利益带来的各种复杂情绪都阻碍了人们接受格拉德斯通所持的自由主义立论，分歧愈演愈烈，格拉德斯通强烈的道德感引起了反对者的反感。反对派认为他是伪君子，甚至更糟，他毫无预兆地发起了一场破坏性的运动，而伦道夫·丘吉尔勋爵质问道，“为什么呢？唯一的原因只是为了急不可待地满足一个老年人的野心。”

《自治议案》在提交国会两个月后的第二次审阅中被否决。93 名自由党人投票反对政府。格拉德斯通面临着艰难的选择，辞职或解散国会。他选择了后者，然后集中在爱尔兰自治这一个问题上重新举行议会选举。他的狂热、激情和精力都没能使他战胜强大的反对力量，新的下议院里，316 名保守党与 78 名反对爱尔兰自治的自由统一党，对抗着占据了 291 席的格拉德斯通派与其同盟，控制了 85 席的帕内尔派。格拉德斯通随即辞职，索尔兹伯里再次上台。

从此，保守党开始了长达二十年的执政时期，中间只有很短的一段中断。1830 年开始的长时间的自由党执政时期结束了，其原因既有辉格党人对社会改革的厌恶，也有格拉德斯通在爱尔兰自治问题上立场的突变。自由党前途暗淡。它坚持英格兰选民所不欢迎的政策，以至于损害了自己的右翼成员，之后，它又失去了具有改革精神的年轻一代领导者中至今最出色的一位。幸运之轮转到了保守党这一边，在 1880 年，保守党看起来前景渺茫，如今，当年他们所恐惧的，视为无法阻挡的民主制斗士的对手，已自毁长城，败于眼前。

第二十章 索尔兹伯里勋爵的政府

爱尔兰自治问题导致的分歧对英国政党政治的忠诚性所产生的深远影响在 1886 年夏天还并没有立刻显现出来。索尔兹伯里政府依靠自由统一党的支持上台，自由统一党由哈廷顿领导，而它在议会和全国最有影响的人物是约瑟夫·张伯伦。他们声称他们仍是自由党人，而且在之后的十年里，他们在下议院里仍然坐在自由党一边。这让格拉德斯通的追随者极为愤慨，许多人愤恨地公开把张伯伦比作犹大。1887 年初，双方的领导人召开了一次圆桌会议，沟通的失败使双方心照不宣地接受了双方之间的裂痕已经无法弥合的现实。这次决定性的分裂导致了议会阵营的尴尬组合，索尔兹伯里被迫同他几个月以前谴责为暴民领袖和“杰克·凯德” 的人共事，也不得不接受张伯伦的部分纲领以换取他的支持。张伯伦自己已经上了保守派的战车，于是也不得不放弃很多之前的政策和意见。在自由党一方，格拉德斯通失去了辉格党的支持，被迫向党内与他自己观点相去甚远的激进派做出让步。

索尔兹伯里政府同前一年并无太大不同，只是希克斯·比奇爵士坚决辞去了下议院领袖的职务，他说“（这个职务）应该名副其实，由党派的实际领袖担任”。于是，37 岁的伦道夫·丘吉尔勋爵担任了下议院议长和财政大臣，登上了他仕途的顶峰。在六年里，他的辩论技巧和政治手腕使他战胜了所有的竞争对手，纵然很多人不相信他的策略，或者不赞成他的政策主张，他在下议院的地位在党内无人能挑战。这届内阁步调并不协调，伦道夫勋爵关于 保守派民主的想法与索尔兹伯里的传统保守主义立场无法产生共鸣。作为首相的索尔兹伯里不相信立法能改善现状，他认为政府的首要任务是维护现存秩序，保守党人应首先服务于他们所代表的那些依靠他们保护自己利益的阶级。伦道夫在 1886 年 11 月给首相的信中写道，“有些人先入为主认为保守党不善于立法，觉得保守党人能够治理国家，发动战争，大量增加税收和支出等等，却无力在民主宪政体制下制定法律。我认为这种观点是幼稚而且愚蠢的。” 索尔兹伯里回答说，“我们执政必须比反对派平缓和低调一些，我们提出的议案也必须是试探性的和谨慎的，不应该激进或和绝对化。” 两人的矛盾由于伦道夫涉足外交事务而激化。10 月，伦道夫公开指责亲土耳其的政策，表示支持巴尔干民族独立。他同索尔兹伯里的分歧在性格和政策方面都是根本性的，导致冲突爆发的最后一根稻草是件无关痛痒的小事——伦道夫要求削减陆海军预算。1886 年圣诞节前夕，伦道夫辞职了，他选择了一个错误的时间和错误的事件走出这一步，也并未试图争取支持。他的政治生涯就此谢幕，此后他又活了 9 年，大部分时间饱受疾病折磨。

伦道夫戏剧化的下台终结了一年的政治动荡，其对保守党的影响相当于辉格党背叛格拉德斯通之于自由党。索尔兹伯里任命一个秉持纯粹辉格党观点的自由统一党人，乔治·戈申，为财政大臣。 这说明保守派民主制已经被视为累赘了。此后索尔兹伯里政府的立法活动少到了极致。它的主要立法进展是 1888 年通过的《地方政府法案》，旨在成立郡议会，这为民主制进一步发展打下了基础。三年后，小学取消了学费，另外，《工厂法案》的颁布在解决雇佣妇女和儿童弊端上做出了一些尝试。这些并不是什么引人注目的成绩，甚至这些仅有的进展都是因为要向张伯伦做出让步而取得的，而张伯伦在政府外面经常说，积极改革的政策才能最好地服务于统一派的宗旨。

索尔兹伯里和相当大一部分公众的兴趣都在海外事务上。当时帝国主义者的海外开拓、探险和殖民活动都达到了高潮，利文斯顿、斯坦利、斯皮克和其他旅行家进入了最落后的非洲内地，他们的丰功伟绩为欧洲列强征服殖民地铺平了道路。和平瓜分非洲是那一时期最重要的成就，而这主要归功于索尔兹伯里。他在1887年出任首相时兼任外交大臣，自始至终认为对非洲殖民版图的规划应该以和平的方式进行。法国人是第一个进入非洲的，希望慰藉自己1870年败于普鲁士之耻，德国于八十年代初期紧随其后。如果格拉德斯通和迪斯雷利愿意的话，他们手中的海军力量和经济实力完全可以支持他们占领英国人所测绘和探索的非洲大陆的大部分地区，不过他们二人对在热带非洲探险都并不热心。在海外拓展英国利益的任务主要由塞西尔·罗兹、威廉·麦金农爵士和乔治·戈尔迪爵士等人完成，尽管国内政府对此漠不关心，这些人还是开拓了一个伟大的新帝 国。

索尔兹伯里上台之时，他自己并没有关于帝国扩张的宏大计划，不过已经准备好了支持那些有志于此的人。根据伊丽莎白时代的模式，他把巩固统治和进行政治控制的工作交给三家持有特许状的公司——皇家尼日尔公司控制着尼日利亚，不列颠东非公司控制着现在的肯尼亚和乌干达地区，不列颠南非公司统治着罗得西亚（相当于今天的津巴布韦地区）。这些安排都是在1886到1889年之间完成的。罗得西亚的首都是索尔兹伯里，以首相的名字命名，它是英联邦中唯一由创建人名字命名的自治领，而这个人也预料到了它的未来。英国同其他殖民国家之间出现过很多边界冲突，而索尔兹伯里始终坚持通过谈判解决争端，在这一政策下，英国在1890年分别同德国、法国和葡萄牙签订了协定。其中，英德协定最为重要，它确定了两国在中非和南非的属地边界，作为妥协的一部分，另外，德国承认英国为桑给巴尔的保护国，英国把赫尔戈兰割让给德国作为补偿，德国以一个产香料的岛屿换取了未来的一个海军基地。到1892年，索尔兹伯里的大部分目标都已实现，维护英国对尼罗河谷的控制和确定西非殖民地边界是仅剩的两个问题了。

索尔兹伯里的外交政策很大程度上是由这些殖民事务左右的。他原则上支持“欧洲协调”的想法，因此不可避免地与俾斯麦的德奥意三国同盟走得更近。于是，英国总是或多或少地与法国在西非，以及与俄国在近东和远东发生持续不断的冲突。索尔兹伯里成功的关键在于他能够以高超的技巧处理在一个民族对抗激烈的时代，各强国间出现的无数复杂问题。他曾经说过，“英国的政策是懒懒地顺流而下，偶尔伸出船篙以避免冲突。”可以说没有任何一位英国外交大臣能像他那么娴熟地运用这只“外交船篙”。

如何处理一个郁愤难消的爱尔兰这个持续的问题为国内政治蒙上了一层阴影。索尔兹伯里在竞选时说：“爱尔兰所需要就是一个不退缩不动摇的政府的治理。” 1887 年，他找到了实践他所谓的通过“二十年的坚定治理”来解决一切问题的政策之合适人选，就是他的侄子，成为爱尔兰事务大臣的 A.J. 鲍尔弗。鲍尔弗面临的局面十分棘手。当时农产品价格持续下降，但是政府拒绝了帕内尔认为防止佃户土地被剥夺的唯一办法是重新计算租金的主张。爱尔兰农民在威廉·奥布赖恩和约翰·狄龙的组织下，开始通过“运动计划”自助。这个计划的基本内容就是佃户应该团结起来要求减租，如果地主拒绝，佃户就把租金留下来作为“运动计划”的基金。爱尔兰人以恐怖主义的方式推进这个运动——这已经成为爱尔兰土地纠纷中无法避免的手段。政府的回应是作出了一些妥协，同时颁布了《犯罪法案》以赋予行政当局极为宽泛的权力进行镇压。鲍尔弗把这一法案提供给他权威用到了极致，他的行动之坚决完全不逊于爱尔兰反对派之残忍。后来他在下议院为自己的举措辩护时也展现了高超的技巧和智谋，并因此迅速跻身举足轻重的议员之列。

帕内尔对这些混乱选择了置身事外。他当时已经认识到，要实现爱尔兰自治，他必须获得英格兰的充分支持。但是他对谨慎而合法的斗争方式的坚持受到了 1887 年 4 月 18 日《泰晤士报》上发表的一封据称有他署名的信件摹本的打击，信中说他被迫批准了菲尼克斯公园的谋杀。帕内尔虽然声明这封信是伪造的，但他拒绝在英格兰的法庭起诉。他这种容忍态度，加上公众，甚至包括索尔兹伯里这样声名显赫的人都认为这封信和其他一些信件是真的，导致大部分英格兰人认定他是有罪的。但是次年，政府成立了由三名法官组成的委员会来广泛调查爱尔兰发生的犯罪行为，六个月后，在 1889 年 2 月，委员会终于开始调查此案。法官们发现这些信是一名名叫理查德·皮戈特的爱尔兰老记者伪造的。皮戈特因一处致命的拼写错误露出了马脚，并在查尔斯·拉塞尔爵士出色的审问下崩溃了，他在证人席上垮掉，随后承认了罪行。几周后，他在马德里的一家旅馆里饮弹自尽。这件事对公众造成了戏剧化的影响，几个月中，帕内尔沉浮在舆论浪潮之中，而此时被推上了顶峰，对他长时间的咒骂变成了从天而降，陌生的，一时的爱戴。此时，大选的脚步迫近，执政党政府不得人心，似乎没有什么能阻止格拉德斯通和爱尔兰自治派取得胜利了。

可这时，形势又扭转了。1890 年 11 月 13 日，离婚法庭开始审理奥谢上尉诉奥谢夫人和帕内尔一案，法庭裁定奥谢上尉胜诉，而帕内尔作为此案中的共同被告并没有提出辩护。他已经同奥谢夫人同居了十年——这在后世人们眼中并不算特别可耻，但在当时，帕内尔受到了公众舆论的强烈谴责。自由党内势力强大的非英国国教的是非观占了上风，而当时全副心思扑在自治问题上的格拉德斯通拒绝蹚这场道德谴责的浑水。不过格拉德斯通也意识到，防止保守党人从这场风流韵事中继续渔翁得利的唯一的办法就是让帕内尔这位爱尔兰领袖辞职暂避风头，他不断对那些建议让帕内尔留任的人说，“这是行不通的”。帕内尔承受着巨大的压力，他的朋友和崇拜者塞西尔·罗兹曾给他发了一封电报，“辞职—结婚—回归”，这其实是个明智的建议，但帕内尔并未听从。他那长期压抑在冷静表象下的激情已经被点燃，他的自尊心开始反抗，他拒绝向英格兰人的伪善低头，无论他的国家和事业将付出怎样的代价。

最终无奈之下，格拉德斯通写信对帕内尔说，如果帕内尔不辞职，他将不再领导自由党。然而在这封信发出之前，爱尔兰党已再次肯定了帕内尔的领袖地位。格拉德斯通绝望之中把信发给了媒体，这是一个无法挽回的举措，因为这意味着公开的最后通牒。格拉德斯通第二天早上写道：“可以说我们五年来每天都在艰苦地向山上推着西西弗斯之石，而帕内尔先生的决定……意味着，这块石头将再次失控，滚到山脚下，我简直不忍回首。”余下的故事有些索然无味，在帕内尔对格拉德斯通进行了猛烈攻击之后，天主教会宣布反对他，而他党内的大部分人也抛弃了他。为了恢复地位，他徒劳地进行了一系列出格而绝望的努力，之后不到一年，他就去世了。

自由党在1889年时的光明前景现在被蒙上了一片阴云。1891年自由党采取的全面性的“纽卡斯尔纲领”并未带来多少改善，这个纲领试图求全责备地满足所有派系的要求，结果却愈发激化了各方的反对。到第二年夏天选举时，靠着爱尔兰议员，支持爱尔兰自治的势力也仅仅超过对手四十席。在下议院里，自由党占据了275席，爱尔兰民族主义者有82席，而另一方，保守党获得了269席，自由统一党得到了46席。格拉德斯通的多数优势过于微弱使他难以达到目标，但他这一届内阁却颇为得力，其中有哈考特、罗斯伯里、莫利和坎贝尔－伯纳曼这些出色人才，其中最耀眼的明星是H.H.阿斯奎那，他是十九世纪最能干的内政大臣。

格拉德斯通的决心丝毫没有动摇，立刻着手起草第二个《自治议案》，并在1893年2月亲自提交了这个议案。为使议案通过，他以84岁高龄，先后在85次会议上同张伯伦和鲍尔弗那样难对付的辩论家带领的反对派舌战。这在整个议会史上都是几乎首屈一指的非凡成就。然而，这一切都是徒劳的——议案在下院以微弱多数通过，在上议院第二次宣读时被以419对41票否决。至此，建立一个统一、自治、忠于英国王室的爱尔兰的全部希望都破灭了。大约一代人以后，爱尔兰将面临的是内战、分裂以及南方与世界主流事件的隔离。英格兰当时的反应是冷漠的，上议院被胜利所鼓舞，开始不断与政府作对。政府唯一一个重要建树是通过了一个新的《地方政府法案》，以推动城市、乡村选区和教区议会的建立。《自治议案》被否决后，格拉德斯通愈发与同僚们缺乏共鸣，他们拒绝支持他解散国会和攻击上议院的议程，而他也反对同僚们增加税收和开支的修正案。他批评一个草案时说，“这个计划简直疯了，给出这个提案的是些什么人？我进入政界多年时，这些人还没出生呢。”1894年3月3日，在他宣誓就任枢密院顾问52年半后，他宣布辞职。他与他的内阁大臣们的分别很感人，哈考特挥泪发表了极为动情的告别演说，格拉德斯通对此保持平静，他后来提到那次会议时称之为“那个号啕大哭的内阁”。他于1898年去世，他的事业是19世纪最值得关注的，在历史上留下无数浓墨重彩的篇章。在他所处的时代，他是最伟大的民众领袖，在重大道德议题上对公众的影响力无人可匹敌。

他也是下议院最杰出的人物之一，他的理念几乎都值得关注，而他的成就，和他的失败一样，都气势恢宏。

1893 年 1 月，独立工党在布雷德福的一次大会上成立，苏格兰矿工领袖 J. 基尔·哈迪当选为主席。正如其名，独立工党的目标是传播社会主义理念，以及在议会选举中推选出独立的工人阶级候选 人。虽未在政界引起广泛关注，独立工党的成立标志着新生的政治力量在英国工业区崭露头角。几年前，宪章运动失败后的沉寂已经被突然爆发的社会主义政治宣传和工会运动的浪潮打破了，最早的表现形式是 1881 年的民主联盟，富有的阶级斗争和革命原则倡导者 H.M. 海因德曼投入了大量金钱和精力，把这一组织变成了马克思主义组织。不过工人阶级觉得即便是由一个富人来阐述，马克思主义也没有什么吸引力，这一运动成果寥寥。

同时期在英格兰兴起的费边社则要重要很多，它的领导人是一群颇为卑微但能力超群的年轻人，其中包括西德尼·韦伯和肖伯纳。他们摒弃各种革命理论，开始推广一种实际的社会主义原则，他们对组织新政党不感兴趣，认为社会主义的目标可以通过向现有政党“渗透”的方式来实现。在西德尼·韦伯和比阿特丽斯·韦伯的领导下，费边社取得了一些成绩，一系列出版物传播开来，特别是 1889 年的《费边社论文集》，对塑造工人政治的发展方式贡献甚大。这些文章的观点大体上是现实的，应用性的，鲜有教条主义理论，跟马克思主义也不沾边。它们着重强调实现社会主义的过程天然就是缓慢而错综复杂，即“不可避免的渐进性”。

大多数工人对这些高深的理论探讨知之甚少，他们在为提高自己的生活水平奔忙。在维多利亚时代中期，工会组织的成员一般只限于熟练工人和相对富有的工人。但是 1889 年，工资极为微薄的伦敦码头工人进行了要求每小时六便士工资的罢工。罢工的组织者之一，约翰·伯恩斯，向工人们提起了勒克瑙解围事件，“弟兄们，这次罢工是工人的勒克瑙，当我向地平线望去，我看到一缕银光，那不是沾着兄弟鲜血的刺刀，而是码头工人的六便士的圆边在闪光。” 这次罢工的确称得上是工人的勒克瑙。在强大的舆论同情和支持下，罢工取得了胜利，并带来了工会组织在低技术工人中迅速扩张。

社会主义者在全国范围组织了很多小团体，但他们在政治上还是力量薄弱，在选举中唯一取得的成就是 1892 年基尔·哈迪的回归——他当选了代表西哈姆区的国会议员。当年哈迪第一次去下议院时，曾因为带了个管乐队并戴了顶布便帽而引起了轰动。这些社会主义团体最大的困难是他们热烈的信念在工人群体和工会领袖中都没有引起反响，这些人仍然支持自由党和激进派。基尔·哈迪耐心地尝试着吸引工会脱离与自由党的联系。在码头工人罢工后扩张起来并支持政治活动的新公会中，他取得了一些成绩，这主要得益于自由党基本上不愿意支持工人阶级议会候选人，除了几个大多为矿工背景的“解放运动实验者”。

这一系列努力的结果是社会主义团体和一些工会于 1900 年 2 月 27 日在伦敦法林登街的纪念堂召开了一次会议，决定成立工人代表委员会，由拉姆齐·麦克唐纳担任书记。这个委员会的目标是建立“国会内独立的工会力量，有自己的议会领袖和政策协作”。工党就此成立了。麦克唐纳后来成为二十世纪第一位工党首相，他将在一次全国性的危机中分裂工党，在社会主义者的谩骂中死去，其实那些社会主义者的政治资本很大程度上归功于他的贡献。

继格拉德斯通之后担任首相的是罗斯伯里勋爵。他在十六个月的任期里走运赢得了两次德比赛马会，其他方面的运气就乏善可陈了。他眼光长远，能够超越政治生涯中的不可避免的立场变换和妥协。作为外交大臣，他风格极为从容地考虑审视世界大事，周密地思考英国的对策。他是维多利亚女王亲自挑选的首相，但他的帝国主义观点使他在党内不受欢迎，上议院也继续阻挠首相的工作。此时，财政大臣威廉·哈考特爵士在预算议案中提出了大量征收遗产税的计划，招致资产阶级的强烈不满。这届内阁充斥着成员间个性不合造成的冲突，以及帝国主义者和“小英格兰者”之间的争吵。罗斯伯里后来说，“我从未掌握实权。”他所继承的局面困难重重，朝不保夕，让人举步维艰。1895 年 6 月在议会突然举行的一次表决中，政府的提案遭到否决，内阁立刻辞职。没有了内阁保密，自由党领袖间的分歧变得人尽皆知，在后来的大选中，保守党和自由统一党组成的联盟大获全胜，比包括爱尔兰民族主义者在内的反对派多出 152 个席位。

选举胜利后索尔兹伯里组织了一个有力的政府，他再次担任首相并兼任外交大臣，他在党内和全国的地位也不可动摇。到此时，他已不再用正统的方式处理政务了。他鲜少出席社交场合，而且据说在这些场合他还经常认不出他的内阁成员。他喜欢隐居在哈特菲尔德的塞西尔祖居里，通过大量亲笔信来履行他的职责，休闲就是在私人实验室里进行科学实验，或者开着一辆壮观的三轮摩托车在自己园林里兜风。他的权威和声望一定程度上来自他在公开场合言行中自然流露的贵族式自信气度，他的风格充分地展现了贵族政治的传统。他对于公众舆论不太关心，而这种冷漠的态度在一个民主时代居然得到了接受甚至赞赏。他的代表和最亲近的顾问是他的侄子，后来的第一财政大臣阿瑟·鲍尔弗。但是在公众眼中，主导政府的是自由统一党的领袖约瑟夫·张伯 伦，他此时已达到自己权势的顶峰，急欲获得由于 1886 年事件而长期未能获得的公职。他选择了殖民大臣一职——他的直觉是准确的，当时人们对国内事务已经毫无兴趣了，索尔兹伯里执政五年期间，政府只通过了一项重大改革，就是 1897 年的《工人补偿法案》。政治的兴奋点聚焦在各大帝国殖民力量在亚非两个大陆的较量，张伯伦决定这才是他想留名青史的地方。

张伯伦踌躇满志，以自己在激进派时代的改革热情打算大展拳脚。他从伯明翰时期的一个主张地方自治的社会主义者和共和主义者摇身变成了一个帝国的设计师。他宣称，“仅仅去占领这个世界上的广袤土地是不够的，除非你能充分地获益和开发，我们是这大片土地的地主，而开发地产是地主的职责”。虽说取得了一些进展，特别是在西非，总的来说张伯伦的这番宏愿未能实现。从就职开始，他着重开发的改革计划就被帝国扩张政策引发的无穷无尽的麻烦所拖延。其中一个小麻烦是阿散蒂人不断在黄金海岸劫掠奴隶，造成恐慌。英国政府派沃尔斯利率领一支远征军前往讨伐，在 1896 年 1 月摧毁了阿散蒂王国。尼日利亚的形势更为棘手，因为牵扯到了另一大国。当时法国人已经从陆上推进到撒哈拉以南非洲，试图凭借军事优势把英军压制在沿海地区。正如索尔兹伯里曾经评价的，张伯伦为人痛恨任何让步，他派亨利·卢加德爵士组织了西非边防军与法国对抗。他的策略非常成功，高超的外交也有力支持了坚决的军事行动，英法两国于 1898 年 6 月签订了关于西非边界的协定，英国人的要求完全得到了满足。

几个月以后，英法两国为争夺尼罗河上游的控制权而发生了更加严重的争端。戈登死后，穆斯林完全控制了苏丹，他们的先知马赫迪已经去世，但是被称为哈里发的继承者仍然控制着这个松散的帝国，还挑衅埃及和阿比西尼亚以扩大自己的版图。但是埃及军队经过英国人的重建和改革，成功地抵御了穆斯林的侵犯，保卫了尼罗河下游和红海沿岸。1896 年，埃及英军反击南部狂热的穆斯林军队的时机来到了。当时法国人已经开始向尼罗河源头地区推进，必须先发制人予以遏制；意大利人在红海的拓殖需要支持；穆斯林恢复起来的奴隶贸易急需制止；而在国内，索尔兹伯里政府也不反对殖民扩张。三月，埃及军队总司令赫伯特·基钦纳爵士发动了为戈登复仇并重新征服苏丹的战役。非洲这片辽阔的大地再也不应是野蛮人统治的牺牲品，或是吸引欧洲强权竞争的磁铁了。

面对沙漠和严酷的热带气候形成的严重挑战，基钦纳进行了严密的筹划。他在战略部署方面的非凡能力这时展现了出来。发生在尼罗河岸地区的战役都经过了缜密的部署、高效的指挥和艰苦的执行。任何一次失利都可能引起国内的强烈批评，任何冒险行动都必须经过反复斟酌衡量。军需供应是主要问题，为了满足基钦纳远征军在纵深极长的非洲内地的需要，英国在未经勘察的干旱地区修筑了五百多英里长的铁路。这场战争很大程度上发生在工程兵之间，中间穿插了许多短暂、激烈而英勇的战斗。战争开始时，基钦纳的军队有一万五千人，战争结束时达到二万五千人，其中有八千英国人。哈里发的军队至少三倍于英军，他们忠诚勇猛，精于沙漠战术，但两年半后的 1898 年 9 月 2 日，穆斯林军队在喀土穆城外的恩图曼战斗中被彻底打垮。参加过这次战斗的一名轻骑兵说，这是“科学的军队战胜野蛮人的最典型的战斗”。哈里发和他的将领后来均被俘虏，苏丹从此进入建设性的统治时期。

思图曼战斗的五天之后，有消息传到喀土穆说，在白尼罗河上游的法肖达哨所发现了欧洲人，是法军少校马尔尚和他的军官带着一个排的西非士兵，从大西洋沿岸出发用两年的时间穿越了两千五百英里丛林，希望在刚果河和阿比西尼亚之间的尼罗河源头地区开辟法国的势力范围。基钦纳亲自乘船到上游会见了马尔尚，两位军人以礼相待，但是双方实力对比太过鲜明。在双方分别向伦敦和巴黎报告期间，两个首都的人们都对战争议论纷纷，同时法国国旗同英国和埃及的国旗同时在法肖达要塞的上空飘扬。在英国尼罗河畔战役胜利的压力下，法国对苏丹南部省份的领土要求自然是不会被满足，他们只好作了让步。根据1899年3月签订的协定，刚果河流域和尼罗河流域被定为英法势力范围的分界线。这次争端实际上是为几十年来危害英法两国关系的殖民冲突画下了句点。从此，在德国逐渐增强的威胁下，英法两国的关系逐渐和谐起来。

索尔兹伯里政府需要处理的外交事务还不限于此。1895年底，美国的克利夫兰总统宣布美国有权就英属圭亚那同委内瑞拉的边界纠纷做出裁决，导致英美关系遭遇危机。另外多年来德国一直努力向小亚细亚渗透，关于在柏林与巴格达之间铁路的修建也有大量讨论。索尔兹伯里对此并未表示反对，他宁愿在土耳其活跃的是德国人而不是俄国人。俄国修筑了一条横贯西伯利亚的铁路，在远东对中国构成威胁，这一直让英国外交部门感到很大压力。满洲地区和旅顺港的海军基地即将被俄国收入囊中，当时还没有多少人预见到日本军队即将给沙皇造成沉重打击。在外交决策上举足轻重的张伯伦轻率地试图同德国结盟，索尔兹伯里则认为插足欧陆大国联盟比奉行孤立政策要危险，因此他保持中立态度，并努力制止他热切的同僚。他对于英国“洁身自好”能力的信心即将受到检验，因为对于英国来说，南非战争的爆发使得这些世界舞台上的大事件以及与之伴随的外交活动显得黯淡无光了。

第二十一章　南非战争

不列颠是在战争中进入二十世纪的。它在战场上投入了近五十万军队，这是它有史以来向海外派出的最大一支军队。南非冲突起初只是小规模的殖民地战役，但很快牵涉了大规模全国性的力量投入，并引起了英国国民强烈的关注和情绪。使每个成年男子对国家大事都有发言权。《选举权法案》刚刚颁布了一代人左右的时间，教育的普及使普罗大众逐渐能够追踪形势的发展并交流见解，流行期刊开始在大众中广泛传播，迅速把各种好的、坏的，甚至误导性的消息送到千家万户。然而，知识和权利的迅速增长并没有如有些人预料的那样导致社会动乱和革命潮流。相反的，在南非布尔战争期间，大部分英国人表现出了爱国主义情绪的兴起和对帝国事业的广泛热情。

当然也有人对布尔战争表示激烈的批评和反对，这些人被讥讽为亲布尔派，其中包括一些有影响力的自由党领袖，其中的一位新星是威尔士年轻律师劳埃德·乔洁，他正是由于猛烈批评南非战争和英国政府而崭露头角。然而民意普遍是坚决支持帝国主义，大众为世界地图上用猩红色标注出来的庞大的大英帝国倍感自豪，并对皇家海军对七大洋的控制信心满满。欧陆国家感到嫉妒，大多数国家表示同情布尔人，并暗示可能结成同盟阻止英国。他们原本不会让英国轻易从这场殖民地战争中脱身，但英国的制海权让他们三思。战争开始时，英国皇家海军在朴次茅斯港组织了一只机动海军中队，有效地对欧洲各国造成了威慑。德国皇帝对这一教训记忆深刻，不列颠海军无可匹敌的威慑力量刺激他为建设强大的德国海军加倍努力，而德皇的发愤后来造成了严重的后果。

南非战争有着深刻的根源，两个内陆的布尔共和国同英国只有不太紧密的从属关系，它们除了同葡属莫桑比克有一段较短的边界之外，四周均是英国的殖民地、保护国和领土。起初冲突并不是不可避免的，开普殖民地的大批荷兰人屈服于英国人的统治，支持塞西尔·罗兹作为他们的总理。奥兰治自由邦对英国表示友好，甚至在最顽强的拓荒农民的家乡德兰士瓦，也有相当一批布尔人主张同英国合作。总之，英国人同布尔人在南非建立联盟的希望从未破灭，可是在十九世纪的最后五年里，这一切突然发生了变化。

约瑟夫·张伯伦在1895年出任殖民大臣的时候，面临着十分复杂的局势。对威特沃特斯兰河畔极为富饶的金矿的开发，使德兰士瓦的面貌发生了变化。以英国为主的大批外国资本和劳力涌入矿区进行开发，短短几年就把约翰内斯堡变成了一个大城市。这里外国人同当地布尔人数量基本相等，而且贡献了全国绝大部分的税收，但德兰士瓦政府拒绝给予他们政治权利。年过七十的德兰士瓦共和国总统保罗·克鲁格参加过布尔人的大迁徙，他决心保持自己国家的特色和独立。他领导着不愿意跟英国人合作的桀骜的荷兰人，反对工业发展，却准备好对利润坐享其成。他早已清楚地意识到国际化的矿区经济对当地封闭虔诚的农民社区构成了威胁，但刺激他恐惧神经的是罗兹的不列颠南非公司的包围行动——当时罗兹已经控制了北部的现在罗得西亚所在的地区，并试图向西蚕食，吞并贝专纳（现在的博茨瓦纳）。罗兹在兰德河流域有很大的金融利益，他梦想建立统一的南非，并修建一条从开普到开罗，贯穿英国所有领土的铁路。

外国人在政治和经济方面的不满情绪的爆发此时已势不可挡，张伯伦也在1895年底准备好了应对，可是这时罗兹背着他筹划发动约翰内斯堡的英国人举行起义，以公司的一支武装力量入侵德兰士瓦作为外援。这支部队由罗得西亚总督利安德·斯塔尔·詹姆森博士指挥。在最后关头，起义胎死腹中，詹姆森却没有从罗兹那里接到取消进攻的指示，在12月29日带领五百人入侵了德兰士瓦。用张伯伦的话说，这次行动是“自作主张对外作战的可耻行动”，它以失败告终也是罪有应得。1月2日，詹姆森和他的部队在多恩科普向布尔人投降。这次袭击是南非的历史进程从此大大偏离和平轨道的转折点，整个国家的气氛开始受到民族和种族偏见的毒化。开普殖民地的荷兰人自然而然地同情德兰士瓦的布尔人，开始抨击英国人。罗兹被迫辞去总理职务，他在英国的崇高声望使布尔人更加怀疑有人预谋戕害他们的生命和国家。奥兰治自由邦跟克鲁格共同进退，在德兰士瓦，他的目标得到支持，强硬反击派占了上风，他们大规模购买军火以应付迫近的冲突。

这之后双方进行了三年漫长而艰苦的谈判，张伯伦意志坚定，而克鲁格的顽强和老谋深算有过之而无不及。1897年3月，出色的公务员艾尔弗雷德·米尔纳爵士成为南非高级专员，他在行政上才干不凡，但在外交上缺乏天分。赴任仅几个月，他就对眼前的形势下了定论，他写信给张伯伦说，“除了在德兰士瓦实行改革，或者发动战争，没有什么办法能使英国摆脱在南非的政治麻烦。而现在在德兰士瓦进行改革的可能性微乎其微。”但是张伯伦急欲避免战争，甚至即便要武力解决，也希望把发动战争的责任推到布尔人身上。同罗兹一样，他认为克鲁格会在压力下屈服——他们都低估了南非草原的先驱者。

1899年4月，一份由两万多名南非“外国人”签字的请愿书被送到唐宁街，情势之紧急达到了高潮。随后，在5月，米尔纳发来急件说，“成千上万的英国人在这里被永久性地困于农奴的地位……这实在是在不断损害大不列颠的影响力和声誉，也削弱了英国政府在女王领土内的威望。”于是新一轮的谈判又开始了，英国政府要求所有在德兰士瓦居住满五年的公民都有投票权，并且重申了对宗主权的诉求。6月，克鲁格与米尔纳在布隆方丹举行会谈，双方均一无所获。米尔纳确信武装到牙齿的布尔人是想要建立荷属南非合众国，克鲁格则同样确定地认为英国人企图剥夺布尔人的自由和独立。他声泪俱下地说，“你们想要的是我们的国家。”张伯伦继续为和谈作了几次尝试，同时双方也都在加紧备战。10 月 9 日，布尔人趁英国在南非的军事力量仍然薄弱发出了最后通牒，三天后，布尔人的部队越过了边界。

战争爆发时，布尔人投入了三万五千兵力，是战场上英军的两倍，并且拥有优势明显的德国制大炮。布尔人从几个方向越过前线，几乎全部是骑兵，装备着曼利彻枪和毛瑟枪，枪法精湛。几个星期内，他们便包围了东边的莱迪史密斯以及西边的马弗京和金伯利。在莱迪·史密斯的纳塔尔边界附近，英军的两个营在尼克尔森内克被困被迫缴械投降，随后乔治·怀特爵士率领的一万英军被围攻。在马弗京，巴登·鲍威尔上校指挥的小股部队被佩特·克龙耶率领的数倍于己的敌军包围。在金伯利，塞西尔·罗兹本人和大批平民陷入重围。夏末，布尔人曾有意放火烧荒，使得到雨季结束后的草原上牧草鲜嫩繁茂，乡下的形势有利于布尔人，而世界舆论一致反对英国。这时，由雷德弗斯·布勒爵士指挥的，三个师组成的增援军团从英国赶往南非，各自治领的志愿军小分队也组建起来甚至在赶赴战场。当时陆军部对前线缺乏了解的现象非常普遍，一个典型例子是在官方联络中出现的“步兵优先”这样的说法。英国派出的部队是出色的，但当局对敌军的武器和状况理解完全错误。

克鲁格一直希望能独立控制一个咸水港。位于纳塔尔地区山脉隘口之外的德班港是一个选择，只要他能到达那里。德班与德兰士瓦之间有铁路相连，这条铁路比通往开普敦的铁路短，便于控制，而且近在咫尺。如果能控制德班港，则关于关税、运费以及其他很多问题的争执将迎刃而解，所以在战争初期，双方力量都集中在这个地区。

到达南非后，布勒指挥增援部队分散兵力，四面出击。一个师被派去保卫纳塔尔，一个师去解金伯利之围，第三个师前往开普殖民地的东北部地区。在十二月的一个星期里，这三个师都顶着布尔人的猛烈火力推进，均遭惨重失败，士兵和武器损失不计其数。在布勒亲自指挥的纳塔尔的科伦索战役，在通往金伯利路上的莫德河战役，在开普殖民地东部的斯托姆堡，布尔人都守住了阵地，并且拓展了地盘。英军在每个战场的损失都不到一千人，这个数字在今天看来是不高的，但在当时却使英国，甚至整个帝国的公众大为震惊，对当地部队更是沉重打击。但是，维多利亚女王用一段如今广为流传的话鼓舞了全国，她在鲍尔弗试图讨论被称为“黑色一周”的失利时，回应说：“你要知道，这里无人灰心丧气，我们对战败的可能性不感兴趣，因为这种可能性并不存在。” 在阿富汗战争中立下威名的坎大哈的罗伯茨勋爵被任命为新的总司令，喀土穆的基钦纳勋爵担任他的参谋长。之后几个月中，这两位赫赫有名的将军，带领着不断获得增援的英军扭转了战局，同时，布勒也在纳塔尔坚持战斗。

新的英军指挥官清楚地认识到部队必须集中兵力，大规模协同作战。希尔人的两个首府，布隆方丹和比勒陀利亚先后成为 英军的明确目标。在马弗京的克龙耶被蒙骗，误以为主要战斗将发生在金伯利，因此他把大部分部队调到这个钻石产地以南几英里的马格斯方丹，在那里构筑工事，等待英军进攻。金伯利的确是罗伯茨的目标之一，但他是通过派弗伦奇将军远途包抄而夺取这一地方的。2 月 15 日，弗伦奇的骑兵解了金伯利之围。克龙耶迫于后方威胁，放弃工事，向东北方向撤退。十二天以后，在遭遇了基钦纳的正面猛攻之后，克龙耶带着四千人投降。这之后战局突飞猛进。第二天，布勒解了莱迪史密斯之围；3 月 13 日，罗伯茨到达布隆方丹，5 月 31 日进入约翰内斯堡，6 月 5 日攻克了比勒陀利亚。长达 217 天的马弗京之围终于被解，引发了伦敦狂热的庆祝活动。克鲁格逃跑了，奥兰治自由邦和德兰士瓦被英国吞并，罗伯茨于1900年秋回到英国。经过几乎整整一年的激战，叛乱者的两个首府均被占领，在英国人民看来，布尔战争以英国的胜利告终。索尔兹伯里勋爵听从张伯伦的建议，借此时机举行大选，以明显多数赢得了又一任期。

1901 年 1 月 22 日，维多利亚女王驾崩了。她安息在怀特岛上的奥斯本乡间别墅，那是她和阿尔伯特亲王在五十五年前共同设计和布置的。在女王漫长的寡居岁月，房子里的布置原封未动。她决心保持与丈夫生前一样的生活方式，从未动摇。然而同一时期，君主政体逐渐发生了巨大的变化，君主已经成为大英帝国的象征。在1887年和1897年的女王登基五十周年和六十周年庆典上，印度和其他殖民地均有代表郑重出席纪念仪式。英王成为日渐庞大的帝国中各民族和种族之间的纽带，而前首相罗斯伯里勋爵颇有远见地称这个大家庭为联邦。迪斯雷利的远见和张伯伦的激情都为帝国的壮大做出了贡献。女王本人也积极地利用这一重要角色，她派遣儿孙巡视日益扩大的领地，他们所到之处无不受到热烈欢迎，她在英格兰接受殖民地精英的觐见，她在宫中任用印度官员，向他们学习印度斯坦语。她这样尝试力所能及的各种方式使治下各民族通过对王室的忠诚而联结在一起，这些努力与那个时代的帝国精神和谐一致。她最后的公开活动之一是巡视爱尔兰，那时她已年过八十。她从不赞成爱尔兰自治，认为那将对帝国统一构成危害。为了表彰爱尔兰士兵在南非战争中的英勇表现，她在1900年4月来到都柏林，帽子和衣服上佩戴着三叶草。她的爱尔兰子民热烈欢迎她的到来，其中甚至不乏民族主义者。在爱尔兰，对英国王室的爱戴一直存在着，可惜英国政府从未能善加利用。

在女王从公众视线中淡出了的那些年里，英格兰一度出现了反对皇室的情绪，自诩的共和主义者们也蠢蠢欲动，但是到了世纪之末，一切暗流都消失了。维多利亚女王勤于职守，品行高尚，她诚挚的性情，她那敏锐，有时让人些许不安的直率和真诚，都深深留在臣民的记忆中。普罗大众无法得知她在政治事务中的精明机敏，以及她在多年与群臣共处，应对无数危机中积累出来的智慧，但是他们正确地感觉到她是一位伟大的领袖。甚至那些私下里经常觉得她的观点冲动而且爱偏袒的大臣，也敬佩她时刻保持的责任感与行动力。她代表着英国传统中的稳定性和连续性，对她的敬爱与年俱增。到逝世时，她已统治英国近六十四年，她的子民中很少有人记得女王不是英国君主的年代，但所有明智的人都感激以她命名的维多利亚时代中英国国力的强盛与不列颠民族的进步。1901年，维多利亚时代结束了，但是激励这个时代的自信与为目标奋进的精神将流传下去，帮助英国人应对未来的磨难。

南非战争还在继续。过去，布尔人从未在政治威权面前甘当顺民，即使对他们自己的领袖也不例外，如今英国人对他们的 主要城市和铁路的占领似乎不足以成为他们放弃斗争的理由。南非草原广袤，散落着无数农庄，布尔人可以从这里得到情报、粮食、住处、草料、战马，甚至弹药。罗伯茨和布勒刚离开南非的海岸，南非战争便发展成神出鬼没、出手狠辣的游击战。博塔、克里钦格、赫佐格、戴韦特和戴拉雷伊——这里列举的只是五名比较出名的游击将领——不久便开始了同基钦纳之间的无数次地方性战斗，并一直坚持了 17 个月。最终英国用卓绝的努力征服了布尔人。1901 年 2 月，博塔进攻纳塔尔，被弗伦奇将军击退，战役使大片乡村惨遭涂炭。其他游击队领袖侵入开普殖民地，希望争取荷兰居民的支持，其中应者寥寥，但也足以使迅速实现和平的希望破灭。基钦纳打退进攻者以后，在月底同博塔举行谈判，两人都愿意赦免开普殖民地的叛乱者，而高级专员米尔纳不同意，内阁也支持他的观点。基钦纳感到非常挫败，被迫采取了极度违背自己判断和个人意愿的，现在所谓的“焦土”政策。英军在铁路沿线建立碉堡，筑起纵横乡村的围栏，再然后沿着围栏建造更多的碉堡。在这样圈起的地区，即使最勇敢的游击队员也难以施展。然后英军把每个地区所有的男女老幼都赶进集中营，这种政策唯一可接受的理由是大部分游击队员穿着便装战斗，只有大规模监禁，把他们和救援他们的家庭成员都关起来，才可能制服他们。然而，这些集中营条件之恶劣罪无可赦，军事当局对于监禁大批平民这一令人憎恶的新任务经验有限，能力不足，但这也丝毫不能成为辩解的理由。到 1902 年 2 月，集中营里已有两万多人死亡，将近总人数的六分之一，多半死于疾病。起初，当局否认有任何过失，或称任何改善都绝无可能，后来，英国的埃米莉·霍布豪斯小姐揭露了骇人听闻的真相。当时在野、不久将成为首相的坎贝尔·班纳曼斥责集中营为“野蛮人的手段”。张伯伦使这些集中营脱离军方控制，那里的条件迅速得以改善，最后，在 1902 年 3 月 23 日，布尔人求和了。

三天后，塞西尔·罗兹死于心脏病。在去世前不久的一次讲演中，他对开普敦的英国政府的支持者说："你们以为你们战胜了荷兰人，其实不然，被打败的不是荷兰人，而是克鲁格主义，是那个腐败而邪恶的政府，本质上跟荷兰人或是英国人无关。注意！这个居住的荷兰人仍同以往一样英勇不屈，不可战胜。这个国家既是你们的，也是他们的，你们今后必须像过去一样，同他们一起生活和工作。"5 月 31 日在费雷尼欣签订的和约显然希望贯彻这种精神，它的条款可以说是非常宽松的。残存的三十二支游击队各派两名代表会见英国使者，经过反复协商，游击队同意放下武器。除了违反战争惯例的某些情况，没有人会受到惩罚。布尔人应尽快实现自治，英方将出三百万英镑作为补偿。这几条就是和约的核心条款，最后一条可以说是很慷慨的，而且在现代战争史上是前所未有的。和平实现后，索尔兹伯里便辞职了。他是最后一位参加上议院的首相，带领大英帝国进行了无可匹敌的扩张。他于次年去世，他那种现在被认为过于传统的、超脱无为的精神在英国政治中也随之而去了。和约的所有条款都得到执行，米尔纳为南非的重建贡献良多。在这场战争中，英国和各自治领共投入了近五十万军队，伤亡人数占十分之一，据估计，战争耗资高达两亿两千多万英镑。

至此，本书已经叙述到十九世纪末，当年的摩登世界可能理所当然地期待着长期和平与繁荣的到来。前途似乎是光明的，没人能想到我们随后便进入了一个冲突的时代，动因便是一国追求独霸世界的强权地位。两次分别持续了五年的残酷战争反映出维多利亚时代鼎盛时期经济发展之惊人水平。德国崛起为世界强国，过程中伴随着民族信心的增长和军备的不断扩张。当年无人能估量即将到来的战争的特点与后果，战斗到底直至胜利是唯一目标，而牵涉其中的各国都将爆发出惊人的力量。以普遍征兵制和工业发展提供的丰富资源为基础，几乎全员动员的国家军队体系被建立起来，站在十九世纪的最后几年里看，人们很容易认为这是水到渠成的。秩序与组织化是现代生活的突出特点，当德国开始全力备战之时，其步伐清晰可见，甚至势不可挡。不仅如此，有人可能要争辩，甚至证明说，欧陆各国或多或少采取的明智而正常的现代发展方式不过是军备建设原则的高级形式，而人类的活力如此旺盛，以至于一切一发而不可收。

当时欧洲各强国都要求每个成年男子均应接受军训，并要服两年甚至三年的兵役。英国是个例外，因为它地处海岛并拥有制海权，所以并没有实行普遍兵役制。然而，这种超脱的地位并不能阻止危险趋势的发展。相反，英国在南非毫无疑问是无意识地成为引起危机的主要因素。征服布尔人的战争持续了三年，期间英国展现了强大的优势、帝国强盛的事实，连带其他很多问题，使得其他欧洲国家和美国思虑万千，各国都开始以新的视角审视海军的重要性。德国看出，如果没有最强大的海军，它将无法实现成为世界强国的目标，法国和其他国家也逐渐得出相同的结论。这的确是发挥民族自豪感和精力的新途径，地球另一边的日本也迫切地加入了这一竞赛，庞大的军事机器上又增添了海军队伍，显示了他们所有行动的逻辑和重要性。对制空权的争夺也将要开始。而其实对于英国来说，如果能避免这一切，有节制地单独统治世界该有多好啊。

近一百年的和平和发展把英国推上了世界领袖的地位。它多次不计代价地为维护和平而斗争，各个阶级也都分享了持续的进步和繁荣。选举权的普及已经被推行至极致，但过程是平静而有秩序的。保守派力量表现了驾驭风暴的能力，事实上国内党派之争也并未出现大的危机。普罗大众照常生活，把政治留给那些热衷于此又无所畏惧的党徒。英国这匹骏马让人感到，它无须被拉紧的缰绳指引到某一个方向，也能够稳稳前行。没有人感到自己被摒于宪法之外，固执己见反而可能有害于社会。对于那些生活在无与伦比的大英帝国疆域内，或者想来这里寻求庇护的人来说，二十世纪的黎明毫无疑问显得光明而平静。要做的事情还很多，至于哪个党执政，那并不重要，因为它们有充分的权力互相监督。过去的克制并不会阻碍未来的征途，如果犯了错，那么前人可能也犯过类似的错，而且英国人有改良修正，并避免严重后果的能力。我们应保持生机勃勃的政治氛围，更应稳健同时大胆地前行。

除了海军问题之外，美国对外界的种种变化仍保持漠不关心。它的注意力集中于国内，自然资源如此丰富，却基本处于未勘察状态，更不用说开发利用了。美国人口的迅速增长仍主要源于大批欧洲移民，这些移民在他们的欧陆故乡历经苦难，心怀怨愤，自然不希望他们新的家园再卷入旧世界的纷争。美国的巨大潜力对世界将产生无限深远的影响，而当时除了富于想象力的人，这一征兆还未被意识到。然而在那个由于通信日益便捷而联系愈发紧密的世界上，要保持独善其身很快变得不可能了。世界大国的地位与它必须承担的责任密不可分，一战的狂风巨浪最终把美国与欧洲大陆和英国的命运紧密联系起来。

至此，我们已展现出英语民族的历史长卷。二十世纪，它们将在可怕但必胜的战争中结成同盟，而战争的胜利也并非终点，我们面前还有新的征程，同盟将再次受到考验，它艰巨而崇高的使命也许就是维护和平与自由。未来尚不可知，但过去应使我们心怀希望，至于最终大同世界的具体面貌和实现条件，我们现在无须苛求。